PREGÚNTALE

A XAVIER

RESPUESTAS A PREGUNTAS REALES
DE FINANZAS PERSONALES

PREGÚNTALE A XAVIER

RESPUESTAS A PREGUNTAS REALES DE FINANZAS PERSONALES

XAVIER SERBIA

AGUILAR

AGUILAR

Pregúntale a Xavier
© 2010, Xavier Serbiá

© De esta edición:
  2010, Santillana USA Publishing Company
  2023 N.W. 84th Ave., Doral, FL, 33122
  Teléfono (1) 305 591 9522
  Fax   (1) 305 591 7473
  www.editorialaguilar.com

Primera edición: abril de 2011
ISBN: 978-1-61605-194-5
Diseño de cubierta: Sebastián Bellver
Diseño de interiores: Cristina Hiraldo
Fotografía del autor: Revista Imagen, una publicación de Casiano
Communications

Published in The United States of America
Printed in USA by HCI Printing
12 11   1 2 3 4 5 6 7 8 9 10

Este libro ha sido diseñado para proporcionar información exacta y fidedigna sobre las finanzas personales. El autor y la editorial no pretenden prestar servicios legales, de contabilidad u otro tipo de servicios con la publicación de este libro. En el caso de que dichos servicios sean requeridos, la asistencia de un profesional calificado en el área de finanzas deberá ser solicitada. El autor y la editorial están exentos de toda responsabilidad legal, pérdida o riesgo sufrido como resultado del uso y aplicación de la información contenida en este libro.

Aunque el autor ha puesto su mayor empeño en proveer los números telefónicos y direcciones de Internet correctos al momento de la publicación de este libro, el autor y la editorial no se hacen responsables de cualquier error o cambios que se realicen tras la fecha de publicación de este libro.

This book is designed to provide accurate and authoritative information about personal finances. Neither the author nor the publisher is engaged in rendering legal, accounting, or other professional services by publishing this book. If any such assistance is required, the services of a qualified financial professional should be sought. The author and publisher will not be responsible for any liability, loss, or risk incurred as a result of the use and application of any of the information contained in this book.

While the author has made every effort to provide accurate telephone numbers and Internet addresses at the time of publication, neither the publisher nor the author assumes any responsibility for errors or for changes that occur after publication.

Todos los derechos reservados. Esta publicación no puede ser reproducida, ni en todo ni en parte, ni registrada en, o transmitida por, un sistema de recuperación de información, en ninguna forma ni por ningún medio, sea mecánico, fotoquímico, electrónico, magnético, electroóptico, por fotocopia o cualquiero otro, sin el permiso previo por escrito de la editorial.

Índice

Agradecimientos

A las miles de personas
que me confiaron sus historias
para ayudar a otros

Reconozco que escribir no es tarea fácil y que son muchos los participantes directos e indirectos de lo que está plasmado en estas páginas.

A Fabi, por cuestionar incisivamente mientras leía los casos e historias.

A mi equipo en xavierserbia.com, por su paciencia.

A mi agente Diane Stockwell, por la confianza.

A Casandra Badillo, Editora, por la confianza puesta en mí y en el libro.

A Silvia Matute, Directora de Ediciones Generales, y Miguel Ángel Tapia Sáez, Director General de Santillana USA Publishing Company Inc., por apoyar la democratización financiera en el mundo hispano.

A todas las personas que ayudaron en la portada, corrección, publicación del libro y que este termine en tus manos.

A Dios por darnos la oportunidad de vivir y elegir.

Introducción

¿Podemos controlar cada evento que sucede en nuestro entorno? No estoy hablando de un juego de video, cuyo resultado es predecible. Me refiero a la vida misma. ¿Podemos controlar la evolución de una enfermedad, al vecino, al conductor, el empleo, el negocio, el valor económico de lo que poseemos?

No. En un laboratorio, con variables predeterminadas, sí. Pero, ¿en el laboratorio de la vida? No.

Es cierto que tenemos una necesidad psicológica de controlar nuestro cuerpo, nuestras acciones, nuestra vida, el ambiente económico. Pero la vida diaria nos muestra que siempre hay un elemento sorpresa, algo que no previmos y que nos cambia el plan.

Si como individuos se nos hace difícil controlarlo todo, ¿podemos hacerlo como grupo? ¿Podemos evitar nuestros excesos de optimismo y pesimismo? No. Cuando analizas los excesos económicos de la historia, llegas a la conclusión de que los hechos históricos no son otra cosa que el reflejo de nuestra psiquis.

Los eventos económicos en Estados Unidos, con la consabida repercusión mundial, no son otra cosa que el reflejo de nuestra psiquis. Tras un cambio de expectativa, la oportunidad de alcanzar un mejor nivel de vida parecía al alcance de la mano: del optimismo pasamos al éxtasis, y sólo faltó un alfiler para que la burbuja hipotecaria explotara y sembrara el pánico, haciendo que muchos perdieran lo que creían poseer.

Las "burbujas financieras" —el exceso de valoración causado por un optimismo desmedido— son un fenómeno de vieja data. En el siglo XVII los holandeses se entusiasmaron desmedidamente con los tulipanes. Sí, con una planta. Toda su riqueza la invertían en la explotación del tulipán porque era más rentable que invertir en tierras, en ganado u otras propiedades. Cuando cayó el valor del tulipán, se dieron cuenta de que la tierra, la casa y el ganado que habían dado a cambio tenía poco valor.

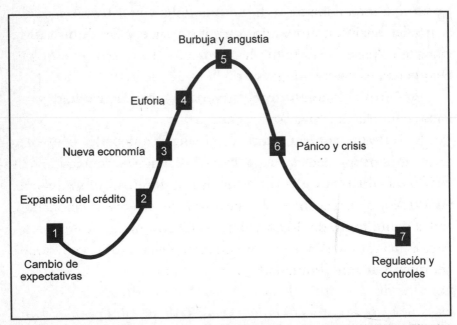

Gráfica 1. Estados de la manía. Basada en las tesis propuestas por Charles P. Kindleberger y Robert Aliber en *Manias, Panics, and Crashes: A History of Financial Crises*, Wiley Investment Classics, 2005.

En el siglo XVIII le pasó a los franceses con la burbuja del Mississippi y a los ingleses con la compañía británica South Sea Company. En ambos casos, muchos quedaron en la ruina debido a la especulación sobre sus acciones. A principio del siglo XX pasó con la bolsa debido a que mucha gente hipotecaba su casa para invertir en acciones.

Apenas iniciado el siglo XXI, recibimos la nueva centuria con la explosión de la burbuja de las famosas "dot.com", la compra de las casas y el dinero fácil.

¿Qué nos pasó? Es parte de la naturaleza humana. Es, como dijo Alan Greenspan[1], antiguo presidente de la Reserva Federal, en una entrevista a la cadena de televisión BBC en Inglaterra: "A menos que alguien encuentre la forma de cambiar la naturaleza humana, tendremos más crisis, y todas serán diferentes porque las crisis no tienen nada en común, excepto la naturaleza humana".

Sucedieron en el pasado, suceden y sucederán en el futuro porque es parte de la naturaleza humana. Lo único que cambia es que una es distinta de la otra.

Nosotros abrigamos expectativas demasiado optimistas y vivimos la euforia del "viagrazo" hipotecario.

En nuestra cultura existe la creencia que todos debemos tener una propiedad. La base de esa premisa es generar comunidades saludables y a la vez reforzar nuestra libertad individual. Así, millones trabajan en la industria de la construcción. Así, miles de millones de dólares van a políticos, medios de comunicación, comunidades para ayudar y beneficiar a cada individuo a ser dueño de una propiedad.

---

[1] **A menos que alguien encuentre la forma de cambiar la naturaleza humana:** Alan Greenspan, entrevista con la cadena BBC, Inglaterra.

Debido a esta creencia clavada en nuestra psiquis, el gobierno ayuda con subsidios y la industria financiera flexibiliza las formas para hacer que el dinero llegue más fácil y rápidamente.

Es entonces cuando pasamos de la oportunidad a la euforia. Los consumidores se endeudaban más. Los vendedores lo sabían y vendían más. Los constructores, los banqueros, los medios, los reguladores, los políticos, las organizaciones sin fines de lucro y los inversionistas se entusiasmaban más y más porque el dinero circulaba. La euforia era colectiva. Como era de suponer, relativizamos la ética y muchos justificaron la trampa en nombre de la democracia hipotecaria. Y eso qué, si estábamos contentos y nos estábamos beneficiando.

A la gente se le prestaba dinero sin verificar ingresos ni activos ni historiales de empleo. Se alteraba la documentación, se otorgaban préstamos sin que el comprador tuviera la capacidad de pago, las cuentas no se establecían de manera que el comprador pagara los impuestos y seguros. Además, se premiaba a los vendedores de hipotecas con más dinero si vendían a un interés más alto, se manipulaba la tasación de la propiedad inflando los precios. Los banqueros vendían los préstamos como si fueran máquinas, Wall Street los empacaba alegremente, sin reparar en el contenido, y los inversionistas compraban porque tenían el sello de garantía "AAA". La euforia era, literalmente, general.

Pero no hay estómago que pueda soportar tanto alimento. Tarde o temprano tanto endeudamiento tenía que agotar a los consumidores.

Tomemos el ejemplo de la ciudad de Naples, en la Florida. En 2005, de ser una ciudad tranquila para retirados pasó a ser uno de los mercados más activos del país. La media del precio se disparó a más del doble entre 2000 y 2005, llegando a 482,400 dólares. Para poder afrontar el pago de una propiedad como esa, se necesitaría tener un ingreso superior a los 120,000 dólares anuales.

El ingreso promedio en el área no superaba los 40,000 dólares. ¿Cómo podrían los deudores cumplir con sus pagos mensuales si percibían ingresos tan bajos?

No se podía sostener una economía donde una gran cantidad de personas tuvieran deudas cuyo monto ascendía a cuatro, cinco y hasta seis veces su ingreso anual.

Así fue. Comenzó el aumento de atrasos en los préstamos y embargos. Esto afectaba los títulos financieros que poseían los inversionistas. Éstos comenzaron a perder confianza en las inversiones y exigieron que se le regresara el dinero. Seguían aumentando los atrasos y embargos; los inversionistas presionaban cada vez más por su dinero. Debido a que se vendió más de lo que se podía pagar, no había dinero suficiente para cumplir con las responsabilidades. Los inversionistas lo descubrieron y el pánico los invadió.

Aquí comienza la segunda fase de la crisis, en la cual el tumor comienza a hacer su metástasis en el mercado de crédito. Lo que comenzó como una crisis en el mercado de hipotecas, pasó al mercado de crédito. Los inversionistas comenzaron a retirar su dinero hasta de las inversiones más seguras. El mercado de papeles comerciales —instrumentos que usan las empresas para financiar sus operaciones y pagar la nómina a corto plazo— se secó. Miles de millones se retiraron del mercado en menos de dos semanas, provocando pánico en el mercado financiero.

Al congelarse el mercado crediticio, el tumor hace una tercera metástasis: pasa a afectar la economía. Al no existir dinero suficiente, las compañías no tenían dinero para seguir financiando sus operaciones y bajan la productividad. Comienzan los despidos y disminuye la inversión en maquinaria y expansión.

A esto se une otro problema: la caída en la demanda. Durante la euforia hipotecaria, el consumo estuvo sostenido sobre el incremento en los precios de las propiedades. Al haber un incremento mayor (único en la historia de este país), más gente se endeudó.

El aumento progresivo de los precios no representaba un problema insalvable ya que había financiamiento disponible.

Pero cuando los precios comienzan a caer y se cierra la llave del crédito, la gente no tiene dinero para sostener el nivel de consumo que tenía. El "cochino de cemento" dejó de producir dinero.

Era la tormenta perfecta.

Es cierto que hubo un aumento explosivo del número de hispanos dueños de casa desde 1994. Sólo entre 2000 y 2007 los dueños de casas hispanos aumentaron de 4.1 millones a 6.1 millones.

Pero cuando explotó la burbuja se vio una cruda realidad: los hispanos habían incrementado en la compra de casas gracias a la adquisición de préstamos de alto riesgo, caros y con un monto muy alto para el ingreso que tenían. Casi dos de cada cinco casas compradas con hipotecas de alto riesgo fueron adquiridas por hispanos. Era lógico que cuando el globo se desinflara la repercusión en las familias hispanas iba a ser mayor: casi una de cada cinco casas embargadas en los Estados Unidos estaba en poder de una familia hispana.

Asimismo la crisis económica afectó a muchos puertorriqueños en la misma proporción, a pesar del mar que los separa del continente. Mientras en Estados Unidos millones se bañaban en piscinas públicas de cemento, los puertorriqueños estaban enfrentando una seria recesión debido a su propia burbuja hipotecaria y a un endeudamiento alto del gobierno que afectaba la economía. Cuando explota la burbuja inmobiliaria en la otra orilla, Puerto Rico se hundiría más económicamente debido a su relación comercial y financiera con Estados Unidos. Los precios de las propiedades caen, el desempleo aumenta, los bancos cierran el crédito y miles de puertorriqueños comienzan a atrasarse en los pagos, otros a perder sus propiedades y algunos se forman en la fila de la bancarrota.

En este ambiente de exceso de optimismo y pesimismo germinan las semillas de este libro. A diferencia de mi objetivo en *La riqueza en cuatro pisos* —establecer un marco para administrar las finanzas personales—, éste se genera a partir de las miles de preguntas de personas con problemas y casos que tuve la oportunidad de analizar desde que terminé el manuscrito del primer libro.

La crisis económica nos enfrentó a una cruda realidad, cuyas características son las siguientes:

1. No hubo planificación.

Hace más de 2,000 años, Sun Tzu, el estratega militar y filósofo chino, afirmó: "Aquel que está siempre preparado y espera lo inesperado, será victorioso". Para él, la preparación era muy importante. ¿Cuántos de nosotros nos hemos encontrado en la situación de no tener el dinero suficiente para cubrir nuestras necesidades? Otros descubren inesperadamente que sus deudas han subido hasta las nubes. Al no existir un plan financiero, no nos damos cuenta de los recursos disponibles que tenemos ni de los que necesitamos o no necesitamos para lograr las metas financieras que queremos.

2. Compramos excesivo riesgo y lo pagamos con más trabajo.

Con esa actitud temeraria, sacamos la cartera sólo para gastar. Trabajamos para gastar. Suponemos que el trabajo existirá hasta la eternidad y que el día tiene veinticinco horas sólo para gastar. Es así que nos hacemos consumistas temerarios y menos cautelosos.

3. "La culpa la tiene el crédito."

Un amigo me hizo caer en la cuenta de lo que representa la afirmación de que las computadoras son problemáticas. El problema no son las computadoras sino quien las programa. Lo mismo pasa con el crédito. No es el crédito ni el fácil acceso al financiamiento el causante de muchas de nuestras dificultades financieras sino el que maneja el crédito.

Es un error actuar sobre la premisa de que tener ingresos altos es la solución. De nada sirve que tu ingreso sea de diez mil o un millón de dólares si gastas más de lo que ganas y garantizas deudas con ingresos no garantizados. Si así lo haces, será como ir en una montaña rusa cuando enfrentes el problema de la pérdida de ingreso o una caída en el valor de tus activos.

La moraleja de todo esto es que tenemos que vivir por debajo de lo que poseemos. Cuando nuestro ingreso aumenta, tenemos que ahorrar más, no gastar más. En vez de gastar más o aumentar las deudas cuando nos prometen una paga o recibimos una cantidad determinada, tenemos que seguir disciplinados en los gastos fundamentales. Quizá hayas tenido años espectaculares en el pasado, pero el próximo puede que no lo sea. ¿Es prudente garantizar deudas y aumentar los gastos con ingresos no garantizados? No.

El secreto está en lograr que aumenten los ingresos, en acumular más, en mantener los gastos constantes y controlados, y en ser disciplinado en la acumulación. Los gastos y las deudas deben tener un límite.

Una vez que realmente llegas a poseer —acumular activos y no deberlos—, puedes aumentar tu nivel de vida sin irte por encima de lo que tienes.

4. **No hicimos un presupuesto.**

Es claro que una persona que no hace un plan es menos probable que haga un presupuesto. La necesidad de contar con un presupuesto no es hacernos la vida miserable, sino hacernos con una técnica que nos ayuda a relacionar lo que queremos con lo que tenemos disponible. Aquel que tenga la intención de aumentar su riqueza, debe contar con un presupuesto para regular sus acciones económicas. Pregúntate, ¿qué harían las compañías, gobiernos e instituciones si no hicieran uso de esta técnica?

5. **No leemos lo que firmamos.**

Muchos de nosotros sufrimos al ver cómo los balances mensuales de las tarjetas de crédito suben, suben y suben. No tomamos el tiempo de conocer la hipoteca que adquirimos, la inversión que realizamos o a quién le damos nuestro dinero. Y el problema es que muchas de las decisiones que tomamos no pueden ser reversibles porque ya firmamos algo que sí especificaba lo que creíamos que no estaba. Se dice que lo bueno y el veneno vienen en frasco pequeño. Lo caro también viene en letra pequeña.

6. **Queremos todo ahora.**

Somos los aventureros del viejo oeste estadounidense: sin vacilar, nos ponemos el sombrero de *cowboy*, arrugamos las cejas y masticamos tabaco. Con una rapidez que hasta Billy the Kid se quedaría *kid*, desembolsamos la "tarjeta 357" o una ametralladora de dólares. Cada vez que entramos al pueblo llamado "Centro Comercial" nos reciben con el pecho abierto queriendo ser las víctimas de nuestras balas marcadas con señales como "Grant", "Lincoln", "Jackson".

A lo lejos está la viuda prudencia que llora desconsolada…

7. **Ganamos un 2% y pagamos un 18%.**

Qué me dices de aquellas personas que son conservadoras a la hora de pedir dinero prestado pero muy agresivas cuando se trata de pagar deudas. Cuando invertimos tenemos tanta aversión al riesgo extremo que apostamos por un retorno que raspa la tasa de inflación, pero financiamos comidas y entretenimiento con tarjetas cuyo interés es altísimo.

8.   No queremos aprender.

En una alocución del 8 de abril de 2005, Alan Greenspan[2] declaró: "Al existir mayor expansión en la disponibilidad del crédito, más importante se hace la educación financiera. En este creciente mercado complejo y competitivo como el de servicios financieros, es esencial que el consumidor adquiera el conocimiento que le permitirá evaluar el mejor producto o servicio ofrecido por el mercado y determinar cuál cumple con sus necesidades a corto y largo plazo".

La democratización del conocimiento de las finanzas personales es uno de los retos más importantes en nuestra sociedad actual. Es la nueva guerra al analfabetismo en el siglo XXI. La crisis económica sacó a relucir tres problemas claves: un mundo financiero más complejo, no entendemos el lenguaje financiero y la sociedad nos exige cada vez más responsabilidad individual en nuestras decisiones con respecto al dinero, sean las consecuencias buenas o malas.

9.   Obviamos los errores del pasado.

"Aquellos que no recuerdan el pasado están condenados a repetirlo" es una frase muy conocida del filósofo George Santayana. Y es cierto. Hay muchos errores tan comunes que pueden ser evitados con sólo revisar lo que hicimos o hicieron otros. Pero no lo hicimos. La historia de otros puede ser

---

[2]   **Al existir mayor expansión en la disponibilidad del crédito:** Alan Greenspan, Federal Reserve System's Fourth Annual Community Affairs Research Conference, Washington, D.C. 2005, abril 8.

nuestra brújula, nuestra bola de cristal para atisbar el futuro y nuestra salvación. Pero no lo hicimos.

Ante esta realidad, ¿qué hacemos? ¿Echarnos a llorar y vivir de las penas o aprender? Es cierto que no podemos controlar las acciones de la vida, pero sí podemos controlar la actitud y la preparación que se tenga ante las oportunidades que se nos presentarán en el futuro.

Parafraseando al mismo presidente de la Reserva Federal, Ben Bernanke, en cada momento que nos veamos ante algo difícil y nuevo, vale la pena que nos enfrentemos. ¿Por qué? Porque al cuestionar lo que creemos acerca de nuestros límites, incrementamos la capacidad de hacer lo máximo de esa oportunidad no esperada. Inevitablemente, se nos presentarán cosas nuevas. Tenemos que estar listos a enfrentarlas y para ver oportunidades en cada una de ellas.

Es así que miles de lectores a quienes he tenido la oportunidad de escuchar, leer y compartir me han lanzado preguntas y nuevos cuestionamientos. Esa necesidad de saber, aprender y estar preparados es lo que me ha llevado a construir este libro.

Aunque no incluí todas las preguntas —son muchas, variadas y específicas—, me fue fácil concentrar las inquietudes y cuestionamientos en categorías. Las preguntas que encontrarás en este libro son las que me hacían los lectores con más frecuencia.

Lo que sí era claro en todas las preguntas y cuestionamientos era el deseo vehemente de estar mejor preparados la próxima vez. Era la sed por querer saber.

Porque, como dijo el científico Louis Pasteur, la oportunidad favorece al preparado.

Lobos y corderos

Imagina que estás en el 2003, tienes sesenta años, eres casado y tus hijos están a punto de terminar la universidad. Con trabajo y ahorro llegaste a acumular una riqueza de más de cinco millones de dólares. No eres un neófito en el tema de inversiones. Trabajaste para una banca de inversiones en tu juventud. Fuiste alcalde de una ciudad y combatiste a la mafia al punto de poner tu vida en peligro. Creaste tu compañía de bienes raíces comerciales y por 30 años fuiste el motor de la empresa.

En busca de tener un retiro cómodo con el dinero que acumulaste y crear un fondo para tus hijos, decides llamar a dos amigos que trabajan en la industria de inversiones para explorar lo que te sugieren. Uno de ellos te dice que inviertas con un tipo considerado como uno de los *top* en Wall Street, llamado Bernard Madoff. Su currículum es impresionante: ex director del NASDAQ, miembro del directorio del ente regulador de los corredores de bolsa en Estados Unidos, miembro del directorio que crea los estándares que rigen la actividad de los corredores de bolsa, filántropo, miembro del directorio de una universidad importante en Nueva

York, dueño de una de las firmas de inversiones más importantes y respetadas en los Estado Unidos. Grandes inversionistas, bancos, fondos de pensión, organizaciones sin fines de lucro pueden dar fe de su rendimiento anual promedio de un 12% y la confianza que tienen en él. Nadie pone en duda su conocimiento y su carácter.

El otro amigo que consultas te recomienda a otro de los grandes que también maneja miles de millones del dinero de mucha gente rica y de fideicomisos. El que maneja la firma de inversiones no es otro que J. Ezra Merkin, el Presidente de GMAC, la división financiera de General Motors Company.

En resumen, estamos hablando de dos jugadores de las grandes ligas del mundo de las inversiones.

Haces tus averiguaciones y decides invertir la mayor parte de tus cinco millones con estos dos hombres. Pasa un tiempo y comienzas a recibir los estados financieros de tu inversión. Estás contento: has obtenido rendimientos que oscilan entre 9% y 12%. Recomiendas las inversiones a otros amigos, te vas de vacaciones a África y aumentas tus contribuciones a asociaciones sin fines de lucro.

Tu esposa está preocupada por la posibilidad de que ese dinero se pierda. Ella te sugiere buscar inversiones más seguras como letras del tesoro emitidas por el gobierno norteamericano. Pero tú dices que hay que estar loco para cambiar un rendimiento de 12% por otro tan pobre de 3 a 4%.

Pasan los años y llegamos al 11 de diciembre de 2008. Mientras conduces tu auto escuchas por la radio: "Bernard Madoff ha sido arrestado después que las autoridades alegan que operaba el posible fraude más grande en la historia financiera del país: 50 mil millones de dólares." Eso no es todo. Para empeorar la situación, la mayor parte de las inversiones de J. Ezra Merkin, el otro gurú financiero a quien habías confiado tu dinero, estaban en fondos de inversión de la compañía de Bernard Madoff. O sea, doble golpe.

Este ejemplo corresponde a Burt Ross, una de las víctimas regadas por todo el mundo que están actualmente viviendo una montaña rusa emocional después de que descubrieran que sus ahorros de toda una vida literalmente se esfumaron debido a que el gurú en inversiones Bernard Madoff los había invertido fraudulentamente en un esquema Ponzi (llamado así por Charles Ponzi, el padre de los esquemas de pirámides).

Ponzi, un inmigrante italiano, convenció en 1920 a cerca de 10,000 personas de que él podía duplicar su dinero en 45 días. Para que tengan una idea, el banco pagaba un 5% de interés. ¿En qué basó su negocio? La idea era comprar cupones de sellos en países donde la moneda estaba devaluada y venderlos en Estados Unidos. En este país los inmigrantes los compraban a un precio mayor y los enviaban a su país de origen con el fin de que los familiares escribieran cartas, y pagaban los gastos de envío con el cupón comprado en Estados Unidos. La idea era sacar ventaja sobre la diferencia de precio que había en los sellos postales internacionales.

Floristas, hombres de negocios, ejecutivos de seguros, recién casadas y viudas invirtieron sus ahorros en la flamante compañía de Ponzi, Security Exchange Co. El éxito de ésta fue inmediato, rotundo. Pero, lo que los inversionistas no sabían es que era imposible llevar el negocio a la práctica porque los costos de los cupones y del transporte no podían generar la ganancia que prometía. Por eso, Ponzi necesitaba nuevos inversionistas para pagarles a los antiguos, a la vez que se quedaba con una parte para pagar sus lujos. Al poco tiempo la pirámide se fue cayendo y la mayoría de los inversionistas perdió su dinero. Lo más sorprendente de todo es que la pirámide llegó a recibir millones de dólares en inversiones y sólo se habían llegado a comprar treinta dólares en sellos postales.

Hay diferentes tipos de esquemas Ponzi, pero todos tienen una característica común: "robarle a Pedro para pagarle a Juan".

Bernard Madoff aplicó alguna variante de este esquema para invertir los cinco millones de dólares que perdieron Burt Ross y su esposa. Los Ross perdieron no sólo la herencia del padre de Burt, quien había trabajado toda su vida para que sus descendientes pudieran vivir mejor, sino también el fondo de retiro de ambos y el fondo en fideicomiso que habían creado para sus hijos. Afortunadamente para nosotros, Ross ha decidido hablar en público, sin vergüenza, y contar su historia para que a nosotros no nos pase lo que le pasó a él.

El caso de Madoff y sus consecuencias ha sido un balde de agua fría para todos porque Madoff no era Juan de los palotes. Su hoja de vida era impresionante. Ex director del NASDAQ, consejero de la SEC (U.S. Securities and Exchange Commission), filántropo, dueño de una de las firmas de corretaje más importantes y respetadas en Estado Unidos.

Dime, con este pedigrí, ¿quién iba a poner en duda su conocimiento y su carácter? "Si lo puso el Sr. X, podemos confiar en él", "Mi consejero lo recomienda porque ha pagado un rendimiento anual promedio de un 12%" eran algunos de los argumentos que usaba la gente para tomar la decisión de invertir. Así, inversionistas, bancos, fondos de pensión y organizaciones sin fines de lucro confiaron en su habilidad financiera.

Ahora sabemos que era un fraude. Pagaba todo eso con el dinero que le robaba a otros. ¿Cómo fue posible que tantos inversionistas individuales, entes gubernamentales, organizaciones y empresas hayan caído presa de la estratagema de Madoff? ¿Cómo fue posible que nadie escuchara a quienes investigaron y advirtieron acerca del esquema fraudulento de Madoff? Incluso algunos personeros de la competencia, después de meses de análisis, recomendaron a sus clientes que no invirtieran en la firma de Madoff. Pero nadie escuchaba. ¿Por qué sólo unos cuantos previeron el fraude?

La explicación es simple. En un sistema de libre mercado, algunas personas tienen vocación de servicio y otras no. Y como hay gente buena, hay gente mala. Hay gente que confía y otros que abusan de esa confianza. Pero también fallamos en que muchos de nosotros no estamos inclinados a servir. Aquí no falló la institución o el sistema, como algunos dicen. La explicación hay que buscarla en la naturaleza humana: algunas personas "se olvidan" de que se les paga por dar un servicio, no por robar o ignorar sus responsabilidades.

Algunos representantes de la SEC sabían que Madoff estaba operando como compañía de inversiones sin estar registrado como tal. Lo sabían y no hicieron nada. ¿Por qué no se escuchó a esa pequeña minoría que venía diciendo que Madoff era un fraude? ¿Por qué no se hizo pública la investigación de 2006?

No había vocación de servicio.

¿Dónde estuvieron los auditores? La responsabilidad de auditar y certificar que los estados financieros estuvieran "en conformidad con los principios contables generalmente aceptados en Estados Unidos"[1] recaía en una pequeña firma de contables de Nueva York. ¿Cómo era posible que una pequeña firma de contadores —formada por un contador retirado en la Florida que casi rozaba los 80 años de edad, una secretaria y un contador activo— fueran los responsables de auditar una firma de 1,300 millones en activos, de los cuales 711 millones correspondían a títulos financieros y 604 millones a capital neto?

No había vocación de servicio.

¿Dónde están los individuos que corrían los fondos, individuos inversionistas que se prestaron como portavoces, y aquellos representantes de la banca privada que vendían las maravillas del "rey Madoff"? Bernard Madoff manejaba el dinero, lo controlaba,

---

[1]   Según el Federal Accounting Standards Advisory Board.

lo cuidaba y además lo comercializaba. O sea, que era a la vez corredor, administrador, custodio y dueño único de la empresa. Les digo más: cuando algún inversionista preguntaba sobre la estrategia de inversiones de Madoff, la respuesta era un secreto rotundo. ¿Qué pasó con la responsabilidad fiduciaria de estos inversionistas profesionales como Madoff y tantos otros que manejaban el dinero de otros inversionistas? ¿Se olvidaron de la regla del inversionista prudente? ¿No hicieron los números y crearon escenarios para ver si la estrategia de inversión podía generar consistentemente lo que prometía?

No había vocación de servicio.

La misma pregunta es válida para los directores de los fideicomisos de las universidades, organizaciones caritativas y sin fines de lucro que confiaron su dinero a Madoff. ¿Qué pasó con el principio de confiar pero verificar?

No había… olvídalo.

¿Qué aprender de todo esto?

1. **Siempre existirá un evento negativo.** Los riesgos están en constante acecho. No sabemos cuándo se presentarán ni es posible medir con exactitud el grado e intensidad del impacto. Y como en todo proceso de toma de decisiones, la situación se complica debido a factores emocionales, de juicio y de carácter.

    Por ello debemos hacer todo lo que esté en nuestras manos para evitar los riesgos. Nunca hay que descartar la posibilidad de que ocurra un evento negativo. Así, a semejanza de la forma en que están equipados los aviones —sistemas múltiples redundantes en caso que una de sus partes críticas falle— se debe contar siempre con varias opciones. O sea, se debe tener un plan B, un plan C, un plan D.

Ross, que tiene su casa y cuenta con el apoyo de su familia y su comunidad, reconoció que violó una regla fundamental en inversiones: no invertir la mayor parte de nuestra riqueza en un solo activo. Su esposa tenía desconfianza, pero no la escuchó.

2. **Sé escéptico y haz una minuciosa investigación.** No se invierte en lo que no se investiga, se verifica y se confirma con fuentes independientes y libres de conflictos. Madoff ofrecía y pagaba un rendimiento promedio anual de 12%. Los inversionistas estaban satisfechos al recibir el dinero, ¿quién iba a pensar que el pago no provenía de la inversión sino del dinero de otros? ¿Quién iba a poner en duda lo que él ofrecía?

Pero, a pesar de que los inversionistas recibían dinero, la estrategia de inversión que él utilizaba no podía lograr el rendimiento que prometía sin realizar acciones ilegales. Los escépticos no se dejaron llevar por sus palabras, su imagen o por la paga que realizaba. Éstos centraron su atención en cómo él podría lograr ese rendimiento con una supuesta estrategia de inversión que, dada las circunstancias, era imposible aplicar. ¿Cómo podía lograr rendimientos positivos cuando en las caídas otros grandes estaban realizando rendimientos negativos? O sea, él ganaba mucho dinero mientras los demás perdían. Algo raro pasaba. Los que descubrieron el esquema eran escépticos por método. Tenían conocimiento del tema, investigaron y verificaron.

Es por eso que debemos ser cuidadosos con nuestro dinero: no invertir con nadie mientras no efectuemos una investigación y verificación serias, a pesar de que ofrezcan y paguen el rendimiento que garantizan. Esto debe hacerse independientemente de que sea Carlos Slim o Warren Buffet quien dirija la operación.

3. **Confía pero verifica.** El famoso financista J. P. Morgan so-
    lía decir que no confiaría ni un sólo centavo en quien no
    confiara, independientemente de cuántos activos tuviera.
    Nuestro sistema financiero está sostenido sobre la confianza.
    Así es como debe ser. Si todas las personas fueran dignas de
    confianza, no habría problema. Pero la realidad es otra. No
    es el sistema el que falla sino quienes actúan en éste, aquellos
    que se aprovechan de la confianza de los otros en su propio
    beneficio.

    Para la mayoría, el nombre Bernard Madoff representaba
    experiencia, conocimiento, legitimidad y reputación incues-
    tionable. ¿Quién iba a poner en duda la reputación de un
    hombre que estaba involucrado con organizaciones, perte-
    necía a asociaciones del sector financiero y que poseía una
    de las firmas con más prestigio de Wall Street? Bueno, hubo
    una minoría que no creía en lo que él ofrecía y cuestionaron
    la confianza que se le tenía. Simple. Hubo una minoría que
    durante años investigó las actividades de Madoff y que puso
    su reputación en duda para ello: durante los cientos de horas
    de trabajo que les llevó la investigación levantaron varias ban-
    deras rojas. Esta minoría llegó a la conclusión de que Madoff
    estaba haciendo algo ilegal. Los que escucharon sus consejos
    no salieron afectados.

    Hay mucha gente buena en el mundo. El caso de Madoff no
    debe matar la fe y la confianza en la gente. Pero el cuento de
    la Caperucita existe por alguna razón. Y el leñador existe por
    alguna razón. Y nosotros tenemos que aprender de su mora-
    leja para no terminar en el estómago del lobo.

Me dicen que ganaré el 12%

Varios de nosotros nos estamos acogiendo a un retiro temprano. Nos dan un paquete grande de dinero. Participamos en un seminario y nos ofrecen un 12% de rendimiento anual por nuestro dinero. También nos dijeron que con esas ganancias podemos vivir tranquilamente en el retiro y que nunca nos quedaríamos sin dinero. ¿Debemos confiar?

Bueno, pregúntale a los más de 400 empleados de Bell South que abrieron 1,100 cuentas en una sucursal de Salomon Smith Barney —que después pasó a ser Citigroup Global Markets Inc. y que en 2009 se vendió a Morgan Stanley— localizada en Carolina del Norte que les ofrecía un rendimiento del 12% anual por un periodo de 30 años.

Entre 1994 y 2002, el corredor de bolsa Jeffrey Sweitzer lideró un grupo que desarrolló una dinámica campaña de ventas —seminarios, reuniones personales con los interesados, etc.— que transmitía el mensaje de que los empleados podrían generar un rendimiento anual de 12% y que tranquilamente podían retirar de su dinero un 9% anual. Su mensaje estaba dirigido a aquellos que podían optar por un retiro temprano, a quienes invitaban a seminarios durante las horas de almuerzo. Uno de los ejemplos más socorridos en sus presentaciones era el de que una persona cualquiera podría realizar una inversión inicial de 300,000 dólares y, con un 12% de rendimiento anual, retirar entre 27,000 y 69,000 dólares al año, y aún le quedarían más de 770,000 dólares en su cuenta al cumplir 83 años. Después, en reuniones privadas, les hablaban de vacaciones en el extranjero, autos nuevos, casa nueva. Sus argumentaciones eran del siguiente estilo: "Voy a decirte, en relación a las expectativas, que podrías obtener un 12%. Esto no es garantizado, pero creo que en buenos tiempos, malos tiempos, feos tiempos, bellos tiempos podremos promediar un 12%. Nosotros esperamos ganar un 12%. Básicamente en 10 años estarás viendo que tu dinero se duplica... Puede que hagamos un 15%, puede que sea un 18% o un 20%. Pero en buenos tiempos, malos tiempos, pienso que lograremos un 12%".

En una reunión que Jeffrey Sweitzer tuvo con una pareja de apellido Falls les dijo que ellos nunca se quedarían cortos de dinero. Incluso les dijo que él podía generarles más dinero del que ellos llevaban a casa anualmente. El mensaje básicamente era: "no vas a tener que trabajar más por el resto de tu vida".

Alentados por este mensaje, los Falls decidieron retirar su dinero del plan 401(k), que sumaba 933,000 dólares, y abrir una cuenta con el corredor. El resultado fue desastroso: al final se quedaron sólo con 440,000 dólares.

Así también perdieron cientos de otros ex empleados que sacaron el dinero de su plan de retiro y abrieron cuentas con el corredor de bolsa. La mayoría de ellos eran inversionistas no sofisticados que estaban optando por un retiro a los 55 años; siete años antes de la edad reglamentaria que establecía Bell South. Eran personas de clase media con cuentas de retiro que promediaban menos de 350,000 dólares. La mayoría de ellos sacaron su dinero de planes de pensión y 401(k) —tras pagar multas e impuestos— para invertirlo con el corredor. Para que se tenga una idea de la naturaleza del daño, la gran mayoría de los honorarios y comisiones generados por Jeffrey Sweitzer durante ese periodo provinieron de estas cuentas.

En 2007, muchos años después de estos acontecimientos, el ente regulador FINRA (Financial Industry Regulatory Authority) aprobó el acuerdo obtenido en cortes estatales después que los ex empleados de Bell South realizaron una demanda colectiva a la compañía y al equipo de corredores. Con base en ese acuerdo, Citigroup Global Markets, Inc. tuvo que pagar más de 15.5 millones de dólares a los afectados (y a sus abogados, por supuesto).

En cuanto a Jeffrey Sweitzer, que usó métodos no aprobados por sus superiores, fue suspendido por 18 meses y obligado a pagar 125,000 dólares en multas.

¿Qué pasó? Los corredores dirigidos por Jeffrey Sweitzer actuaban con poca supervisión, usaban documentos engañosos que hacían proyecciones exageradas y no aclaraban que ese 12% no se podía garantizar. Tampoco hablaban del riesgo que implican las inversiones de altos rendimientos. Las omisiones en los materiales impresos y las exageraciones de Sweitzer eran las siguientes:

- Los materiales usados y las exageraciones del corredor no fueron supervisados ni aprobados por los supervisores y funcionarios de la empresa.

- Les cobrarían entre dos y tres por ciento anual por concepto de honorarios. O sea, que si prometían 12%, la inversión tendría que generar entre 14 y 15% anual.

- El 12% esperado que él prometía era más alto que lo que había generado el índice Standard and Poor 500 en los últimos 80 años (10.4%, y esto con la reinversión de los dividendos). E incluso hubo muchos periodos en que el rendimiento histórico fue inferior al 12%, y hasta llegó a ser negativo. ¿Qué hace el consumidor cuando tiene un año negativo y sigue obteniendo el 9% anual? Tampoco se explicaba.

- No les explicó a los clientes que podían perder el principal invertido.

- El supuesto crecimiento de la bolsa —afirmaban que el índice Dow Jones llegaría a 12,000 en 2001 y a 21,000 en 2006— no tenía bases reales para probar sus proyecciones. Lo cierto fue que en 2001 el índice Dow Jones cerró en 10,021, y en 2006, en 12,463.

- En los seminarios y presentaciones decía que era CPA (contador público autorizado). No era cierto. Mentía con la intención de mostrar que sabía de planificación impositiva y que era un experto en materia de planes de retiro.

- Que transferirían su dinero de una inversión casi segura en el fondo de pensión de su empleador a inversiones de alto riesgo y que les cobrarían honorarios altos.

Incluso, los auditores internos de Salomon Smith Barney fallaron en supervisar los materiales que usaba el corredor en sus presentaciones. Hubo varias oportunidades en que pudieron haber detectado el problema. Por ejemplo, sabían que Sweitzer estaba haciendo seminarios, pero nunca le pidieron los materiales que usaba en las presentaciones ni tampoco le pidieron que fueran aprobados por sus superiores. Asimismo los funcionarios encargados de supervisar que los corredores sigan las reglas de la industria, tuvieron algunos de los materiales usados en presentaciones, pero fallaron en corregir las exageraciones u omisiones para evitar que fueran usadas nuevamente.

O sea, Sweitzer decía lo que quería, los supervisores no revisaron lo que decía y los funcionarios encargados de revisar el material de presentación no corrigieron los errores, no pidieron copia de la información suministrada al público ni la aprobación de los supriores del corredor.

Con esto en mente, hay que ser muy cuidadosos y escépticos con las promesas que escuchamos o vemos en los medios de comunicación, los seminarios, la Internet u otro medio.

¿Ganarás 12% durante muchos años?

Primero: nadie, ni siquiera Warren Buffet, puede predecir lo que va a pasar con tu inversión el próximo mes o año, y menos en el futuro.

Segundo: lo que haya pasado en el pasado, no es garantía que pasará en el futuro.

Tercero: si supones que el pasado es un indicativo confiable del futuro, ese rendimiento está muy por encima del histórico (10.4%) en el mercado accionario. Sin olvidar que cuando hablamos a nivel histórico, se refiere a un promedio.

Cuarto: el rendimiento está suponiendo que estás dispuesto a tomar riesgos e incluso a perder el principal. ¿Por qué no dice también que puedes perder un 20%?

Quinto: implica que este rendimiento será fijo y constante por muchos años cuando la realidad es que el mercado puede subir o bajar sin regulación alguna, y eso no lo puedes evitar. Incluso te puedes encontrar con la sorpresa de que pierdas un 20 o un 30% en un año.

Ojo, puede que en algún periodo determinado y dependiendo del tipo de inversión, se logre obtener un 12% de rendimiento o más. Sin embargo, lo que no es recomendable es basar toda una estrategia de inversión en un rendimiento tan alto y garantizarlo por mucho tiempo.

Es cierto que no todos los agentes de bolsas son como Sweitzer. He conocido a excelentes corredores que son prudentes y proceden según los intereses de su cliente. Es decir, respetan el manual y llevan su profesión al nivel que se les exige.

Aunque también he conocido a algunos que sólo buscan sacarte cada centavo que tengas, que exageran sin tomar en cuenta las consecuencias de sus comentarios. A supervisores a quienes no les importa lo que sus corredores hagan, que sólo piensan en llenar sus bolsillos. Debido a estas prácticas deshonestas muchos inversionistas pierden su dinero. Y son estas "manzanas dañadas", que dicen ayudar, las que afectan el trabajo serio de otros.

Por eso, te hago una advertencia: si no quieres terminar como uno de los empleados de esta historia, recuerda el esfuerzo y los años que te ha costado construir tu fondo de retiro. Son miles de horas de trabajo acumuladas. Es dinero que no usaste en otras cosas para poder llegar a tu retiro con dinero. A lo mejor dejaste de comprar cosas que necesitabas o permitirte lujos con tal de llegar al día de tener un retiro decoroso. No mereces regalar tu oro tan fácilmente ante el primer charlatán que te enseñe un espejito.

Dedica el tiempo necesario para investigar y explorar distintas opciones. Sé precavido y no inviertas tus ahorros basado en estas afirmaciones hiperbólicas de agentes que actúan sin supervisión alguna. Para invertir hay que guiarse por otros criterios, no por las exageraciones.

La ayudan si traspasa el título

Mi hermana está en una situación muy difícil. Su esposo perdió el trabajo. Tienen una casa que no pueden pagar. Se atrasaron varios meses y ya les dejaron saber que entró en proceso de embargo. Escucharon que hay una compañía que anuncia mucho en la radio y la TV que ellos pueden ayudar con todo. Tienen un programa donde ayudan a la gente a parar el embargo, no perder la casa, modificar el préstamo, garantizar el préstamo y arreglar el crédito. Es bien conocida. Ella habló con ellos y le dicen que necesita comprar tiempo. Ellos llaman todo el tiempo para ayudarla. Le están pidiendo que traspase el título de la propiedad y que pague 2,500 dólares de adelanto para así ellos comenzar a modificar la hipoteca. Ellos recibirían el pago mensual y se encargarían de pagarle al prestamista y arreglar con el banco. ¿Eso está bien?

Cuando leo tu inquietud, me pregunto una y otra vez: ¿Cuán fácil podemos ser cordero a la plancha para otros?

Te confieso que siempre me he preguntado cómo es posible que seamos presas de individuos que no tienen otra misión que hacer dinero a costa de nuestro sudor sin ofrecer servicio alguno. No hay duda de que nadie en su sano juicio quiere perder lo que tiene. La gente no quiere invertir en instrumentos fraudulentos o firmar documentos que traspasen la propiedad sin saberlo. No me cabe en la cabeza que una persona que tiene 60,000 dólares en la casa o en una cuenta los va a dar simplemente porque es tonto o se dejó llevar por un espejito.

Entonces, ¿por qué caemos en la trampa? Hay cuatro razones por lo menos que nos hacen caer: necesidad, confianza, confusión y engaño. Estos requisitos subyacen en las actividades de quienes construyen estrategias de publicidad, operación y ejecución engañosa con el fin de defraudar a otros y hacer dinero.

Esta dinámica es similar a la que se establece entre el cazador y la presa. Digamos que ambos tienen la misma necesidad: alimentarse. El cazador necesita atraer a la presa al lugar que él desea, para entonces atraparla y lograr alimentarse. La presa está hambrienta, en busca de comida. El cazador le ofrece el alimento que quiere la presa, en un lugar donde la pueda atrapar y no tenga escapatoria. Dependiendo de la habilidad de la presa, el cazador tendrá que crear métodos y formas más o menos sofisticadas para atraerla, inducirla a que tome el señuelo y atraparla. ¿Cuándo cae la presa? Cuando toma el señuelo y la trampa lo encierra.

Observa que hay necesidad (comer), confianza (crear el ambiente familiar para la presa), confusión (camuflar la trampa) y engaño (el señuelo). Eso es lo que quizá están intentando hacerle a tu hermana. Y si ella no actúa con perspicacia, será plato de mesa.

Veamos dos casos muy conocidos para mostrar cómo atrapa el cazador a su presa: 4 Solutions y Lincoln Lending Services.

El caso de 4 Solutions

En 1999, Mario Quiroz registró la compañía Frontier Capital, Inc. Ese mismo año la compañía adquirió la licencia de corredor hipotecario para operar en el estado de la Florida. La licencia lo autorizaba a vender hipotecas de diferentes bancos y a actuar como intermediario entre el prestamista y el prestatario, a cambio de recibir una comisión si la operación se cerraba.

Entre sus responsabilidades estaba el ayudar al comprador potencial a elegir la hipoteca acorde a sus necesidades, recolectar información financiera relevante del prestatario potencial y tramitar la solicitud. Desde el punto de vista financiero era responsable de las recomendaciones no aptas, y desde el punto de vista legal era responsable ante el banquero hipotecario en caso de fraude.

En 2004, José A. Oliveri y Mario Quiroz registraron en el estado de la Florida la compañía 4 Solutions, Inc. Registraron la corporación como *"real estate investment firm"* (firma de inversiones en bienes raíces). Aunque no contaban con la aprobación del estado —un requisito legal— para operar como compañía de inversiones, ellos utilizaban su ostentoso nombre para impresionar a los incautos.

4 Solutions se hizo miembro del Better Business Bureau (BBB) y del programa administrado por el Buró, con el sobrentendido de que se sometería a la prácticas y códigos de la Asociación. Con un elegante material de mercadeo, se presentaba como una firma financiera, con carta de un abogado certificando la información de que estaba en "buenos términos" con el BBB.

La idea comercial detrás del esquema de ambos socios era capitalizar sobre la cantidad de potenciales juicios hipotecarios. Muchas familias no estaban en posibilidad de afrontar los pagos de sus hipotecas. Como el proceso de juicio hipotecario es sumamente emocional, las familias prefieren buscar cualquier solución, sin importar cual sea, con tal de no enfrentar el juicio hipotecario. Es aquí donde las emociones toman control.

4 Solutions, usando la táctica de "te educo y te ayudo", promocionaba la idea de que ellos traerían solución a las familias que enfrentaban un juicio hipotecario. Para atraer clientes, montaron una sistemática campaña publicitaria en la radio, la televisión y la Internet.

Existían dos de las cuatro condiciones enunciadas más arriba: la presa (los que estaban en proceso de perder sus propiedades) y los cazadores (los individuos que dirigían 4 Solutions, dispuestos a enriquecerse apropiándose del dinero de otros). Algunos prestatarios estaban bastante atrasados en sus pagos; otros, a punto de comenzar el juicio hipotecario (*foreclosure*).

Además necesitaban que los propietarios firmaran un documento (la trampa del cazador) de venta o traspaso de la propiedad. Pero, ¿cómo lograr que la presa firme? ¿Cómo hacer que llegue a la oficina o abra las puertas de su hogar? Primero hay que ganarse su confianza. Una forma para lograrlo es usar publicidad engañosa:

> "*¿Tienes tres o cuatro meses de retraso en tus pagos hipotecarios? ¿Has tratado de refinanciar o has intentado pedir un préstamo sólo para que te lo nieguen porque tienes mal crédito? ¿Tú o tu familia están en peligro de perder su casa? ¿Estás enfrentando un* foreclosure *y estás a punto de perder el sueño americano por el cual tú y tu familia han trabajado tanto? ¡No te preocupes! ¡Frena el proceso de* foreclosure*! ¡4 Solutions es tu respuesta! Llámanos ahora… No sólo pondremos un alto al proceso de* foreclosure *para salvar tu casa y tu patrimonio, también salvaremos tu crédito y tu futuro económico. No demores en esta situación, el tiempo es tu enemigo. Llámanos ahora… o visita nuestro sitio de Internet …. Salva tu casa, sigue siendo su propietario, ¡no la pierdas!*[2]

¿Quién quiere perder su casa? ¿Quién quiere perder lo que tanto le ha costado ganar? Éste es un ejemplo de cómo atraer la presa a la trampa. Hay que ganar la confianza del que está necesitado. Esa confianza se refuerza dando seguridad de que todo se

---

[2]   Transcripción de un anuncio de radio que salió al aire en la estación radial en español 1300 AM en el 2005 (los números de teléfono y la dirección de Internet fueron eliminados de esta transcripción ya que no están en funcionamiento). Traducción del editor.

resolverá. Incluso termina diciéndole a la presa, "eres tonto si no salvas tu casa, porque hay solución y somos nosotros".

Además había otro engaño: la afirmación "preserva la posesión de tu casa" era falsa. La presa no sabía que si firmaba el documento incorrecto la propiedad quedaría a nombre de la empresa o de otro.

Ahora, ¿fue la presa cazada? No. Mientras no se firmaba el documento, no se consumaba la caza. Hasta que no se firmen los documentos no hay ni cazador ni presa.

Quien llamaba o escribía a la página de Internet se iba acercando más a la trampa. Una vez que la presa potencial establecía contacto, el vendedor utilizaba otra estrategia: la confusión y el engaño: se exageran beneficios, se usa el miedo, la presión, la dulzura, la seducción, y tantas otras estrategias que el cazador tiene en su arsenal para que la presa se acerque más a la trampa. Aquel que iba a la oficina o dejaba entrar al vendedor a la casa estaba más cerca de la trampa. Como en la película *Tiburón*, el cazador acorrala la presa paso a paso. ¿Qué le decían los representantes de la compañía? Le proponían que pagarían sus hipotecas utilizando la plusvalía de la propiedad y que un inversionista les ayudaría a resolver la situación. Ellos seguirían viviendo en la casa pagando la misma cuota, o una más baja, en concepto de renta. Al cabo de un año, el inversionista le vendería la casa de vuelta. Ellos estarían en mejor situación y así podrían refinanciar nuevamente su casa para no perderla.

Y ¿quiénes eran esos inversionistas? Personas con buen crédito y asalariados. A ellos se les acercaban pidiéndoles que "rentaran" su buen crédito y su nombre. A cambio, Mario Quiroz, de Frontier Capital, conseguiría las hipotecas. Como los "compradores" tenían buen crédito, Frontier lograba conseguir el 100% de financiamiento. A cambio de prestar su nombre les pagaban una suma de, por ejemplo, 5,000 dólares. Incluso les pagaban 500 dólares por referir a otros.

Como parecía fácil, los inversionistas permitían que su nombre se usara para comprar cinco o seis casas. Frontier Capital solicitaba préstamos con información falsa a diferentes instituciones para que apareciera como que el inversionista era "primer comprador". Así, una persona con ingresos de 30,000 dólares podía tener un portafolio de propiedades valorado en 1.5 millones de dólares. Un año después, estos "compradores" venderían la casa nuevamente a los antiguos dueños.

¿Cómo obtenían ganancias Mario Quiroz y José Oliveri? Tomaban la casa del que estaba a punto de ir a juicio hipotecario por un precio menor y la vendían al "comprador" por un precio mayor, sacando el patrimonio de la casa. La diferencia se usaba para que el comprador pudiera pagar por el préstamo por un año y por la "comisión". El resto iba a parar a manos de los ladrones. Por ejemplo: si la hipoteca ascendía a 100 mil dólares y tramitaban una nueva hipoteca por 170,000 dólares, ellos podían quedarse con cerca de 50,000 dólares por préstamo.

En un momento de desesperación, falta de conocimiento o urgencia, muchos justifican cualquier acción con tal de salir del problema. Sólo era cuestión de tiempo para que todo explotara. Como los "compradores" no tendrían más dinero para afrontar las hipotecas, iban al dueño original para que comprara la casa nuevamente. El problema era que el comprador la quería vender al precio de la nueva hipoteca. El antiguo dueño, si no podía pagar antes, menos podía pagar a este nuevo precio, y era más difícil poder conseguir nuevo financiamiento con un precio más alto. Como el nuevo comprador no podía afrontar el pago de esas hipotecas, todo se caía como una pirámide de naipes.

Tiempo después la presa descubre que fue engañada. Grita, patalea, se revela. Aquel con más suerte y paciencia tiene la ayuda de otro cazador (las autoridades u otros afectados que se unen para reclamar justicia). Pero muchos terminan siendo devorados por la impotencia y el dolor de descubrir que perdieron.

¿Qué pasó con los cazadores de 4 Solutions? Defraudaron a 294 familias y a 10 instituciones. Según informes de prensa, recibieron más de ocho millones de dólares en este esquema de fraude. Mario Quiroz y José Oliveri enfrentan cargos.

El caso de Lincoln Lending Services

Apenas se asomaba el otoño de 2007 en el sur de la Florida cuando el estado se veía inundado de casas vacías y familias despertando de la idílica euforia hipotecaria. La desesperación, el miedo y la rabia se apoderaban de muchos dueños de casas que veían cómo su sueño americano se depreciaba más rápido que el precio de su supuesta casa. Para salirle al paso al tsunami de embargos, cierto grupo decidió crear una firma llamada Lincoln Lending Services, LLC. Compraron un espacio de una hora diaria en un canal de televisión para informar a la gente "de las noticias más sobresalientes de la semana" e "informar y educar a los televidentes sobre lo que estaba pasando en el mundo económico". Incluso tenían apariciones en noticieros o en programas de debate político "reportando" sobre las opciones que tenían los hispanos. Una alta demanda y una agresiva campaña publicitaria enmascarada tras programas informativos le ayudaron a propagar el servicio de asistencia en embargo y rescate hipotecario. Así, miles de seguidores acudieron a las oficinas de Lincoln Lending Services, LLC en busca de una cura a su desesperación, miedo, y rabia.

Aunque la compañía era Lincoln Lending Services, LLC, cuando el cliente potencial iba a recibir el servicio se encontraba con corporaciones distintas, que no eran otra cosa que otras entidades operadas por las mismas personas. Estas diferentes entidades ofrecían dos tipos de servicios: hacer un análisis forense de la situación de la persona para saber si se podía modificar su préstamo y el servicio de modificación. El primero valía 2,700 dólares, y el segundo, 999 dólares. Hagamos números. Si se estima que 1,400 personas solicitaron servicios, a 3,699 dólares cada una, esto suma cerca de 5,178,600 dólares. Así podían tener programas de televisión, crear seminarios educativos y aumentar el número de clientes.

No obstante, tarde o temprano llegarían las quejas e intervendría el gobierno. La compañía estaba ofreciendo servicios legales sin ser un bufete de abogados. Por lo que no podían cobrar por servicios legales ni trabajar como intermediarios de abogados. Aparte, según las leyes del *Foreclosure Rescue Fraud Prevention Act,* estaba prohibido solicitar adelanto de honorarios por servicio de modificación de préstamos.

A la fecha no se ha recuperado el total del dinero.

Estos son ejemplos del porqué hay que ser cauteloso a la hora de solicitar servicios financieros. ¿Sabes por qué se hace más complicado aún? Porque estos cazadores utilizan formas que son de práctica común y legítimas en el comercio; por ejemplo, descubrir la necesidad en el mercado para satisfacer la demanda, la publicidad, la información, el ofrecimiento, la firma de contrato y otras prácticas comerciales válidas que tienen el fin de satisfacer la demanda y la oferta en el mercado.

Los fraudes son complejos y cada caso es específico. Pero no debes convertirte en presa fácil al dar una firma, traspasar dinero o cualquier activo a otra persona o compañía sin antes hacer la investigación necesaria para definir si debes o no hacer el trato. Por eso, la solicitud de firmar un poder legal sobre la propiedad y pagar por adelantado por supuestas garantías representan luces rojas a las que tu hermana debe estar atenta y ser más cautelosa para no caer en la trampa.

Ok. Después de leer estos casos y leer tu pregunta, confieso: tu caso me huele a cordero a la plancha.

Hay muchas banderas rojas en esa oferta. ¿Traspasar el título de la propiedad? ¿Pagar 2,500 dólares por adelantado en concepto de honorarios para rescatar a tu hermana del embargo? ¿Garantizar un servicio como modificar el préstamo, evitar el embargo, arreglar el crédito?

Promesas como éstas tienen claros visos de ser una trampa. Muchos de estos llamados Rescatadores de Hipotecas o Consultores de Rescate Hipotecario no son otra cosa que un esquema de fraude. Algunos son corredores de hipoteca, otros son simples vendedores que trabajan de forma independiente y que contratan abogados. En todo caso, estos esquemas de fraude lo que ofrecen es un servicio que por ley no pueden proporcionar. Por ejemplo, ofrecen servicios legales y ni siquiera están registrados con abogados. Y aunque digan que los tienen, la compañía que ofrezca servicios de rescate debe tener permiso para practicar leyes en el estado. Además, es ilegal pedir adelantos en la mayoría de los estados en relación a la modificación de préstamos o rescate hipotecario. Asimismo es ilegal en Estados Unidos prometer un préstamo por teléfono. Tampoco el prestamista o un abogado legítimo pueden garantizarte resultados ni de préstamos ni de modificaciones.

Pedir tanto dinero por adelantado y que le pagues a ellos en vez de al prestamista representa otra bandera roja. Tu hermana no debe traspasar ni el título de la propiedad ni dar un poder legal a nadie sin primero establecer comunicación directa con el prestamista. Ella puede consultar a un abogado, no a un intermediario, que esté operando legalmente en el estado para que represente sus intereses.

Si es que no quiere ser cordero a la plancha.

Nos garantizan la inversión

Recibimos mucho dinero de la venta de la propiedad. Una parte la usaremos para comprar otra donde vivir. Pagaremos unas cuentas y separaremos para tener efectivo. Nos quedan 200,000 dólares. Ese dinero no queremos perderlo y queremos que nos pague un poco para complementarlo con la pensión de ambos, y el seguro social. Se nos acercó un consejero recomendado por un amigo y nos ofrece un programa de inversión que dice que podemos sacar tranquilamente 50,000 dólares anuales, con una inversión que garantiza el 10% y que nos garantiza el principal invertido por 10 años. ¿Qué te parece?

¿Qué me parece? Fenomenal. El mejor de todos los mundos. ¿Alto rendimiento? Garantizado. ¿Principal invertido por diez años? Garantizado. ¿Poder sacar más de lo que genera la inversión sin afectar el principal o quedarme sin dinero? Garantizado. En otras palabras, la relación negativa entre volatilidad y garantía del principal no existe. Desapareció. En el mundo de fantasía de las finanzas te aseguro que es el mejor producto creado para beneficio de nosotros los consumidores en Estados Unidos.

El problema es que esto es una clara y frontal exageración. Sólo observa esto: ellos dicen que en diez años puedes obtener 500,000 dólares, 50,000 dólares al año y quedarte con los 200,000 dólares al final del periodo. ¿Con 10%? No. ¿Por qué? Porque la compañía tendría que producir un rendimiento de entre 25 y 33% anual sólo para pagarte los 50,000 dólares anuales y devolverte los

200,000 dólares al final. A esto hay que sumarle los gastos administrativos, comisión al vendedor, costos de inversión, impuestos y cualquier otro costo adicional. Y no olvidemos la ganancia de la compañía por ofrecernos este magnífico producto.

¿Cómo es posible que una compañía garantice tanto rendimiento y de forma consistente? No creo que a esta compañía se le haya dado permiso para operar con este plan de negocio y vender productos financieros regulados por el gobierno con este tipo de garantías. Además dudo mucho que la compañía que emite el contrato haya decidido sacar este producto al mercado. Es más, dudo que en el departamento de investigación y desarrollo de la compañía se les haya ocurrido algo como esto. Y si fuera así, el SEC no habría aprobado este producto.

La razón es muy simple: representa un fraude o es una clara e ingeniosa exageración de alguien que vive en el mundo de fantasía de las finanzas. Por ello debes tener mucho cuidado con estas exageraciones que pregonan ciertos vendedores inescrupulosos que ofrecen supuestos programas de inversión con altos rendimiento y garantías. Seguir los consejos de estos exagerados tiene sus consecuencias. Si no, pregúntales a los empleados de la gigantesca petrolera Exxon Mobil Corp, de Luisiana, acerca de David McFadden.

David McFadden, un corredor de bolsa registrado en Securities America, operaba de manera independiente con una firma que respondía al nombre de Diversified Financial Services, con sede en Baton Rouge, Luisiana. McFadden era un individuo carismático, atento —se acordaba de los cumpleaños de todos sus clientes—: un hábil vendedor capaz de seducir a un esquimal para que le comprara un refrigerador. Decía ser contador autorizado (CPA), pero en realidad no lo era. Pero, ¿quién se iba a tomar el trabajo de averiguar ese detalle?

Por medio de seminarios y presentaciones individuales, empleados de la petrolera Exxon Mobil Corp escuchaban a McFadden hablar de cómo podían retirarse sin trabajar, de sus supuestas credenciales como contador público certificado y de los altos rendimientos que las inversiones les podían producir. Ofrecía un completo programa de inversiones. Para ilustrar sus presentaciones mostraba casos hipotéticos de inversionistas que obtenían rendimientos que fluctuaban entre el 5 y el 18% anual. Uno de sus ejemplos hipotéticos era el de alguien que invertía 600,000 dólares y en el primer año obtenía un rendimiento de 58,000 dólares —9.67% de la inversión original. Cada cinco años, este inversionista podía obtener 6,000 dólares más. En este escenario, la inversión se multiplicaba cada año sin explicar que ese supuesto alto rendimiento envolvía riesgos y pérdida de capital.

¿Por qué estas exageraciones? ¿Cuál es su objetivo? El corredor de bolsa necesita atraer al mayor número de inversionistas. ¿Por qué? Entre más dinero, más altas las comisiones, y más para sus bolsillos. ¿Quién posee el dinero? Personas que están cerca del retiro y que estuvieron ahorrando por muchos años. No es lo mismo una comisión de 10,000 dólares que de 300,000 dólares.

¿Con qué argumento se puede atraer a una persona a punto de retirarse y que cuenta con ahorros? La posibilidad de obtener altos rendimientos. O sea, ese dinero que tienes ahorrado puede producirte mucho más dinero. Si, por ejemplo, el ingreso promedio de alguien es 50,000 dólares y le ofrecen un programa de inversión que permite obtener esa cantidad sin tener que mover un dedo por trabajo, la oferta es muy atractiva.

Bueno, ¿y cómo podía McFadden justificar que alguien obtuviera esa cantidad, es decir, entre un 8 y 9% anual? Lógicamente se necesita un rendimiento alto. El problema es que eso que se ve bien en papel, está muy lejos de la realidad.

Pero McFadden necesitaba vender, así que le aseguraba a sus clientes potenciales que podían retirar 8% o más de su fondo sin que se redujera el principal. El problema es que ese nivel de distribución lo que hacía era "comerse" el dinero rápidamente. Y si el dinero estaba invertido en lugares de alta volatilidad, es decir con mucho movimiento, el resultado era peor.

Pero a este individuo no le importaba lo que pasara en el futuro. Su meta era mover la mayor cantidad de dinero de las personas y manejar las cuentas. Esto representaba mucho dinero en comisiones. Así, la gente confió en McFadden y, siguiendo los consejos del simpático vendedor, retiraron su dinero del 401(k) y su fondo de pensión garantizado y lo pasaron a anualidades variables, fondos mutuos clase B y C y ETF *(exchange-traded fund)*.

¿Un ejemplo? El caso de Simon. A los 54 años, Bradley Simon renunció a su trabajo en la refinería, retiró los 700,000 dólares que tenía en su plan 401(k) e invirtió la mayor parte en una anualidad variable recomendada por McFadden. Éste le prometió que podría obtener con seguridad 65,000 dólares anuales para vivir.

El costo de la anualidad variable era de 2.5% anual sobre el monto de la cuenta; los costos en el 401(k), en cambio, eran mucho menores. Además, McFadden, con el sólo hecho de transferir la cuenta a la anualidad variable, ganó 42,349 dólares en concepto de comisión por la venta. Esta práctica producía mucho dinero para McFadden y las compañías. Él mismo confesó que generó más de un millón de dólares al año en comisiones de doscientas cuentas con clientes entre 1998 y 2003.

Simon, siguiendo el consejo de McFadden, retiró grandes cantidades de dinero cada año para mantener el estándar de vida que gozaba cuando aún trabajaba. Pero no contaba con que dos años después el mercado iba a tener una caída que provocaría una pérdida superior al 65% de su inversión inicial. A esto súmale la comisión y los costos del retiro de dinero.

No sólo Bradley Simon enfrentó estos resultados negativos. Hubo otros 32 inversionistas que depositaron dinero en efectivo y otros valores que ascendían a más de 22.2 millones de dólares para comprar anualidades variables, fondos mutuos y ETF para seguir el programa de retiro recomendado por McFadden.

Al final, la ley —lenta pero segura—, detuvo las actividades de McFadden. Éste se declaró culpable de conspirar para defraudar a inversionistas de la tercera edad. Las acusaciones incluían: colocar el dinero de los clientes en anualidades variables y fondos mutuos de inversión que producían una alta comisión, hacer representación exagerada y omitir información acerca de sus credenciales, la diversificación de las acciones y el rendimiento de la inversión que podían obtener. Su aceptación de culpabilidad la hizo con el fin de llegar a un arreglo para recibir una sentencia menor de dieciocho meses a dos años de prisión. No obstante, el juez de distrito le impuso la pena máxima: cinco años de prisión. Además, debía pagar una multa de 250,000 dólares.

La compañía Security America tuvo que restituir más de 13.8 millones dólares en concepto de multa por no revisar adecuadamente cientos de transacciones de McFadden en las anualidades variables, fondos comunes de inversión y ETF. Además, acordaron contratar a un consultor para revisar todos los materiales de presentación usados en seminarios y publicidad y mejorar los sistemas de procedimientos y supervisión.

Es la primera vez que un agente es acusado de felonía por exagerar y engañar, algo que sólo se daba en casos de fraude y robo. Cuando un agente exageraba u omitía información, se iba a arbitraje cuyo resultado era el pago de una multa y/o la expulsión de la industria. Este caso fue diferente, sentó un precedente legal: los daños causados por las exageraciones y omisiones de los vendedores financieros no sólo se arreglan con una multa, sino también con la cárcel.

¿Y qué pasó con Simon? Después de perder su fortuna, vendió su apartamento y fue a tocar puertas para conseguir trabajo. Con la oferta de trabajar sin devengar salario alguno al comienzo, logró conseguir un trabajo que consistía en transportar maquinaria entre ciudades distantes con un camión usado. Un trabajo más duro del que tenía antes de buscar su retiro. Al poco tiempo, tuvo que dejar el trabajo por problemas cardíacos. Lo que comenzó con un saludable y cómodo retiro, terminó con una cuenta vacía y problemas coronarios.

Con este caso quiero advertirte para que no tomes decisiones financieras basadas en exageraciones. Investiga y no inviertas en lo que no conoces. Lee o contrata los servicios de un especialista en estos temas para que te dé un dictamen de los materiales que te entregan. La frase siguiente, muy socorrida en el mundo financiero: "Si aparenta ser demasiado bueno… es demasiado bueno para ser real".

Pero es una pareja de hispanos

Mi esposa quiere que entremos a un club de inversiones de hispanos. El líder de la iglesia del barrio presentó a una pareja de hispanos muy exitosa en el mundo de inversiones. Ellos hablaban sobre las maravillas de invertir y que ellos querían hacer una fuerza de hispanos exitosos, con poder económico. Decían que están creando clubes de inversiones de hispanos en todos los Estados Unidos. En la iglesia se va a crear el club. Mi esposa está entusiasmada y dice que usemos el dinero de la universidad del niño y nuestros ahorros para ponerlos en el club. Hasta hubo testimonio de gente que invertían en el club y que duplicaron el dinero en sesenta días. No estoy tan entusiasmado como mi esposa. Pero, ella dice que tenemos que apoyar a nuestra gente para tener éxito en este país. ¿Es cierto?

Oh, men… Seguimos con los altos rendimientos. Esto es de locos. Ahora el asunto es duplicar el dinero en sesenta días. No sólo tenemos que lidiar con exageraciones, falsas promesas y abuso de confianza, ahora la nueva es seguir a alguien porque es hispano. ¿Confiar el dinero a una pareja de hispanos porque hablan español?

O sea, si nos dijeran en una reunión en la iglesia, con el líder apoyando lo que nos dice esta pareja de hispanos en español, que nos tiremos del último piso del Empire State Building como muestra del amor que le tenemos a la comunidad ¿lo haríamos? No. ¿Lo haríamos porque lo dice el líder? Con el amor que le podamos tener, la respuesta es no.

Bueno, siguiendo esta misma premisa, ¿quién nos garantiza que las inversiones en los supuestos clubes que dicen pagar 10% mensual para ayudar a la "nación" hispana no son otra cosa que pedirnos que nos tiremos desde el último piso del Empire State Building a las manos de la muerte? Las decisiones acerca de nuestras finanzas son demasiado complicadas como para regirnos por lo que otro diga. El líder religioso puede engañarnos o ser engañado —muchos de ellos actúan de buena fe y parten de la premisa de que la gente no va a tomar ventaja de los feligreses.

Es posible que los que dan testimonio del famoso "duplicar el dinero en 60 días" lo hagan porque se les ha pagado por ello, por tener intereses creados o simplemente porque también son víctimas del engaño. ¿Cómo? Simple. Si es un esquema Ponzi, los primeros que reciben la paga son los que entran más temprano en el esquema. La idea es construir confianza. Si actúan de buena fe, los que ofrecen su testimonio lo hacen porque han obtenido las ganancias que se les había prometido. No están engañando a nadie. Lo que ellos no saben es que ese "10% mensual" proviene del dinero que aportan los nuevos participantes, quienes a su vez también desean ganar dinero. Y así sigue girando la rueda hasta que no quedan más inocentes en el camino y se derrumba el esquema, como castillo de naipes.

El nuevo elemento del fraude es la táctica de usar la afinidad cultural para construir estos esquemas. Esto se resume en la frase que pregonaba cierto infomercial supuestamente educativo: "La sangre llama y no hay que negarle su llamado".

Es cierto que cuando en un grupo existen elementos comunes como historia, lengua, creencias o valores es más fácil establecer una conexión como primer paso para establecer una relación. Pero no hay que olvidar que Caín mató a Abel, y eran de la misma sangre. Y hay muchos casos de Caín y Abel en nuestra vida económica que muestran que tener afinidad "sanguínea" no debe ser el factor determinante a la hora de decidir en quién confiamos nuestra riqueza.

Entre los muchos casos de fraude por afinidad sanguínea, quisiera que tu esposa investigara sobre George L. Theodule y Creative Capital Consortium, LLC. George L. Theodule, y sus compañías Creative Capital Consortium y A Creative Capital Concept$, con sede en la Florida, tenía una gran misión: hacer una nación de haitianos millonarios. Por medio de inversiones quería crear nuevas compañías para beneficiar a la comunidad haitiana en Estados Unidos, en Haití e incluso en algunas comunidades de Sierra Leona.

¿Quién iba a rechazar tan noble misión? Nadie. Pero, ¿cómo llevarla a cabo? Mediante la creación de una red de clubes de inversionistas individuales a través de la nación. Un grupo de inversionistas crearía un club poniendo dinero para invertir. Cada club pondría el dinero en Creative Capital Consortium y en A Creative Capital Concept$. Sería el mismo George L. Theodule quien se encargaría de invertir el dinero de cada club para generar ganancias, y así, con el tiempo nacería una comunidad de haitianos millonarios.

Quién iba a poner en duda que crear inversionistas que invierten en la bolsa era la mejor forma de educar una nación. Era muy difícil rechazar esa proposición. ¿Cómo hizo Theodule para que la gente pusiera dinero en esta idea? Por un lado tocó los botones de la avaricia y la sofisticación. Por el otro, los botones de la confianza. Su libreto de venta pregonaba que él duplicaría el dinero invertido en noventa días comprando y vendiendo acciones y opciones de compañías como Google, John Deere, Monsanto, Best Buy, GameStop y otras compañías conocidas. ¿Qué? ¿Acciones y opciones?... Bueno, muchos reaccionaron a estas palabras de la misma forma que lo hicieron nuestros antepasados cuando cambiaban oro por espejos. Además, ¿duplicar el dinero en noventa días? Si partimos del supuesto de que el año tiene 250 días para comercializar en el mercado, ¡obtendría un rendimiento anual de 800%. *Wow!* Esto quiere decir que si invierto 1,000 dólares en un club de inversiones, tendría 8,000 dólares al cabo de un año . Y por qué no invertir 25,000 dólares. Tendría casi 200,000 dólares en un año. Si sigo aumentando la cantidad, el potencial es inmenso.

Fórmula inicial: misión noble + educación + avaricia + sofisticación

Y ¿cómo ganarse la confianza? Siendo haitiano, hablando el mismo idioma, compartiendo elementos afines, afiliándose a centros de influencia como la iglesia para llevar su mensaje noble. Él se presentaba como un hombre religioso y devoto.

Fórmula final:
misión noble + educación + avaricia + sofisticación + confianza

George L. Theodule motivaba a la gente a crear un club de inversiones. Estos clubes tenían un líder que animaba a los miembros a buscar más clientes y así aumentar la participación. Su compañía ayudaba a los nuevos miembros a organizar el club. Así, como hormigas atraídas por el dulce, muchas personas entraban en el club de inversiones e invertían todos sus ahorros —4,000, 9,000, 25,000 dólares— con la certeza de que este haitiano quería hacer algo bueno para su comunidad.

El mínimo requerido para invertir era 1,000 dólares. El dinero que acumulaban los clubes se canalizaba a las compañías Creative Capital Consortium y A Creative Capital Concept$. Esta operación colocaba a Theodule en la posición de administrador del dinero. Con este poder, él invertía y especulaba para generar el supuesto rendimiento —duplicar la inversión— en noventa días. Al cumplirse este periodo, él devolvía el supuesto rendimiento menos el 40% de comisión.

A diferencia de los clubes de inversión legítimos, en los cuales son los miembros los que controlan el dinero y toman las decisiones, él era el único que decidía cómo invertir. Y como es imposible que una inversión incremente su valor al doble en noventa días, necesitaba seguir creando nuevos clubes para aumentar el flujo de dinero que usaba para pagar a los clubes que estaban al inicio de la cadena.

Con esta estrategia, según documentos del SEC, George L. Theodule logró recolectar 23.5 millones de dólares entre miles de inversionistas haitianoestadounidenses por medio de una red nacional de clubes de inversionistas (otros documentos indican que la cantidad ascendía a 60 millones de dólares).

Pero, era demasiado bueno para ser cierto: como todo esquema Ponzi, se acaba cuando no hay nuevos inversionistas con fondos que suplan a los viejos. El SEC anunció una medida de emergencia para detener lo que ellos llamaban otro esquema Ponzi creado por George L. Theodule y sus compañías. Supuestamente, George L. Theodule perdió más de 18 millones de dólares en la especulación diaria de compra y venta de acciones, opciones y en una estrategia muy similar a la de Bernard Madoff: quitarle a Juan, para pagarle a Pedro. Es más, Theodule estaba generando millones de dólares en pérdidas con su práctica especulativa en el mercado, pero seguía creando nuevos clubes para poder pagar el rendimiento prometido a los que habían llegado primero. Además, él mismo participaba en los sueños de riqueza. Según documentos del SEC, George L. Theodule se apropió del dinero de los inversionistas, poniendo en su bolsillo cerca de 3.8 millones de dólares que empleó en la compra de casas y autos de lujo para él y su familia.

En 2010 la corte determinó que él y sus compañías tenían que pagar 5.5 millones de dólares.

Yo le preguntaría a tu esposa: ¿Qué relación hay entre ser hispano y la administración de tu dinero?, ¿cómo se sentiría ella si la supuesta pareja hispana terminara como el caso de George L. Theodule y tantos otros casos de fraude por afinidad? Todavía hoy, años después, algunas familias aún están litigando en corte pagando abogados para tratar de recuperar su dinero.

Estos esquemas de fraude lo que hacen es explotar la confianza y el amiguismo que existe entre los grupos que tienen algo en común. Estos artistas del fraude saben aprovechar la confianza que la gente deposita en los símbolos que los identifican como parte de un grupo.

No importa si se trata de una religión, una lengua, una profesión, deseos, ellos saben que cuando entras en la zona de confianza nadie va a ir más allá. Usan los centros de influencia porque saben que los líderes confían inocentemente o son también participantes indirectos del fraude. Estos artistas del fraude saben que cuando un líder de una comunidad —religioso, político— o de una organización, negocio o institución que tenga influencia en la comunidad da su visto bueno, los demás van a seguir al líder.

Desafortunadamente, seguirán existiendo muchos como Caín entre nosotros. Dile a tu esposa que no les facilite la tarea.

Relaciones y dinero

¿Cómo se manejan las relaciones económicas —en las que priva el interés individual— entre esposos, hermanos, familiares, miembros de una comunidad y miembros de un partido político? ¿Cómo pueden manejarse dichas relaciones donde la cooperación tiene que ser obligatoria y sin restricciones?

No hay duda de que si una empresa quiere optimizar su desempeño, una de sus prácticas clave debe ser el trabajo en equipo. Lo afirman los expertos y los libros de conducta organizacional. Tanto en tiempos difíciles como en periodos de expansión y estabilidad, el trabajo en equipo es clave.

¿Acaso este mismo ejemplo no debería aplicarse a las familias? No es conveniente seguir con la mentalidad de la tribu: "to' pa' mí". En un juego de ajedrez se justifica el individualismo, pero no en el trabajo de equipo.

Cuando establecemos metas económicas conjuntas, acordamos la forma en que llegaremos a ellas. Sea determinar cuánto piensan gastar por mes, lograr hacer una reserva de emergencia, bajar las deudas, acumular para el retiro, preparar un viaje de vacaciones, lanzar un negocio o llegar a ser millonarios. Lo que sea. Siempre se enfatiza en la importancia de estar todos en la misma página. Pero qué pasa si después de haber aceptado voluntariamente cooperar con las consecuencias que acarrea esa responsabilidad, una de las partes no cumple con el trato. Acepta los beneficios de grupo, pero no asume las responsabilidades. Usa el grupo para su beneficio personal hasta el punto de afectar la unidad. ¿Hasta cuándo es válida la cooperación y el trabajo en grupo? Ves a tu media naranja o a tu hermano robando el dinero y metiéndose en problemas. Asumes la responsabilidad con el fin de cuidar la salud del grupo. Pero la otra parte no coopera y sigue haciendo lo mismo. ¿Vas a seguir cooperando?

Tiene que haber un límite. No podemos vivir sin definir las fronteras de la cooperación. Esto implica tres cosas: a) la cooperación tiene que ser voluntaria; b) existirán conflictos en la cooperación voluntaria; y c) deben existir mecanismos para solucionar esos conflictos.

Nuestras relaciones económicas de cooperación deben permitir que cada uno busque su propio beneficio sobre las bases de acuerdos. Al existir la voluntad, es lógico que existan conflictos en la cooperación. Claro que hay conflictos y CONFLICTOS. Una cosa es una discusión o intercambio de ideas para lograr el fin acordado, y otra el enfrentamiento constante para ganar sin tomar en cuenta las consecuencias o cambiando los acuerdos iniciales. Por eso el conflicto hay que verlo por grados. Digamos que los conflictos pasan por cinco estados: 1) disconformidad; 2) incidente; 3) malentendido; 4) tensión; y 5) crisis.

La solución al conflicto va a depender, por supuesto, de su grado y complejidad. No es lo mismo el choque de ideas acerca de cómo llevar el presupuesto a que alguien —la esposa, el marido— se esté robando los recursos de la familia para pagar una adicción que está llevando a todos a la ruina.

¿Se debe reaccionar igual en ambos conflictos? No. Pero deben existir soluciones. Y una de ellas, aunque a veces sea la menos deseable, es el rompimiento de la cooperación. Claro que romper una cooperación no debe tomarse a la ligera. Pero debe existir esa posibilidad.

Entonces, ¿un menor de edad puede decidir romper su cooperación voluntaria con sus padres o tutores? No. Aunque tiene el derecho de ser libre, todavía no está lo suficientemente maduro para serlo. Con los años, la razón y la dirección de sus padres, poco a poco irán rompiendo el lazo hasta hacerse libres. O sea, la niñez es un estado temporal. Mientras ellos no están preparados para controlar su voluntad, los padres tienen que ejercer el control sobre ellos para ayudarlos en el camino de ser adultos libres para unirse en cooperación voluntaria con otros. Un aspecto del papel de guías de los padres es enseñarles a manejar los recursos que tendrán en el futuro.

Nosotros somos Prometeos que competimos por retar las fuerzas celestiales pero sabemos que la luz se comparte y no es exclusiva de unos pocos. La competencia feroz del más fuerte deja un rey sin reino; la cooperación irrestricta anula la creación de reinos. Son dos sistemas que se alimentan entre sí porque saben que uno sin el otro no podrían existir.

Por ello, en las relaciones debe existir una mezcla de cooperación y fronteras, y no negar la existencia del conflicto. A veces los conflictos sirven como generador de ideas cuando las partes están en actitud constructiva y cooperativa. Asimismo pueden ser la puerta para la ruptura de una cooperación voluntaria.

Mi novia tiene muchas deudas
y quiere casarse, ¿la ayudo?

Estamos en planes de casarnos. Mi novia tiene muchas deudas. Eso la tiene muy estresada y me pide que le ayude a pagarlas. Aún no sé si nos casaremos o no. ¿La ayudo?

Tú no tienes que ayudarle a pagar sus deudas y menos si estás indeciso en cuanto a casarte o no. Al contrario: ella puede ayudar a la relación manejando las deudas que obtuvo fuera del matrimonio como su responsabilidad. Manejar las deudas no es sólo un asunto mental sino también emocional. Necesitas tener esta situación bajo control antes de casarte. La causa número uno de divorcio son los problemas de dinero entre los cónyuges. Resuelve el problema ahora y no después, cuando ya estés casado. Ayúdala con tus neuronas, no con tu bolsillo, a que resuelva el problema de sus deudas ahora para que entre al matrimonio fresca; ayúdala a entender que la felicidad matrimonial depende también de la eficacia con que manejamos nuestras finanzas.

No quiere decir tampoco que el estar libre de deudas es un requisito para dar el sí. Por eso analizaría el nivel de endeudamiento y el tipo de deudas que tiene. A lo mejor la deuda que tiene es de estudios. Toma en cuenta que sus estudios ayudarían a aportar al bienestar económico de la familia. A lo mejor las deudas son frívolas, de tarjetas de crédito pagando el 18%, porque quería vivir a la moda todo el tiempo. Es importante diferenciar el tipo de endeudamiento.

Sé flexible y consciente de lo que pasa. Analiza patrones y conductas. Lo importante es que la decisión que tomes sea con el conocimiento de los hechos, y debes conocerlos ahora, no después. Si tienes información sobre los problemas desde un principio, se incrementaría la confianza en la relación y prevería problemas potenciales en el futuro. Toma en cuenta que, una vez hayas dado el gran "sí, acepto", también estás aceptando los problemas económicos de tu pareja.

¿Qué debo ver en un novio para tener una relación económicamente saludable?

Tengo un debate sobre qué debo fijarme en mi novio. No quisiera tener problemas de dinero con él. ¿En qué me debo fijar si deseo contraer matrimonio y tener una relación financieramente saludable con él?

Para que tengas una idea, según un estudio publicado por el Centro para la Familia y el Matrimonio de la Universidad de Creighton, uno de los tres obstáculos de las parejas jóvenes para lograr una convivencia satisfactoria es el uso del dinero. El estudio expresa que las deudas traídas al matrimonio, la situación financiera y el balance entre el trabajo y la familia son la mayor preocupación de las parejas de 29 años de edad o menores. Hablar del dinero es un tema tabú, aún hoy, en pleno siglo xxi. Pocos novios discuten con franqueza el tema del dinero. La falta de discusión aumenta la desinformación, el desinterés por el tema y es posible causa de un futuro divorcio.

Los problemas y los conflictos no se pueden evitar en la vida. Dios nos da sorpresas. Necesitamos a alguien con carácter a nuestro lado, alguien que tenga la madurez emocional y racional para poder hacer limonada cuando Dios nos tira limones en el camino de la vida. Te voy a sugerir "diez evítalos" —puede que hayan más— para disminuir la probabilidad de vivir con la soga al cuello en tu matrimonio:

1. **Lo quieren todo ya y como sea.** No saben diferenciar entre lo que es urgente y lo que requiere tiempo. El problema es que quieren que todo sea "resultado microonda". Son temerarios y te tendrán viviendo en una montaña rusa de emociones. La independencia financiera no se logra en un día.

2. **Son una marca ambulante.** Caminan, visten y viven según la moda. No piensan en el futuro y viven a expensas de la tarjeta de crédito. Atención: podrías terminar con grandes deudas y luciendo —ante él— anticuada cuando "pases de moda".

3. **Viven obsesionados con la obsesión.** Sea el deporte, el casino, pegarse en la lotería, la eterna juventud o el cuerpo esbelto, estas personas viven obsesionados por algo. Una cosa es que disfruten al participar en alguna de estas actividades y otra que se enfermen si no lo hacen. El problema es que con alguien así vivirías financiando caprichos y adicciones que no ayudan a ninguno de los dos.

4. **No les gusta hablar de producir pero sí de gastar.** Su mente está ocupada en comprar, comprar y comprar. El tema del

ahorro o de creación de negocios para aumentar las fuentes de ingreso es como aceite de ricino para ellos.

5. **Piden más de lo que se puede dar.** Buscan tener todas las comodidades de los millonarios con un ingreso que no aguanta tanta presión. Desean disfrutar la vida de familia, pero exigen casa de cinco cuartos con patio para los niños, viajar a Europa, cambiar de auto todos los años, comidas en restaurantes caros, etc. Terminarías siendo un cajero automático.

6. **Rechazan el trabajo.** Cuentan con que el dinero salga de sus padres, familiares o de otros. No piensan en trabajar ni en estudiar.

7. **Viven en un realismo mágico.** Estas personas se la pasan evadiendo la realidad. Consideran que la vida es un juego de video o un espacio virtual donde todo funciona con un simple "clic". El problema es que podría salir corriendo ante el primer tropiezo económico.

8. **Sólo viven deseando lo que tiene el otro.** No pueden resistir la tentación de adquirir lo que tiene el amigo, el vecino o el familiar. Si sus vecinos tienen una casa de vacaciones, él también quiere tener una, etc. Abarcan más de lo que pueden. Representan un serio problema a largo plazo.

9. **Príncipes azules en apariencia.** Tus expectativas o las de tus padres por un príncipe azul con dinero podrían terminar siendo una vida aparente de lujos, pero sola.

10. **No trabajan en equipo.** Piensan sólo en ellos, no en la familia. No pueden diferenciar entre lo que es necesario para el grupo de lo que es un capricho personal. Tendrías muchos problemas en el futuro y divisiones en el hogar.

Mi esposo gasta cincuenta dólares semanales en la lotería, ¿qué hago?

Apenas llevamos dos años de casados y mi esposo está gastando 50 dólares semanales en la lotería. Esto era algo que no hacía cuando estábamos de novios. ¿Qué hago?

Ya que está regalando dinero, dale mi dirección que con mucho gusto recibiré los 50 dólares semanales. En vez de hacer al gobierno más rico y abrir un hueco en su futuro retiro, ¿no prefiere ganarse un amigo como yo al regalarme ese dinero? ¿Por qué digo que está regalando el dinero? Veamos. 50 dólares a la semana son 2,600 dólares al año. ¿Sabes cuál es la probabilidad de ganar que tiene tu esposo poniendo 50 dólares semanales en un juego de lotería de 44 números y 6 para pegarse? La respuesta es 0.0001417%. Es decir, tu esposo tira el dinero en un lugar cuya probabilidad de perder es 99.9998583%. ¿Cuánto tira? Supongamos que deposita esos 2,600 dólares en una cuenta que crezca al mismo ritmo de la inflación (un 3%, digamos). En treinta años habría regalado al gobierno 123,696 dólares. ¿Y al 8% bruto? Habría perdido 294,536 dólares.

Visualizo a tu esposo en un auto a 75 millas por hora, en medio de la autopista con la ventana abierta, lanzando billetes al aire. Eso es lo que está haciendo con esos 50 dólares semanales. Tu esposo necesita abrir los ojos. Perder un dólar no hace mella, pero tirar 2,600 dólares en un juego con pérdida garantizada, sí es deprimente. Si es pura estulticia, dile que no debe seguir actuando en forma tan pueril. Pero si el problema es más grave, entonces busca ayuda profesional, como un psicólogo o un grupo de apoyo.

¿Soy responsable por las deudas que contrajo mi esposa antes de casarse conmigo?

Mi esposa tiene deudas que contrajo antes del matrimonio. Me preocupa tener que pagarlas a pesar de que no son mías. ¿Soy responsable por las deudas que contrajo mi esposa antes de casarse conmigo?

No, según la leyes de la mayoría de los estados de Estados Unidos. En aquellos estados que no reconocen la propiedad común, tú no asumes las deudas de tu cónyuge. No obstante, si el estado es de propiedad común, es posible que, bajo ciertas circunstancias, seas responsable por las deudas que tu esposa haya incurrido antes de contraer matrimonio contigo. Además, aunque no seas responsable por estas deudas, es posible que los acreedores puedan ir contra los activos comunes. En otras palabras, sus deudas de tarjetas de crédito e hipotecas y préstamos personales que estén a su nombre son su responsabilidad, tú no las asumes. Sin embargo, los activos que están en cuentas conjuntas representan una carnada para los acreedores. Es más, si tu esposa tiene una deuda con el IRS (Internal Revenue Service) y declaran sus ingresos en una planilla conjunta, el IRS puede ir contra cualquier devolución que reciban.

También es posible que seas responsable por aquellas deudas en que haya incurrido tu esposa después de contraer matrimonio contigo. En los estados de propiedad común puede que seas responsable incluso si ambos han firmado la solicitud y después uno firma el contrato. Todo esto depende del estado donde vives y del tipo de deuda. Los acreedores pueden buscar la forma de presionar para que pagues en caso de que ella no pague, y tú gastarás tiempo y dinero para probar que no eres responsable.

¿Es un error enseñarle a los hijos sobre el dinero desde temprana edad?

Mi amiga dice que es un error enseñarle a los hijos sobre el dinero desde temprana edad porque los hacemos materialistas... Ella cree que debemos enseñarle a los hijos del dinero cuando sean grandes. ¿Qué dices?

"Papá, hazme grande que tonto me hago solo" claman los niños desde que asoman la cabeza al mundo. El rol de los padres no es sólo hacerlos reír, su deber también es ser tutores y prepararlos para la vida. El reto fundamental que tienen por delante es combinar su rol de padres y el de tutores. El padre protege. El tutor provee conocimiento y educación. Pero muchos padres fallan más a menudo en su papel de tutor. Queremos para los hijos una vida perfecta, sin sacrificio ni dolores. Pero su felicidad, al llegar a la edad adulta, depende de cuán sólida es su formación. Administrar el dinero es un aspecto fundamental de esta formación. Vivimos en una economía monetizada en la cual todo se mueve mediante el dinero y el crédito. En la medida en que preparemos a nuestros hijos para administrar su dinero de forma responsable, les damos las herramientas necesarias para construirse una vida rica y próspera.

¿A qué edad debemos darle una mesada a los niños?

Mi esposo y yo estamos debatiendo acerca de cuándo debemos empezar a darle una mesada a los niños. Él dice que esperemos. Yo quisiera empezar ahora. ¿A qué edad debemos darle una mesada a los niños?

Si ellos ya son conscientes de la relación entre causa y efecto, es hora de comenzar a enseñarles a administar el dinero, los ahorros y el crédito. Es posible que algunos niños estén listos en el tercer grado; otros, antes. Esto no significa que, cuando veas que están listos, los vas a obligar a memorizarse una póliza de cobertura de salud o a manejar el portafolio de inversiones de tu plan de retiro. No se trata de eso. Es un proceso que requiere tiempo y maduración. El conocimiento y la experiencia van en relación a la edad. Es importante para los niños entender cómo funcionan las finanzas si es que no quieres que ellos cometan los mismos errores que comete la mayoría de los adultos.

Los padres tienen que predicar con el ejemplo; como dice el refrán, no prediques la moral en ropa interior. Permíteles que aprendan de sus propios errores. Si escogieron un dulce, una película o una comida que no es de su preferencia, que aprendan a aceptar su consecuencia. Así verán que no todo el tiempo se elige correctamente, que hay un costo que se paga por una mala elección y que la próxima vez deben buscar la mejor opción. Enséñales a tener paciencia. Muéstrales que la impulsividad tiene un precio. Ayúdales a buscar opciones y a llegar a las metas que se propongan. Desde pequeños deben aprender a usar creativamente lo que poseen, que para divertirse no necesitan diez juegos sino sólo uno. Conozco un ejemplo que ilustra que se puede ser feliz con poco. De la misma forma que estiras la masa para hacer las empanadas, que vean que estiras el presupuesto, los ahorros hasta el máximo. Involúcralos en tus quehaceres con el dinero. Que no vean a los padres discutiendo porque no compraron la última pantalla gigante, sino que juntos buscan soluciones para el bienestar de la familia.

Yo soy de la idea de que pagues una comisión, no una mesada. De esta forma tú puedes darle dinero a los hijos por hacer cosas que ayuden en la casa. Esto los ayudará a darse cuenta del valor del dinero y del trabajo.

Para los niños menores de seis años, usa frascos grandes para que se pueda ver lo que acumulan. Para los niños de entre seis y doce años de edad usa el sistema de los cuatro sobres: emergencia, ahorro para el futuro, gasto y obsequio. Para los que tengan entre trece y quince años de edad, abre una cuenta de cheques y enséñales a llevar su presupuesto y a hacer una revisión mensual.

¿Cómo comienzo a enseñarle a mis hijos el manejo del crédito?

Mis hijos tienen trece y nueve años. Quiero comenzar a enseñarles cómo manejar las tarjetas de crédito y las deudas. ¿Por dónde comienzo?

Si estuviera en tu posición, me enfocaría, primero, en enseñarles el poder del ahorro, la acumulación y la producción. Las deudas pasarían a segundo plano. No es que no sea importante aprender el arte de pedir prestado, pero priorizaría la producción y la acumulación. ¿Por qué? Porque queremos que las futuras generaciones tengan inventario de activos y no de pasivos. Si primero le enseñamos a los niños a manejar dinero prestado, implícitamente les estamos enseñando que vivir de prestado es una buena opción. "Aprende a manejar las tarjetas de crédito", "cuando pidas prestado haz esto o aquello"; con estas ideas estamos sembrando la semilla del pasivo con más ahínco que la acumulación de activos que, a la larga, es lo que realmente nos ayuda a conseguir paz financiera.

Mejor enséñales a administrar lo que ganan y los regalos que reciben. Que ahorren, que acumulen y que trabajen para ganar más. Que comiencen a sacar un porcentaje para el futuro, otra parte para las emergencias, otra parte para los gastos y otra parte para ayudar a otros. Después, lo demás. Recuerdo una experiencia que tuve con uno de mis sobrinos, de seis años de edad, que nunca olvidaré y que muestra cuán importante es enseñarles a cuidar lo que tienen. Mientras nos preparábamos para salir a desayunar, lo reté a una competencia de quién se vestía más rápido en un minuto. Aposté dos dólares en monedas. El que se vistiera primero ganaría los dos dólares y los pondría en una alcancía transparente. Ganar dos dólares en monedas fue motivación suficiente para que se vistiera rápidamente. Como ganó, se llevó la loto en monedas y las puso en el cochino transparente. En el restaurante, se le antojó un vaso de colores que costaba $1.99. Como insistía, le propuse un trato: yo le prestaría 1.99 dólares para que comprara su vaso, pero a cambio me tendría que dar el dinero que había ganado en la competencia más $0.25 por querer tener el vaso ahora.

—Ah no… ese dinero es mío. Yo lo gané —me dijo seriamente, refiriéndose al dinero que ganó de la apuesta.

—¿Necesitas ese vaso si tienes decenas de vasos en tu casa? —traté de persuadirlo al mostarle que se trataba de un deseo, no de una necesidad.

—Pero es que lo quiero —decía mientras comenzaba la revolución copernicana.

—Bueno, tú quieres el vaso y yo no quiero que mi dinero se vaya en vasos cuando hay suficientes vasos en casa. El dinero que usaría para comprar el vaso está en mi cochino y no quiero sacar el dinero de ahí. Como tú quieres el vaso y yo no quiero que mi dinero salga del cochino, te ofrezco comprarte el vaso a cambio de que me des tu dinero. ¿Qué prefieres, el vaso o no perder el dinero del cochino de plástico? Tú decides —le contesté rápidamente en tono de negociación.

No sé qué le pasaba por la mente en esos cinco segundos que se tomó para responder, pero las cejas se le iban juntando más y más. Después de una pausa, respondió:

—En casa hay vasos. No tengo que darte el dinero que gané en la competencia.

Nunca es demasiado temprano para comenzar con la educación financiera de los niños. Hay que estar conscientes de los mensajes que enviamos cuando sacamos la tarjeta de crédito para pagar gas, comida o tu restaurante favorito. No conviene que ellos crezcan con la creencia errada de que el dinero para pagar la gasolina o la comida es gratis. No está de más explicarles cómo funciona el crédito, cómo algunas compañías permiten usar temporalmente el dinero a cambio de pagar más dinero. O explicarle por qué la gente se mete en problemas con el dinero prestado.

El mensaje más importante que debes comunicarles es que con el ahorro, la acumulación y la producción, no con el incremento de las deudas (pasivos), se consigue la prosperidad. Tu ejemplo y la repetición de ese mensaje representan una forma de educarlos financieramente, y debes educarlos desde ahora.

¿Por qué te opones a que le compre un auto a mi hija de dieciséis años?

Una vez mi esposa te dijo que yo quería comprarle a mi hija un auto nuevo por sus dieciséis años. Le dijiste a mi esposa que no era buena idea. Mi hija cumple 16 años y quisiera comprarle un carro del año que ella quiere. ¿Por qué te opones?

No me opongo, sólo te advierto. Es tu dinero y tú eres el tutor de tu hija. Escucha mi advertencia. Después decides si haces con ella lo que hace el fumador con las cajetillas de cigarrillos.

Recuerdo el caso de un padre que quería lo mejor para su hija y le regaló un carro de 20,000 dólares, rojo brilloso, para su fiesta de 16 años. Después de eso la niña le dijo que quería estudiar en la universidad más cara de los Estados Unidos. ¿Cuál fue la reacción del padre? Trabajar día y noche y hasta sacrificar su matrimonio y su plan de retiro para satisfacer los deseos de su hija. ¿Por qué el padre hacía eso? El creía que llenaba correctamente el vacío que dejaban sus largas horas de trabajo fuera de la casa.

Sé que los padres tienen las mejores intenciones, pero no necesariamente toman las mejores decisiones. En vez de ayudarlos a desarrollarse, los esclavizan desde la infancia al complacerlos en todo. Al ver que sus demandas son satisfechas sin restricciones, creen que ésa es la lección. Ellos no se dan cuenta que el padre en realidad está llenando una culpa o una felicidad en él. Sólo entienden que serán complacidos cada vez que pidan.

Por eso, soy de la idea de que ellos se compren su propio auto. No sólo es una emocionante experiencia que les permite aprender, también aprenderán a apreciar cada cosa que compran. Aprovecha ese momento para que aprenda el proceso de una compra grande, en lo que tienen que fijarse, cómo estimar lo que pueden pagar, cuánto gastarán en vehículos, el costo de oportunidad que tiene esa compra en su futuro, etc. Es una oportunidad especial para enseñar.

¿Y si no tienen todo el dinero? Una opción que puedes explorar es igualar el dinero que ellos piensan poner en el auto. Digamos que si el auto vale 4,000 dólares y ella tiene 2,000, tú pones la diferencia. Otra opción es que le des tu auto viejo, que no usas, siempre y cuando no tengas problemas financieros que te obliguen a venderlo.

Lo importante es enseñarles el valor del dinero, de las prioridades y su futuro. Ya tendrán después el dinero para comprar el carro que quieran: cuando se está empezando, hay que gatear primero.

Recuerda: "Papá, hazme grande que tonto me hago solo".

¿Cómo puedo hacer para que mi hija me escuche?

Tengo muchas peleas con mi única hija porque no para de usar la tarjeta de crédito. Ya debe 1,800 dólares y con sólo 19 años. Reconozco que no he sido la mejor en dar ejemplos (tengo 9,836 dólares en las mías). Ahora estamos entrando en las fiestas y me da miedo. ¿Cómo puedo hacer que mi hija me escuche?

Y yo te pregunto a ti: ¿Cómo puedo hacer para que tú me escuches? Cuando escribo en mis columnas sobre este tema, recibo *emails* similares al tuyo, y te puedo decir que la mayoría insiste en que las tarjetas de crédito son la causa de tantos problemas de deudas. Incluso uno de los remitentes llegó a exigir que se clasificaran las tarjetas de crédito como terroristas y ponerlas en la lista de los más buscados. Otra persona dijo que el gobierno debía exigir una licencia para manejar tarjetas de crédito. Y la más radical dijo que las compañías debían devolver todo lo que hemos pagado mediante tarjetas.

Yo me pregunto: ¿Y dónde queda nuestra responsabilidad como consumidores? ¿Quién pone freno a nuestros impulsos y deseos de consumo? ¿Tenemos que poseer todo ya y ahora? ¿Podemos ahorrar y consumir a la vez? Sí. Es sólo cuestión de cambiar las prioridades. Te puedo dar ejemplos numéricos que muestran que es el ahorro, no el consumo desmedido, el mejor camino para gozar de salud financiera. Pero el problema no pasa por lo numérico. ¿Sabes cuál es el verdadero problema? La falta de control al no limitar los gastos de acuerdo con nuestros ingresos. Queremos gastar lo que no tenemos. En vez de pensar en ahorrar e incrementar el ingreso, pensamos en satisfacer nuestros deseos de manera permanente gracias a Papi Visa®, Mami Master Card® o Tío American Express®.

Lo mismo que te digo a ti le diría a tu hija: en la vida tienes libertades y responsabilidades. No podemos exigir beneficios sin que incurramos en un costo. Si tú quieres tener una línea de crédito disponible para gastar lo que no tienes y pagarlo con tus ingresos futuros, pues ahí están las tarjetas de crédito para satisfacer tus demandas. Tú pides, ellos te satisfacen. Si ambas consideran que esa es la mejor forma de conducir la economía del hogar, pues adelante. Pero como te digo eso te digo lo otro: no vas por buen camino. La mejor forma de enseñar es con el ejemplo. Al unir lo dicho con lo hecho, fortaleces la credibilidad. Comienza a hacer un presupuesto y a ejecutarlo. Aumenta el uso de tarjetas de débito. Establece metas de ahorro a corto, mediano y largo plazo. Y más importante aún, gasta lo que tienes sin hipotecar irracionalmente tu futuro financiero.

Tú te mereces un mejor futuro financiero. Tu hija también.

Mi esposo se fue, ¿cómo puedo hacer para proteger mi crédito?

Mi esposo me dejó y se fue de la casa. Tiene dos tarjetas de crédito a nombre de ambos. ¿Cómo puedo hacer para proteger mi crédito?

Pide a las compañías emisoras de las tarjetas de crédito que eliminen tu nombre de las cuentas lo más rápidamente posible. Así no eres responsable de las deudas que tu esposo adquiera en el futuro. Sin embargo, eres responsable de la deuda que había en la cuenta antes de pedir que eliminaran tu nombre. En otras palabras, no eres responsable de los cargos futuros, pero sí de los del pasado.

Cierra las cuentas inmediatamente y solicita a las compañías de las tarjetas de crédito —mediante carta certificada, con copia al departamento de quejas— que te eliminen de las cuentas. Es importante que lo hagas todo por escrito para tener constancia en caso de ser necesario. Por ley federal ellos tienen que cerrar la cuenta si una de las partes lo solicita. En caso de que no lo hagan —improbable, ya que eso podría causarles graves problemas—, esos documentos representan las pruebas para demostrar que pediste rescindir del contrato.

Asimismo, si tienen cuentas bancarias comunes, retira tu parte.

Ten en cuenta lo siguiente: cabe la posibilidad de que a tu esposo se le haya caído un tornillo, o que tú entiendas que la situación justifica una reconciliación. Eso lo sabrás en su momento.

Si sucede lo primero, de esta forma te protegerías, y lo que a cada quien le queda de los bienes comunes se negociaría en el proceso de divorcio. En caso de que hubiera una reconciliación, podrías volver a abrir las cuentas.

Mi ex no paga manutención

No tengo una situación económica fácil. No estoy ganando lo suficiente y mi ex no está pagando manutención. ¿Qué puedo hacer?

Probablemente estás asustada, lastimada y enojada. Si estuviera en tu situación, yo también me sentiría igual. Lo único que te digo es que siempre hay una luz al final del túnel. No pierdas el rumbo, la calma y la determinación. Te aseguro que superarás cada obstáculo que se presente en tu camino.

Abordemos un problema a la vez. Primero tienes que saber hacia donde se está yendo tu dinero. Conoces tus ingresos, pero no es tan sencillo saber cuáles son tus gastos porque hay muchas categorías. Tienes que saber hacia dónde va cada dólar que gastas. Si lo supieras podrías establecer un plan de gastos. Comienza con el "pentágono": servicio público, comida, techo, transporte y ropa. La comida es uno de los gastos mayores, sobre todo si hay muchas bocas que alimentar. En este rubro debes ser cuidadosa para no asignar menos de lo necesario. Después sigues con las deudas. Aquellas que puedes recortar, no tengas miedo a pasar la tijera. Si los hijos demandan más de lo que se puede, respira profundo y con amor les dices que en la familia hay prioridades. Hay un presupuesto que seguir.

Una vez que hayas puesto orden en tus finanzas y a tus hijos en cintura, con el mismo amor, concentración, calma y determinación busca a ese personaje llamado ex esposo y pídele que pase la manutención de sus hijos. Los padres podrán divorciarse entre ellos, pero jamás lo deben hacer de sus hijos. Si tu pedido cae en oídos sordos, con el mismo amor, concentración, calma y determinación busca un juez que le quite los tapones de los oídos y las manos de los bolsillos.

El banco le pide un garante a mi hermana, ¿le sirvo de cofirmante?

Estoy en un dilema. Mi hermana menor quiere comprar una casa con su esposo. Han ido a varios bancos y les han negado el crédito. Se los otorgan si tiene un cofirmante. Como tienen tres hijos y alquilan una propiedad pequeña, quieren mudarse a esta nueva urbanización donde las casas son más grandes. Mis únicos sobrinos tendrían más espacio. El pago mensual del préstamo es similar al del alquiler actual. Ella me pide que le sirva de cofirmante en el préstamo. Tengo buena situación económica y buena relación con ella. Pero tengo dudas, necesito una opinión no viciada porque todos en la familia opinan que la ayude.

En primer lugar, debo decirte que no soy partidiario amante de las "cofirmas" entre familiares y amigos. Segundo: si el banco, cuyo negocio es prestar, les está negando el préstamo, ni ella ni tu familia están comprendiendo que pueden poner en riesgo tu propio bienestar económico. La negativa del banco es una buena señal porque ellos desconfían de la capacidad de pago de tu hermana y necesitan que alguien más cubra el riesgo. Por alguna razón será. Quizá exceso de endeudamiento o porque el precio de la propiedad es muy alto para sus ingresos o por problemas con otros acreedores: podrían ser tantos los motivos por los que los bancos les están negando el préstamo.

Nadie pone en duda las buenas intenciones de tu hermana y su esposo. Pero no olvidemos que de buenas intenciones está construido el camino al infierno. Tenemos la buena intención, pero después no cumplimos. A veces intentamos hacer el bien, pero fallamos. Además, presiento mucho corre y corre más con carga emocional que financiera. La presión de la familia, tu hermana viviendo en un pequeño espacio, que si son mis adorados sobrinos, que están ya en el proceso de compra, etc. Muchas cabezas volando, pero nadie está pensando en el tren de aterrizaje.

Hay riesgos que no se pueden evitar y hay otros que sí. Éste es uno de ellos. He participado en dramas de padres que le han servido de garantes a algún hijo que no pagó después, dejando a sus padres con la deuda. He conocido casos de personas que han tenido que asumir deudas, ver su crédito y su relación afectados porque a quienes ayudaron —nietos, yernos, etc.— se apresuraron a protegerse sin pensar en aquellos que los ayudaron a conseguir el préstamo.

No te aconsejo que lo hagas. Observa que varios bancos han declinado hacer el préstamo. El estado actual de las finanzas de tu hermana no es el mejor. Como ya se hicieron "vistas públicas" sobre el caso de la garantía pues toda la familia lo sabe, y quieres conservar la excelente relación que tienes con tu hermana y con tus sobrinos, te recomiendo que invites a tu hermana a comer, a pasear o a cualquier lugar donde puedas hablar con ella a solas, en confianza. Pregúntale por qué los bancos le niegan el préstamo —eso te permitiría saber si hay algún problema mayor— y quizá puedas ofrecerle ayuda para mejorar su situación financiera, para que sea ella con su esposo los que soliciten el préstamo sin depender de nadie.

Si de todos modos decides servirle de "cofirmante", piensa bien en las consecuencias. ¿Tienes el dinero para cubrir la responsabilidad de la deuda si ellos no pagan? Recuerda que ante los prestamistas tienes una nueva deuda. ¿Tienes el dinero para cubrir la deuda? ¿Qué pasa si dejas de percibir ingresos? ¿Cómo sería la compra, entre tu hermana y tú o también estaría incluido su esposo? ¿Cómo te proteges en caso de que tu hermana no pague o se muera? ¿Cómo te sentirías al sentarte a la mesa con tu hermana o tu cuñado sabiendo que te hicieron un agujero en el bolsillo? Te hago ver estas posibilidades porque muchas veces vemos lo bueno de una acción, pero no vemos los riesgos que implica.

Seguros

En 1941 los alemanes bombardearon Moscú. Mientras sus pobladores buscaban protección en los refugios antiaéreos subterráneos, un famoso profesor de estadísticas decidió quedarse a dormir en su cama. Así le explicó a un amigo su temeraria decisión: "De los cinco millones de habitantes que tiene Moscú, ¿cuán probable es que alguna bomba caiga en mi casa?"

Sobrevivió el primer día. No obstante, el segundo día del bombardeo decidió acudir al refugio. Cuando el amigo le preguntó qué le había hecho cambiar de opinión, él respondió: "Hay cinco millones de habitantes en la ciudad y un solo elefante en el zoológico. Ayer le dieron al elefante".

¿Por qué hago el cuento? Por lo siguiente.

Pude analizar el caso de una pareja cuya edad rondaba los cuarenta años. Como ambos gozaban de excelentes condiciones físicas, decidieron prescindir de su seguro de salud por un tiempo. Como el pago mensual aumentaba y ellos estaban pasando por una "recesión personal", decidieron hacer algunos ajustes. Calcularon que podían eliminar la póliza de seguro por un tiempo. Ésta representaba casi cinco mil dólares anuales y no habían tenido que ir al médico en más de dos años. Sólo se habían practicado un examen de rutina y los resultados habían sido buenos. ¿Quién se va a enfermar? Los dos eran saludables, no fumaban, hacían ejercicio y mantenían una alimentación balanceada. Dicho de otra forma, era poco probable que contrajeran una enfermedad terrible.

Resulta que, tiempo después, ella descubrió que tenía una pequeña protuberancia en la parte superior del seno. Acudió al médico de inmediato. Le detectaron una masa fibrosa. El doctor decidió practicarle una operación ambulatoria para extirpar la protuberancia y le extrajeron un tumor de dos centímetros de diámetro. Asimismo los estudios de laboratorio revelaron que tenía células cancerígenas invasivas (que pueden afectar a otra parte del seno e incluso llegar hasta los huesos). La pusieron de inmediato en manos de un oncólogo.

Sumemos: citas al médico, operación ambulatoria, exámenes de laboratorio, cita con el oncólogo, preparación para la segunda biopsia, operación y hospitalización, nuevos exámenes de laboratorio, otra cita, tratamiento, medicinas… La cancelación de la póliza implicó perder la cobertura del 90% después del deducible de 1,500 dólares y un máximo de 20,000 dólares. O sea, ellos sólo pagaban los primeros 1,500 dólares y el 10% de la factura restante hasta un máximo de 20,000 dólares. La póliza proveía cobertura ilimitada en caso de complicaciones mayores. Además, como ellos habían tenido la póliza por más de un año, la cobertura sobre el tumor se la cubrirían por haber pasado los seis meses de la limitación de cobertura por enfermedades preexistentes. Pero todo esto se perdió cuando cancelaron la cobertura. Los gastos ascendieron a 120,000 dólares. Esto representó casi el 40% de lo que tenía la pareja. Aunque ellos tenían activos para afrontar el cuidado, con la cobertura sólo hubiesen pagado 13,350 dólares más la prima anual de 5,000. Además, habrían estado protegidos financieramente en caso de posibles complicaciones en el futuro.

He traído este caso a colación para que tomes en cuenta no sólo la posibilidad de que algo suceda, sino también el efecto en caso de que suceda. La pareja sólo consideró la remota posibilidad de contraer una enfermedad como cáncer de seno. Descuidaron la otra cara de la moneda: las consecuencias de ese evento poco probable.

Esto puede pasar no sólo con nuestra salud sino también al guiar un auto, en el trabajo (un accidente). Eventos como estos podrían acabar con nuestro activos o con lo más preciado que tenemos: nuestra vida.

En lo referente a las finanzas personales no hay que olvidar que podemos correr con la suerte del elefante.

¿Cómo sé que la compañía es sólida?

Nos están ofreciendo varias pólizas de seguro. Unos son vendedores que representan a varias compañías y otros trabajan para la misma compañía de seguros. ¿Cómo podemos saber que la compañía de seguros que estamos pidiendo que nos proteja es sólida y que no se desaparecerá a la hora de cobrar?

Muy pocos se preocupaban por la estabilidad financiera de una compañía de seguros. Comprábamos la cobertura y se acabó. Pero, como dice el refrán: "A Seguro se lo llevaron preso". O sea, no hay nada seguro, no hay garantías. Lo que sí podemos hacer es buscar una compañía que goce de estabilidad, consistencia y continuidad. Necesitamos una compañía que garantice que nos cubrirá en caso de que lo necesitemos. Es un acuerdo entre dos partes: si nosotros cumplimos, ellos también deben hacerlo.

Y tu preocupación es válida. Después de presenciar el derrumbe de compañías de seguros de primer nivel en las últimas décadas, las reglas del juego han cambiado, tenemos que cerciorarnos de la estabilidad financiera de la compañía.

¿Han existido casos de compañías de seguros que se han ido a quiebra? Aunque han sido pocos, sí han habido casos de estos. El caso de Executive Life of California es clásico. En los noventa era la emisora de seguros de vida y anualidades número uno en EE. UU. Y en poco tiempo desapareció. Es cierto que muchas pólizas fueron tomadas por otra compañía, pero a algunas personas sólo se les cubrió un límite.

¿Cómo saber que estamos haciendo negocios con una compañía financieramente saludable? Podríamos analizar el estado financiero de la compañía y compararla con otras de su mismo nivel. El problema es que es complicado. Para eso necesitamos un adiestramiento formal y tiempo para analizar los estados financieros, las operaciones de las compañías, comprender las regulaciones, los riesgos que enfrentan y conocer las señales de problemas potenciales que enfrentan las compañías. Por eso, si no tenemos ese conomiento, hay que descartar esta opción.

La otra opción es confiar en que otros hagan ese trabajo. Aunque pueden existir fallas en el sistema, la industria de seguros —como cualquier otra— tiene mecanismos de protección para disminuir la probabilidad de que una compañía se declare insolvente. Si es una compañía que está dirigida responsablemente, tendrá los mecanismos internos de control para evitar fallas financieras que la lleven a la insolvencia. Los mismos inversionistas —miembros en caso de una mutual— y el directorio de la compañía tienen la función de monitorear. Y en caso de que una compañía se declare insolvente, asegurarse de que existan mecanismos que permitan hacer una transición sin sobresaltos, tratando de no afectar a los consumidores ni a la industria.

Las compañías de seguros están reguladas por los gobiernos estatales. Cada estado tiene un departamento de seguros, una de cuyas funciones es monitorear a las compañías. Así, confiamos en que los entes reguladores de cada estado cumplan con su deber. Si ellos hacen bien su trabajo, tenemos una parte del camino recorrido aunque no es seguro; las insolvencias pueden suceder y las compañías pueden derrumbarse a pesar de las regulaciones existentes.

En caso de que pase algo como lo que pasó con Executive Life of California, muchas de las pólizas son adquiridas por otras compañías de seguros sin afectar al consumidor; algo similar a lo que sucede con los bancos declarados insolventes, en cuyo caso las cuentas bancarias generalmente pasan a otro banco sin ninguna consecuencia negativa para los clientes.

En caso de que no haya otra compañía de seguros que tome el inventario de seguros, existen otros mecanismos de protección, como las garantías de cobertura. Cada estado garantiza hasta cierta cantidad la protección de las pólizas. Aunque las leyes de garantía y límite varían por estado, la mayoría tiene estos límites:

- $300,000 en caso de beneficio de seguro de vida
- $100,000 en caso de efectivo en seguros de vida de tipo permanente
- $100,000 en las anualidades (no pérdida por inversión)
- $100,000 en beneficio de seguro de salud

También existen los dictámenes que dan compañías que se dedican a analizar la fortaleza financiera, la estabilidad operativa y la habilidad que tiene la compañía para cumplir con su responsabilidad en los siguientes 12 a 36 meses.

Se conocen como compañías de calificación crediticia *(credit rating)*. Firmas como Ambest (A.M. Best) (www.ambest.com), Moody's (www.modys.com), Standard and Poor's (S&P) (www.standardandpoors.com), Fitch Ratings (http://www.fitchratings.com) y Duff y Phelps (www.duffllc.com) dan calificaciones a la compañía de acuerdo con su estabilidad financiera (ver **Tabla 1.**).

Se supone que cuando se compra una póliza de seguro se debe dar por escrito la calificación de la compañía. Pídele al agente o al corredor de seguro la calificación de la compañía que están recomendando. Asegúrate de que la empresa tenga la siguiente calificación: A.M. Best, A o mejor; Moody's, Aa o mejor; Fitch y Standard and Poor's, AA o mejor.

Ten en mente que éstas son sólo opiniones acerca de estas compañías y que no garantizan que la compañía aseguradora esté en buena salud financiera. Puede ser que no la conozcas, pero eso no quiere decir que no sea una buena compañía. Hay miles de compañías, y la mayoría de ellas no paga publicidad en torneos deportivos o programas de televisión. También hay que averiguar qué dicen los consumidores sobre la compañía. El departamento de seguros del estado y del consumidor puede tener información sobre ellas, siempre y cuando los consumidores se quejen.

En cuanto a los agentes y a los corredores o agentes independientes, la situación es diferente en cada caso. El agente trabaja para una sola compañía y está contratado para vender la póliza de esa compañía. El caso es similar al del vendedor que trabaja en un concesionario de Toyota: sería ilógico suponer que te va a vender un coche Ford. Los corredores o agentes independientes, en cambio, trabajan para varias compañías (generalmente unas doce).

	¿Quiénes son y cómo lo dicen?				¿Qué quiere decir?
	A.M. Best	S&P	Moody's	Fitch	Descripción
Primera opción	A++ A+	AAA	Aaa	AAA	(Superior) = Capacidad superior para cumplir con la obligación. El riesgo de los bonos emitidos por la compañía es casi cero.
	A A-	AA+ AA AA-	Aa1 Aa2 Aa3	AA+ AA AA-	(Excelente) = Capacidad excelente para cumplir con la obligación. Los bonos son considerados de bajo riesgo.
	B++ B+				(Bueno) = Capacidad para cumplir con la obligación.
Segunda opción	B B-	A+ A A-	A1 A2 A3	A+ A A-	(Justo) = Hasta ahora puede cumplir con la obligación. Los bonos son considerados de bajo riesgo a menos que ocurra un evento en la economía o en la industria que pusiera en riesgo el bono.
	C++ C+	BBB+ BBB BBB-	Baa1 Baa2 Baa3	BBB+ BBB BBB-	(Marginal) = Podría cumplir con la obligación. Los bonos son considerados de mediano riesgo debido a que se afectan cuando existe un evento en la economía o en la industria.
No recomendable	C C-	BB+ BB BB-	Ba1 Ba2 Ba3	BB+ BB BB-	(Débil) = Débil capacidad de poder cumplir con la obligación. Es problemático predecir la actuación futura de los bonos.
	D	B+ B B-	B1 B2 B3	B+ B B-	(Pobre) = Pobre capacidad de poder cumplir con la obligación. Los bonos son considerados inversión especulativa y se espera que la situación financiera se deteriore.
		CCC+ CCC CCC-	Caa1 Caa2 Caa3	CCC+ CCC CCC-	Alta probabilidad de que se vaya a bancarrota o exista una interrupción negativa.
		CC	Ca	CC	
	E	R	C	C	(Bajo supervisión gubernamental)

Tabla 1. Calificaciones de las compañías crediticias.

En ambos casos debes cerciorarte de que el agente esté operando legalmente en el estado —consulta con el departamento de seguros de tu estado. Además, revisa si hay alguna queja en su contra, si le han impuesto alguna multa, o si hubo o hay un caso contra ellos. Eso lo puedes corroborar en el Departamento de Seguros, el Departamento del Consumidor o el BBB. Y también asegúrate de que estén operando con la compañía o compañías que afirman.

¿Por qué un seguro de vida a término?

Estoy casado y tengo un hijo de cinco años. Viajo mucho y me preocupa que si me pasa algo soy el que trae el ingreso fuerte en la familia. Aunque lo que trae mi esposa también es importante ya que con eso pagamos la casa. Te he oído decir que es mejor un seguro de vida de término. ¿Por qué?

Primero, déjame darte la razón económica del porqué debes tener un seguro de vida. El hecho de que vamos a morir —al menos físicamente— es una realidad irrefutable. El problema es que no sabemos cuándo. Sería deseable que pudiéramos escoger cuándo morir. Pero no tenemos esa opción —si descartamos el suicidio, por supuesto. Esta incertidumbre nos impide prepararnos con los recursos necesarios para que nuestros dependientes puedan vivir económicamente cómodos en caso de que no estemos. Si mañana tuvieras un fatídico accidente —Dios no lo quiera—, ¿en qué situación quedarían tu esposa e hijo?, ¿cómo pagaría tu esposa la vivienda, la comida, los servicios básicos, el cuidado médico, la escuela y demás?, ¿qué pasaría si el caso fuera a la inversa, que falleciera tu esposa antes que tú? Bueno, si eres Bill Gates no creo que tengas que preocuparte. Pero, para la mayoría de nosotros, un seguro de vida —con una compañía sólida y estable— resuelve el problema económico en caso de que uno de los cónyuges fallezca.

	Seguro de término	Tipos de seguro permanente		
	Término	Tradicional	Universal	Variable universal
Costo bajo	✓			
Garantía de no cambio de prima		✓		
Protección permanente		✓	✓	✓
Fondo de efectivo		✓	✓	✓
Variación de la prima y el beneficio			✓	✓
Opción de inversión				✓

Tabla 2. Comparación de los tipos de seguro.

Aunque tu esposa trabaja, no es lo mismo afrontar los gastos con dos ingresos que con uno. Aunque el monto de la póliza de uno y otro va a depender del nivel de ingreso, lo cierto es que tanto uno como el otro se deben cubrir. Siempre que haya alguien que dependa económicamente de nuestro ingreso, especialmente cuando se trata de la esposa y de hijos pequeños, hay que adquirir una póliza de seguro. Y no estoy sugiriendo que especules sobre la muerte de tus seres queridos para realizar una ganancia. Se trata de compensar a los beneneficiarios por la pérdida del ingreso. ¿Acaso ellos no dependen de lo que traes a la mesa para comer? Si la respuesta es afirmativa, hay razón de sobra para estar cubierto.

Pero, ¿por qué debo elegir el seguro de término y no algún otro? Como en todas las áreas de las finanzas, cada producto tiene su función y se aplica mejor a unos casos que a otros. Pero, mientras estamos construyendo nuestro edificio de los cuatro pisos de la riqueza, la póliza de seguro de término debe ser la primera opcion. ¿Por qué? Te daré cuatro razones:

1. **El seguro de vida no debe tener un costo desmedido.** ¿Cuál es el objetivo principal? Cubrir la pérdida económica. El objetivo es simple y claro. Todo lo demás queda en un segundo plano. En la medida en que más cosas les añadimos a la póliza, la hacemos más cara. Además, no sólo tenemos póliza de vida, también tenemos que tener de salud, incapacidad, auto, propiedad. Y no sólo necesitamos cobertura de seguros, también tenemos otros gastos que cubrir: hay que ahorrar para el retiro, para la educación de los hijos, etc.

2. **La prima es menos costosa.** No es lo mismo cubrir 100,000 dólares en veinte años que cubrir la misma cantidad de por vida. Como la cobertura tiene un tiempo determinado, la compañía cobra por el riesgo que incurre durante ese tiempo, a diferencia de las demás pólizas cuya responsabilidad es mantener al cliente cubierto por más tiempo. Esto obliga a la compañía a pedir más dinero para cubrir ese costo de tiempo. Además, la de término sólo paga por el costo de cobertura (costo de mortalidad) y administrativo. Las otras tienen esto más los costos de mantener el ahorro o la inversión, pagar a los que manejan el dinero, la comisión, etcétera.

3. **En la póliza de término puedes conseguir un monto de cobertura mayor.** Al ser el costo menor, puedes asegurar a tu

familia por un monto mayor. En otras palabras, por la misma cobertura, en la de término pagas menos que en la póliza de seguro permanente.

4.   **La parte de ahorro e inversión que ofrecen las otras hacen el costo de seguro más alto y menos efectivo.** Voy a dar un ejemplo para ilustrar este punto (ver la **Tabla 3.**). Digamos que a Juan le ofrecen un seguro de término, treinta años con cobertura de 500,000 dólares, con un pago de prima de 430 dólares y una permanente pagando 2,340 dólares al año. Parte de este dinero se irá acumulando en una cuenta que pagará seis por ciento de rendimiento anual. En este caso, al cabo de treinta años la póliza permanente tendría 148,899 dólares en efectivo.

"*¡Wow!* Es un buen negocio", diría el agente. Pero analicemos el caso. Primero, teniendo la misma cobertura —500,000 dólares—, en la permanente pagas 1,910 dólares anuales más. "Pero parte del dinero se usa para ahorrar a un seis por ciento, que es del asegurado, mientras que el dinero que pagas en la de término no se recupera", respondería el agente.

Según esta propuesta, Juan pagaría 70,200 dólares en primas, pero tendría 148,899 dólares en valor acumulado al final de los treinta años si se mantiene con vida. Cancela la póliza y le pagan esa cantidad —más del doble de lo que invirtió.

Final de año	Edad	Término		Permanente tradicional			
		Prima anual	Total pagado	Prima anual	Total pagado	Valor en efectivo	Beneficio al morir en ambas pólizas
1	36	$ 430	$ 430	$2,340	$ 2,340	$ -	$500,000
2	37	430	860	2,340	4,680	$ -	500,000
3	38	430	1,290	2,340	7,020	90	500,000
4	39	430	1,720	2,340	9,360	2,302	500,000
5	40	430	2,150	2,340	11,700	4,780	500,000
6	41	430	2,580	2,340	14,040	7,407	500,000
7	42	430	3,010	2,340	16,380	10,191	500,000
8	43	430	3,440	2,340	18,720	13,143	500,000
9	44	430	3,870	2,340	21,060	16,271	500,000
10	45	430	4,300	2,340	23,400	19,588	500,000
11	46	430	4,730	2,340	25,740	23,103	500,000
12	47	430	5,160	2,340	28,080	26,829	500,000
13	48	430	5,590	2,340	30,420	30,779	500,000
14	49	430	6,020	2,340	32,760	34,966	500,000
15	50	430	6,450	2,340	35,100	39,404	500,000
16	51	430	6,880	2,340	37,440	44,108	500,000
17	52	430	7,310	2,340	39,780	49,094	500,000
18	53	430	7,740	2,340	42,120	54,380	500,000
19	54	430	8,170	2,340	44,460	59,983	500,000
20	55	430	8,600	2,340	46,800	65,922	500,000
21	56	430	9,030	2,340	49,140	72,217	500,000
22	57	430	9,460	2,340	51,480	78,890	500,000
23	58	430	9,890	2,340	53,820	85,963	500,000
24	59	430	10,320	2,340	56,160	93,461	500,000
25	60	430	10,750	2,340	58,500	101,409	500,000
26	61	430	11,180	2,340	60,840	109,833	500,000
27	62	430	11,610	2,340	63,180	118,763	500,000
28	63	430	12,040	2,340	65,520	128,229	500,000
29	64	430	12,470	2,340	67,860	138,263	500,000
30	65	430	12,900	2,340	70,200	148,899	500,000

Tabla 3. Comparación de seguro a término y tradicional.

Ahora observa el siguiente caso. Si Juan invierte 2,340 dólares por año, en un plazo de treinta años a un seis por ciento de rendimiento promedio bruto anual, tendría 184,996 dólares. ¿Por qué la propuesta dice 148,899 dólares? ¿Dónde están los $36,097 restantes? En los costos de mortalidad, administración, etc. La diferencia es casi tres veces la prima total de la póliza de término por treinta años. Tomando esto en cuenta, el rendimiento real sería 4.53%, no 6%, como decía la póliza.

Y no creas que los beneficiarios de Juan recibirán 648,899 dólares si él falleciera: $500,000 + $148,899 = $648,899. Según el tipo de póliza, es posible que esto ocurra pero también es posible que no ocurra. El valor acumulado puede que sea irrelevante para los beneficiarios de Juan.

"Xavier, pero puede pedir prestado de la póliza", diría el agente. ¿Para qué? O sea, acumulas para pedir prestado. Además, estarías afectando a los beneficiarios porque el dinero que se pide en préstamo, más el interés que paga y el costo del seguro, se restan del monto que recibirían los beneficiarios.

"Pero, el dinero que se pone en la póliza de término se usa para pagar el costo y no para acumular. Por tanto se pierde", aducirá el agente esta vez. Cierto. Supongamos que la póliza es de treinta años y mueres antes de que finalice la misma; tus beneficiarios recibirán lo que la compañía de seguro se comprometió a pagar. Pero si no mueres durante el tiempo de cobertura, los beneficiarios no recibirían nada y los pagos que realizaste no regresan.

La industria creó una póliza de término llamada *return on premium* —retorno sobre prima—, que básicamente consiste en la devolución de parte del dinero que pusiste en la póliza al finalizar el término. O sea: pagas y te devuelven lo que pagaste. Pero para eso tienes que pagar mucho más mensualmente. Aunque menos que la permanente, el costo puede ser cincuenta por ciento más que la de término tradicional.

Y hay otra limitante: el problema es que si cancelas la póliza antes de tiempo, puede que no te devuelvan nada. O sea: tienes que completar el término para que te regresen todo.

"…sí, pero, si Juan no fallece a los treinta años de la póliza, ésta se termina. Si necesita estar cubierto el costo de la póliza sería mucho más alto debido a que no es lo mismo asegurar a una persona de cuarenta años que a una de setenta", terciará el agente de nuevo. Eso es cierto, y es un buen argumento. Como la póliza de término tiene un tiempo de cobertura, una vez que haya pasado el tiempo, si quieres tener más cobertura tienes que comprar una nueva póliza. Al tener que comprar a una edad avanzada, el costo aumenta, lo mismo que la prima. Pero eso lo podemos contrarrestar con la estrategia de "compra a término e invierte la diferencia". Ésta es una escuela en el campo de las finanzas personales —y que apoyo como prioridad durante el proceso de construcción de nuestro edificio—, la cual sostiene que es mejor comprar una póliza de seguro de término e invertir la diferencia que comprar una póliza permanente. ¿Por qué? El resultado es mejor debido a que los costos son más bajos.

Siguiendo el ejemplo de arriba, si el costo de la de término es de 430 dólares y el de la permanente es de 2,340 dólares, la diferencia —1,910 dólares— se puede invertir en una cuenta de retiro, y puedes obtener mejores resultados. Tienes cobertura y estás invirtiendo a la vez. Al cabo del periodo existirá suficiente dinero en la cuenta de inversión que servirá como póliza de seguro para cubrir a los beneficiarios. Con esta estrategia tenemos cobertura de seguro baja y un fondo acumulado para suplir a los beneficiarios al final del término de la póliza. Si tenemos la disciplina de ejecutar el plan de comprar una póliza de término e invertir la diferencia, salimos mejor.

Además, es muy probable que ya los hijos sean adultos y que habrán dejado de ser dependientes. O sea, que se supone que la responsabilidad económica haya disminuido.

No quiero que interpretes que los demás vehículos no sirven o que éste es mejor que aquél. Recuerda que cada producto se acopla a la necesidad de cada uno. Pero como estamos construyendo riqueza y necesitamos dinero para otras cosas, aquí necesitamos tener cobertura a un costo menor. La de término cumple con esos requisitos.

Si con el tiempo quisieras convertir una póliza de término en una permanente, te sugiero:

1. **Que la póliza de término tenga una opción de conversión** —en dólares se conoce como conversion option— que básicamente es una cláusula que le añades al contrato y que te permite cambiar una póliza por otra sin necesidad de tener que ser examinado nuevamente para ver si te aseguran o no. Esta cláusula se usa mucho en los casos que tienen una póliza a término y la quieren cambiar a una permanente. Averigua cuál es el tiempo que tienes para poder convertir (puede ser de diez años o menos).

2. **Que no uses la póliza permanente para invertir.** De la misma forma que no debemos hacer una inversión para que cumpla la función de un seguro, no es buena idea comprar un seguro con la idea de que cumpla con la función de una inversión. Asegúrate de que estás pagando lo suficiente para mantener la póliza vigente. No trates de acumular dinero en la póliza como forma de ahorro o inversión.

¿Cuánto debo tener
en mi cobertura de auto?

El tema de los seguros de auto me vuelve loca. Que si PIP, que si BI, que si coalición, que si el mínimo exigido por ley. De verdad que no sé qué hacer. ¿No es mejor irse por el mínimo y se acabaron los problemas? ¿Cuánto crees que deba ser el mínimo de cobertura de auto?

No sólo es complicado, sino que no es un tema de sobremesa. ¿Te imaginas si a tus amigos les preguntas de repente mientras te diviertes con ellos un viernes por la noche: "¿Cuánto es el máximo de tu PIP?", "¿sabías que mi esposo quedó enamorado de la cobertura de seguro de auto?" Tus amistades te verían como loca.

Pero es muy importante saber que estamos cubiertos cuando un accidente occure. Hay mucho riesgo en la calle. Un accidente automovilístico puede tener serias consecuencias económicas. Manejar sin seguro, además de ser ilegal, representa un gran riesgo.

No soy partidario de la idea de adquirir un seguro por el mínimo que exigen en el estado porque no cubren mucho. Una cosa es el mínimo exigido por el estado y otra cosa es el mínimo que nos exigen nuestras finanzas. Y el de las finanzas exige más. Cada estado exige un mínimo diferente; tomaré el de la Florida para ilustrar un ejemplo. Tengo mi auto registrado en el estado y para poder rodarlo se me exige un mínimo de 10,000 dólares para protegerme con un máximo de 20,000 dólares por accidente

—PIP por sus siglas en inglés— y otros 10,000 dólares como protección en caso que haga daño a la propiedad de otro en un accidente (BI/PD). Así que compro una póliza de seguro que me cubre estas exigencias. ¿Qué significa esto? Que si tengo un accidente, independiente de quién sea el culpable, voy a mi compañía de seguro para que me pague por los daños en el auto y un porcentaje de los gastos que incurro por cuidado y pérdida de ingreso hasta el límite máximo de 10,000 dólares. A manera de nota de pie de página: con sólo asomar la cabeza en una sala de emergencia de un hospital me facturan esa cantidad.

¿Y qué pasa si los gastos médicos, la pérdida de ingreso y el sufrimiento emocional superan los 10,000 dólares? ¿Qué pasa si los daños al auto tienen un mayor de 10,000 dólares? Pues depende de quién haya tenido la culpa del accidente. Si la culpa es del otro conductor y tiene esta misma cobertura, tengo que poner la diferencia o demandar a la otra parte. Si la otra parte no tiene ni donde caerse muerto, entonces la cosa empeora. La situación sería la misma si los roles se intercambiaran. Si soy el culpable del accidente y la persona incurre en más gastos médicos por mi culpa, soy responsable por la diferencia. Me pueden demandar, llevar a corte, ganar e ir contra mis activos. Entonces, si nuestras finanzas exigen más del mínimo exigido por el estado, ¿cuánto más? La **Tabla 4.**, en la página que sigue, desglosa el mínimo que debes considerar.

Una mañana Joana sufre un percance: mientras maneja a cuarenta millas por hora, se distrae con el celular, no advierte la luz roja de un semáforo y choca con un auto. Su auto no sufre daños mayores, pero el otro, en el que viajaban dos personas, queda como chatarra. Además, ambos pasajeros terminan en el hospital, y uno de ellos resulta gravemente herido y se le diagnostica que, a causa de la contusión cerebral que sufrió, estará inconsciente por una semana.

Cobertura	Mínimo
Responsabilidad por daños corporales *(Bodily Injury Liability: BI)*	$250,000 por persona $500,000 por accidente
Responsabilidad por daños a la propiedad *(Property Damage Liability: PD)*	$100,000
Cobertura de daños personales *(Personal Injury Protection: PIP)* En caso que estés en un estado declarado como *no-fault*. Esto te cubre un porcentaje de los gastos médicos, pérdida de ingreso, etc., hasta cierto límite.	$10,000 $1,000 de deducible
Cobertura para motoristas no asegurados y/o no cobertura suficiente *(Coverage for Uninsured Motorists: UM)*	$250,000 por persona $500,000 por accidente $500,000 límite simple
Colisión o choque *(Collision Coverage)* Extendida *(Comprehensive Coverage)*	$1,000 deducible $1,000 deducible

Tabla 4. Cobertura de automóvil.

Es cierto que al aumentar el mínimo de cobertura también aumenta el costo de la póliza. Pero el costo financiero ante un accidente automovilístico por negligencia de uno o de otro, con o sin seguro, sobrepasa por mucho el costo que podemos incurrir en unos cientos de dólares por año en cobertura de seguro de auto. Siéntante con tu corredor o agente. Compara precios y discute los requerimientos del estado donde aseguras el auto. Que te den varios estimados con distintos montos mínimos para que veas que la diferencia no es mucha en comparación a la cobertura que recibes. Recuerda revisar la clasificacion que le dan a la compañía que toma la resposabilidad de cubrirte en caso necesario, revisar quejas en tu estado y asegurarte que estás operando con un agente registrado y sin problemas.

¿Nos conviene una póliza de sombrilla?

Tenemos seguro de auto y propiedad. Nuestro agente dice que debemos sacar una póliza de sombrilla. ¿Debemos hacerlo?

La conveniencia de adquirir una póliza sombrilla depende de si la cobertura que tienes actualmente es inferior a tus activos. No sé por qué tu agente considera que te conviene una póliza de sombrilla —también conocida como póliza de exceso, o *umbrella policy* en inglés—, pero ésta es aconsejable cuando se poseen activos que sobrepasan el límite que cubre la póliza de auto y propiedad. También es recomendable para empresarios y profesionales con prácticas de alto riesgo cuya póliza original no los protege lo suficiente por responsabilidad de su negocio. Esto se entiende más fácilmente con un ejemplo sencillo que se muestra en la **Tabla 5**.

Según esta tabla, la riqueza de Joana asciende a 1,257,000 dólares. Esta riqueza está distribuida en dinero en efectivo, títulos financieros, propiedades inmuebles y propiedades personales.

Los gastos por daños colaterales —cirugía, hospital, terapia de recuperación, pérdida de ingreso, etcétera— suman 500,000 dólares. El otro auto fue declarado pérdida total por el seguro. Un auto nuevo del mismo modelo vale unos 30,000 dólares.

Efectivo	$50,000	Tarjetas de crédito	$3,000
Inversiones	$90,000	Préstamo personal	$20,000
IRAs	$350,000	Préstamo propiedad	$100,000
Residencia	$500,000	**Total pasivos**	$123,000
Apartamento	$350,000		
Bienes personales	**$40,000**		
Total activos	**$1,380,000**	**Capital neto** **Total pasivos y** **capital neto**	**$1,257,000** **$1,380,000**

Tabla 5. Estado financiero de Joana.

Joana tiene seguro de auto, pero ¿está cubierta? Formalmente, sí está cubierta. Pero, ¿cuánto tiene de cobertura? Vamos a suponer que Joana tiene seguro de auto y la póliza es 100/250/20. Esto significa que por daños corporales el seguro cubre hasta 100,000 dólares por persona, 250,000 dólares máximo por accidente, y hasta 20,000 dólares por la propiedad. Observa que los gastos médicos ascienden a 500,000 dólares y que la cubierta máxima del seguro es 250,000 dólares: el auto es 30,000 dólares y el seguro cubre un máximo de 20,000 dólares. O sea, que la protección de Joana es limitada.

Además, el abogado de los otros involucrados en el accidente hizo una investigación y descubrió que Joana tiene dos propiedades en residenciales caros. Eso significa que ella tiene dinero para pagar. Al poco tiempo Joana recibe una demanda interpuesta por los otros perjudicados para recuperar no sólo los gastos restantes sino también por daños emocionales. Los activos de Joana están en peligro.

Y para complicar la situación, qué pasa si el perro de Joana —un pitbull— ataca a uno de sus trabajadores en la casa de ella. ¿Le cubre eso la póliza de la propiedad? ¿Tiene cobertura suficiente?

Es en situaciones como ésta —la póliza principal se ha quedado sin dinero— en las que la póliza de sombrilla juega un papel importante para cubrir el faltante hasta un límite —las pólizas cubren a partir de un millón de dólares. Además este tipo de póliza protege otras áreas de riesgos.

¿Cuánto le hubiese costado a Joana una póliza de sombrilla de un millón de dólares? Aunque esto depende de cada compañía, su valor oscila entre ciento cincuenta y trescientos dólares al año. Por cada millón que aumenta la cobertura, el pago adicional por año se incrementa entre cien y ciento venticinco dólares.

Lo importante que hay que entender es que conviene adquirir una póliza de sombrilla cuando la cobertura de las otras pólizas está por debajo de nuestros activos. Si Joana hubiese tenido un capital neto de 500,000, lo que podría hacer es aumentar la cobertura del auto y la propiedad sin tener que adquirir una sombrilla. Si tu capital neto sobrepasa la cobertura y no puedes aumentar el límite, es buena idea explorar la opción de la póliza de sombrilla. El proceso es el siguiente. Consulta con tu corredor o agente independiente o con varios agentes que trabajan para una sola compañía, compara precios y revisa si la cobertura es o no es suficiente. Asimismo no olvides revisar la calificación que recibe la compañía que tomará la resposabilidad de cubrirte en caso necesario y las quejas en tu estado. Además cerciórate de que estás operando con un agente registrado y libre de problemas.

¿Vale la pena adquirir un seguro de incapacidad?

Tengo un seguro de incapacidad con mi empleador que paga el sesenta por ciento de mi sueldo hasta dos años. Mi compañía paga el cien por ciento de la prima y sólo tengo que esperar treinta días para comenzar a recibir el cheque. Me dice mi consejero que debo tener cobertura a largo plazo, pero nos cuesta tres por ciento de nuesto ingreso anual; exactamente 1,200 dólares al año. ¿Vale la pena, sobre todo si tenemos cobertura en el trabajo?

¿Existe la posibilidad de que te despidan? Si la respuesta es sí, ¿qué pasaría con la cobertura? La perderías. ¿Qué pasaría si tu empleador decide cancelarla? Perderías la cobertura. Recuerda que es él quien la paga, y puede cancelarla. ¿Qué pasaría si quedas incapacitado, pero la póliza es bien restrictiva y no te cubre? Pues no tendrías cobertura. ¿Qué pasaría si quedas incapacitado por muchos años? ¿Cómo te cubrirías?

No creas que tener cobertura grupal y que te paguen la prima significa que estás cubierto. Por eso soy partidario de la idea de tener una póliza de incapacidad individual. Es tanto o más importante que los otros seguros. ¿Por qué? Para la mayoría de nosotros, el activo más importante es la habilidad de producir ingreso. Si perdemos esa habilidad, perdemos el activo más importante. Cerca de una de cada tres personas quedará incapacitada por más de noventa días entre los 35 y los 65 años de edad a causa de alguna enfermedad. La falta de ingresos tiene un efecto dominó. Cerca de una de cada cuatro bancarrotas en los Estados Unidos se debe a la pérdida de ingreso por incapacidad laboral. Cerca de una de cada dos casas en embargos legales se debe a que el dueño tiene incapacidad laboral y carece de otra fuente de ingresos.

Si tienes en cuenta toda esta información, ¿crees que puedes confiar solamente en la cobertura de tu empleador? Me parece que no. Es cierto que una póliza de incapacidad es relativamente costosa. Generalmente la prima de una póliza de incapacidad a largo plazo oscila entre el uno y el tres por ciento del ingreso anual. Claro que depende de a quién se está asegurando; el costo puede ser menor o mayor a ese margen. Pero el costo es relativo al riesgo en que se incurre. Toma en cuenta que si tu empleador paga la prima, el dinero que recibirías en caso de quedar incapacitado se considera como un ingreso, y tienes que pagar impuestos. En cambio, si tú pagas la prima, lo que recibes no tendría gravamen alguno. También debes tomar en cuenta el tiempo de la cobertura.

Si decides adquirir un seguro de incapacidad, asegúrate de que la póliza tenga como mínimo:

- **Que el periodo de espera sea de noventa días.** Recuerda que entre más corto el periodo de espera, más costosa la póliza. La mayoría de los casos de incapacidad duran menos de noventa días, por lo que te ahorrarías más comprando una póliza con periodo de espera de al menos noventa días. También ten en cuenta que necesitas garantizar un fondo de dinero en efectivo para cubrir esos primeros noventa días.

- **Ocupación propia.** Esto es clave; hay que saber cómo determina la póliza una incapacidad laboral. Ésta no la define el asegurado sino la aseguradora. Las pólizas estándar estipulan que el asegurado tiene que estar completamente imposibilitado.

Si un cirujano se accidenta la mano, no puede operar, pero puede hacer otro tipo de trabajo; la cobertura no se activa porque la póliza estipula que tiene que estar completamente incapacitado. Por eso la cobertura de "ocupación propia" es la más apropiada —aunque la más costosa— ya que considera que una persona está incapacitada cuando no puede realizar los deberes de la ocupación propia, aunque pueda realizar otro tipo de trabajo.

- **Cobertura hasta los sesenta y cinco años**. Lo más razonable es tener cobertura hasta los sesenta y cinco años de edad. A partir de ahí está condicionado a la voluntad de la aseguradora. Puede que cubra parte o nada.

- **No cancelable y garantizada.** Que la póliza no se cancele incluso si pierdes el trabajo; que la única opción que exista para cancelar la póliza es que no la pagues o que se demuestre que hubo fraude.

- **Prima garantizada.** Significa que garanticen el pago de la prima hasta que termine la cobertura. O sea, que no te suban el costo de la prima.

- **Protección ante la inflación.** Esto significa que el monto de cobertura se ajuste a la inflación.

- **La cobertura se incrementa con el ingreso.** Que si aumentan tus ingresos, la cobertura se ajuste a la nueva realidad.

- **Que te cubran por incapacidad parcial.** Aunque sube el costo, hay pólizas que ofrecen la opción de cubrirte por incapacidad parcial. Puede pasar que tu doctor diga que no trabajes más de cuatro horas al día. ¿Cómo complementas el ingreso que dejas de recibir por las cuatro horas o más que no trabajas? La póliza debe suplir ese ingreso —la merma del ingreso debe ser de al menos el veinte por ciento.

Copago, coseguro y provisión de gasto máximo

Recientemente tuvimos un problema de salud donde la factura fue de 25,000 dólares. Nuestro deducible es de 2,500 por familia, pero la compañía de seguros dice que tenemos que pagar 9,250 dólares. Ellos dicen que nosotros tenemos que pagar el treinta por ciento de lo gastado hasta un máximo de 10,000 dólares. ¿Por qué? ¿Acaso no pagamos el deducible y nada más?

No conozco los detalles de tu póliza, pero según tu descripción veo que "camina, huele y sabe" a coseguro, en el cual el límite máximo de gastos (*maximum out of pocket*) sale de tu bolsillo. La idea de que al pagar el deducible nos zafamos de los otros gastos de salud y de que todo corre a cargo de la compañía de seguro es errónea, el diablo está en la letra pequeña.

Generalmente los seguros tienen tres categorías de pago: *a)* deducible, que es el primer monto que pagamos antes de que la aseguradora comience a pagar; *b)* copago, que es el pago fijo por uso de servicio; *c)* coseguro, que es la cantidad de la factura, después de restar el deducible, que se divide entre la aseguradora y nosotros (el asegurado). Este último pago se representa en porcentajes. Por ejemplo, podrías encontrar algo como 70/30. Esto significa que la aseguradora cubre el setenta por ciento de la factura y tú el treinta por ciento restante después del deducible. Estos números pueden cambiar, y pueden aplicarse de forma general o a cada servicio en particular.

Por otra parte, las pólizas generalmente estipulan un límite máximo de cuánto dinero sale de tu bolsillo; es lo que se conoce como *maximum out of pocket*. Generalmente el límite es anual o por el tiempo en que la póliza esté vigente. También se le conoce como *stop loss provision*. Es a partir de ese límite que la compañía de seguro paga el cien por ciento del gasto calificado.

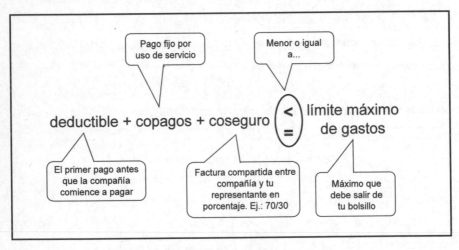

Gráfica 2. Deducibles, copagos y coseguros.

Si aplicamos este mismo principio a tu caso, te están cobrando el deducible y el coseguro, sin llegar al máximo. Muchos se quedan boquiabiertos cuando reciben la factura por un monto que sobrepasa el deducible. Por eso debes saber cuál es el deducible, el copago, el coseguro y el límite máximo de gastos que saldrá de tu bolsillo para evitar sorpresas desagradables.

Categoría	Cantidad	Comentario
Total de gastos	$25,000	Éstos son los gastos médicos totales en que incurriste.
Deducible	$2,500	Ésta es la primera cantidad de dinero que desembolsas antes de que la aseguradora comience a pagar.
Diferencia	$22,500	¿Quién paga esta cantidad?
70%, la compañía	$15,750	Ésta es la parte que pagaría la compañía de seguro.
30%, tú	$6,750	Ésta es la parte del coseguro que tú pagarías.
TOTAL que sale de tu bolsillo	$9,250	Es la suma del deducible $2,500 más el coseguro, $6,750. Si esta cantidad hubiese sido más de $10,000, la cantidad máxima que pagarías sería $10,000.

Tabla 6. Ejemplo de pagos y deducibles.

Deudas y crédito

Si fuéramos médicos y tuviéramos que hacer un diagnóstico financiero una vez que vemos las placas financieras de las personas (estado de ingreso y gastos, estado de balance) me atrevería a concentrar el análisis en cuatro categorías: estado crítico, sobrevivencia, estabilidad financiera e independencia financiera.

Estado crítico. Los gastos son considerablemente más que los ingresos. Los pasivos son más que los activos. Se le declara técnicamente insolvente. Lo que se tiene acumulado son deudas. El teléfono suena y los acreedores llaman sin parar. Los saldos de las cuentas no bajan, más bien suben debido a la falta de control interno o a un evento inesperado como puede ser una enfermedad. No hay ahorros ni activos suficientes para cubrir el servicio de la deuda. La solución está en una renegociación de la deuda o la bancarrota.

Sobrevivencia. No hay mucho margen entre los ingresos y los gastos. Los activos sobrepasan los pasivos pero por poco. No hay liquidez y la poca riqueza neta se debe a la casa. Se usa el crédito como fuente de ingreso y para cubrir el faltante a corto plazo. Se paga el mínimo en las tarjetas de crédito, se pagan los préstamos y se espera que baje un poco la deuda para refinanciar nuevamente. Cuando se aprecian los activos, se usan para pedir prestado. La estabilidad económica está sostenida solamente por el dinero que entra. Si cae el ingreso, se cae todo, como un castillo de naipes.

Estabilidad financiera. Los ingresos sobrepasan los gastos. Hay un ahorro anual considerable. Existe una reserva de emergencia y los activos sobrepasan los pasivos. La riqueza neta, distribuida claramente entre efectivo, activos financieros y reales, es suficiente para vivir sin trabajar de tres a cinco años. No se usa el crédito para financiar consumo a corto plazo. Tiene la cobertura de riesgo completa. Se avanza en el plan de retiro. Existe *equity* en la casa. Se paga hipoteca y otros préstamos sin inconvenientes. Aunque no puede vivir del patrimonio acumulado por siempre, no sufriría a corto plazo (un año o menos) ni a mediano plazo (dos a cinco años) si tiene una caída en el ingreso. Existe riesgo a largo plazo (más de cinco años).

Independencia financiera. Tiene suficiente patrimonio acumulado para poder vivir de él. Los gastos se cubren con el patrimonio que se acumuló y pueden generar ingresos por muchos años sin tener que trabajar. La casa está paga. Muy poco pasivo; generalmente se trata de pasivos a corto plazo que puede pagar sin problema. Considerable efectivo disponible, activos financieros generando ingresos. Negocios que generan dinero o vive cómodamente del ingreso que genera su plan de retiro, pensión e inversiones. Trabaja para producir más. Tiene el tiempo para escuchar a los suyos y departir con ellos.

Una de las razones que marca la diferencia entre las primeras dos placas y las últimas dos es el nivel y tipo de endeudamiento. La realidad es que mucha gente quiere tener los últimos dos diagnósticos, pero sus actitudes y prácticas los ubican en los primeros dos.

¿Es malo o bueno tener deudas?

He llegado hace algunos años a este país y hablan sobre el crédito y la deuda. Nosotros no estamos muy familiarizados con ese tema ya que es difícil que te presten dinero. Aquí te lo dan todo. Algunos dicen que es bueno tener deudas, otros dicen que no. Si podemos adquirir cosas, ¿qué tiene de malo? Podrías darme una orientación.

La respuesta no es tan simple; el asunto no es blanco y negro. Sin embargo, hay algo inobjetable entre lo que te dicen: vivir de préstamo en préstamo no es bueno. De la misma forma que el exceso de endeudamiento de un país es peligroso para su estabilidad financiera, lo mismo es para nosotros. He visto casos de personas que usaban su casa como si fuera una alcancía, un cochino de cemento de donde sacaban un nuevo préstamo cada cierto tiempo. Con esta costumbre es lógico que lleguen a la edad del retiro con deudas, sin nada acumulado y dependiendo del seguro social. Parte de su riqueza se fue en pago de interés, gastos de cierres, comisiones y compras sin ningún valor económico. Este hábito no es bueno si queremos generar riqueza.

También es cierto que puedes vivir sin necesidad de endeudarte, y más si tienes el dinero para prestarte a ti mismo. El interés te lo pagas a ti, no pagas comisión, ni gastos de cierre. Pero no muchos tienen ese privilegio. Qué pasa con quienes no pueden afrontar la compra de una casa, necesitan un auto para trabajar o necesitan cursos para mejorar sus posibilidades laborales y no tienen el dinero suficiente para eso. ¿Deben esperar hasta que tengan cada centavo ahorrado? Pueden optar por esto, pero es posible que, si recurren al crédito *ahora* para obtener lo que necesitan, el beneficio sea mayor a que si esperan por un futuro impredecible. ¿Por qué imponerse la limitación de pedir prestado?

Ésta es mi opinión. A modo de ejemplo: si durante mi vida económicamente productiva ganaré dos millones de dólares, cuánto de eso quiero que quede en mi bolsillo y cuánto que vaya al de otro. Entre más quede en mi bolsillo, mayor la acumulación, y viceversa. Y si voy a pedir prestado, tomo en cuenta el tipo de deuda, el tiempo y el valor económico que estoy restando a los dos millones de dólares. Por eso soy de la idea de que las deudas tienen que ser TAP: Temporales, Asequibles y Productivas. *Temporales* porque no queremos estar esclavizados a ellas. *Asequibles* porque se puede alcanzar sin que el nivel de endeudamiento pase de cierto límite. Y *productivas* porque, si vamos a pedir prestado, que sea para adquirir algún bien o un servicio que realmente traiga un valor económico. Las deudas deben cumplir con estos tres requisitos para ser consideradas "buenas" (aunque vale aclarar que las deudas son amorales).

Los préstamos de estudiante sirven de ejemplo para explicar lo que es una deuda TAP. En principio, estudiar es bueno. Nadie pone esto en duda y se puede decir que es una deuda productiva (P). Pero qué pasa si se necesitan treinta años para pagar la deuda (T), a un costo de 250,000 dólares, con un salario de diez dólares la hora y cuyo pago mensual te consumiría casi la mitad de tu ingreso (A). ¿Conviene adquirir esta deuda? No. ¿Y qué pasa si quieres comprar una casa o tener familia? Tendrás que realizar otro tipo de trabajo porque los estudios que compraste te llenaron el ego y las neuronas, pero no los bolsillos.

Por eso, el tiempo, el tipo de compra y el nivel de endeudamiento son clave. No olvidemos que las deudas son acuerdos contractuales que están respaldados con lo que adquirimos o con los ingresos que queremos recibir en el futuro. O sea, garantizamos una deuda con algo que no sabemos si existirá en el futuro. ¿Es bueno o malo tener deudas? Depende: si éstas son productivas, temporales y asequibles, son buenas.

¿Cuánto es el máximo al que uno se debe endeudar?

Aquí todo lo puedes comprar a crédito. Casa, auto, ropa, estudios. Es una pregunta que me he estado haciendo por mucho tiempo y escucho respuestas distintas. Pero, ¿cuánto es el máximo que uno se debe endeudar?

Si le preguntas a un prestamista te va a decir una cantidad mucho mayor de lo que pueda decirte un planificador financiero. Claro que, si el prestamista es responsable del dinero que presta, seguramente será más juicioso y conservador que aquel que actúa como intermediario prestando el dinero de un inversionista que no conoce o garantías de que el gobierno le comprara la deuda, a cambio de una comisión.

No olvidemos las tres características de las deudas "buenas" que acabamos de exponer: temporales, asequibles y productivas.

Cuando preguntamos cuál sería el máximo, estamos definiendo la asequibilidad de la deuda. O sea, ¿cuánto es el máximo que podemos? Como regla general se usa el 36% del ingreso neto (después de impuestos) promedio (durante un mínimo de cinco años) como el máximo pago mensual para servir el total de deudas (incluyendo hipoteca). Este número ha cambiado con el tiempo. Antes era 25%, después 30%. Incluso, algunos te recomendarán el 40%; otros, el 45%.Veamos un ejemplo. Si mi ingreso neto promedio mensual es de 5,000 dólares, destinaré no más de 1,800 dólares para pagar todas las deudas. Claro que siempre hay que tener en mente que las deudas deben ser temporales y que se utilicen para adquirir cosas que aumenten de valor. En el caso temporal va a depender del tipo de deuda. Por ejemplo, un préstamo de auto no debiera durar más de 60 meses. Un préstamo de casa debiera durar entre 15 y 30 años. Lo importante es que tengan un principio y un fin y que no se arrastren de por vida.

¿Por qué el ingreso neto debe ser un promedio? Sugiero calcular un promedio de los últimos cinco años debido a que he visto casos de personas que, debido a que se endeudan basados en su ingreso más reciente, vieron caer su ingreso estrepitosamente ante un eventual despido.

El promedio debe ser ponderado *(weight average)*, en cuyo caso se pone menos énfasis al sueldo de los primeros años y más énfasis al último. Es sobre ese porcentaje que estimo el monto máximo de la deuda total.

Ahora, toma en cuenta que el monto va a variar dependiendo del nivel de interés y del tiempo de la misma. Observa la **Tabla 7.**:

1) si aumenta el tipo de deuda, aumenta la cantidad de endeudamiento;

2) en la medida que el interés aumenta, el nivel de endeudamiento disminuye. ¿La razón? Como decidimos pagar no más del 36% para servir el pago de las deudas —o sea, fijo— entre más alto el interés, menos el monto total de la deuda.

Por ejemplo, si el interés promedio de todas mis deudas es 8% y una duración de 15 años, entonces el monto de las deudas no debe ser superior a 3.16 veces mi ingreso neto. O sea que si mi ingreso promedio neto es 60,000 dólares por año, el monto máximo de deuda no debe ser superior a 189,600 dólares. ¿Cómo distribuyo esa cantidad? Esto va a depender de las preferencias de cada quien. Es importante que el nivel de deuda sea temporal (no debemos pasarnos toda la vida endeudados) y que sea para adquirir cosas productivas. Pero lo más importante es que apliques la regla del 36% y que no cometas el error que cometen muchos: tomar decisiones financieras que te aten durante años basado en las circunstancias económicas actuales. Hoy tienes unas cosas, mañana otras. Los ingresos cambian, los estilos de vida cambian, las preferencias cambian; las circunstancias económicas también.

Si el interés es...	A 15 años la cantidad máxima de deuda sería...	A 30 años la cantidad máxima de deuda sería...
3%	4.36	7.13
4%	4.07	6.30
5%	3.81	5.61
6%	3.57	5.03
7%	3.36	4.54
8%	3.16	4.12
9%	2.98	3.76
10%	2.81	3.45
11%	2.66	3.18
12%	2.52	2.95

Tabla 7. Monto de la deuda según el tipo de interés.

No olvidemos que las deudas son acuerdos contractuales que están respaldados con lo que adquirimos o con los ingresos que esperamos recibir en el futuro. O sea, garantizamos una deuda con algo que no sabemos si lo tendremos en el futuro.

¿En qué debemos fijarnos al solicitar una tarjeta de crédito?

Mi esposo insiste en que tengamos una tarjeta de crédito. Estoy indecisa. Si decidiéramos hacerlo, ¿a qué debemos estar alertas?

Antes que pensar en adquirir una tarjeta de crédito, hay que definir la razón de abrir una o más cuentas de crédito revolvente (así le llaman técnicamente a las tarjetas de crédito). No hay que olvidar sus limitaciones. Se tiende a creer que es una simple e indefensa tarjeta de plástico con bonitos diseños. No. Es dinero prestado, y muy caro.

En primer lugar, si ésa es la mejor opción disponible, hay que definir cómo se utilizará. Por ejemplo: será sólo para transacciones o para financiar; cuál será el monto máximo que se cargará; cuánto tiempo se tomarán en saldarla.

En segundo lugar, hay que entender lo del periodo de gracia, el pago mínimo, los cambios en la tasa de interés. El periodo de gracia es el tiempo que te dan sin tener que pagar interés sobre la compra realizada ese mes. Las tarjetas calculan el cargo por interés diario. Pero si se puede aplicar el periodo de gracia, no cargan intereses durante ese tiempo. Aunque varía según el emisor de la tarjeta, el periodo de gracia ha disminuido progresivamente. Antes era de veintiocho días; ahora es más o menos de veintiún días. Sin embargo, para gozar de este periodo de gracia no debes arrastrar saldos negativos en la cuenta. Es decir, debes pagar el total cada vez que te llega el estado de cuenta. Si arrastras un saldo, no tienes derecho al periodo de gracia: si efectúas una nueva compra, te comenzarán a cobrar intereses inmediatamente, tanto por ésta como por el saldo existente.

El pago mínimo es lo que te dice el prestamista que debes pagar para estar al día en el pago. Esto representa un porcentaje de tu deuda. Dependiendo del acuerdo con la compañía de tarjeta de crédito, tu pago mensual mínimo puede variar entre el 1.5% y el 4% de tu saldo. Pagar el mínimo es un error por dos razones: *1)* es un porcentaje, no una cantidad fija mensual, y *2)* el pago mínimo es muy bajo, y termina saliéndote más caro. La mejor opción es pagar una cantidad fija mayor al mínimo exigido. Por ley, actualmente los estados de cuentas tienen que incluir un recuadro con información acerca de cuánto te tomará pagar el saldo si sólo sigues realizando el pago mínimo. También debe indicar cuánto se debe pagar mensualmente para terminar de pagar la deuda en tres años.

Observa el siguiente ejemplo, muy similar al que recibirías en el estado de cuenta de la tarjeta.

Nuevo saldo	$2,000.00
Pago mínimo requerido	$60.00
Día de vencimiento	20/07/2012

Advertencia del pago tardío. Si la compañía de tarjeta de crédito no recibe el pago mínimo el día del vencimiento, puede que pagues treinta y cinco dólares por concepto de cargos por atraso, y el interés puede que se incremente a 28.99%.

Advertencia del pago mínimo. Si sólo realizas el pago mínimo, pagarás más en intereses y te tomará más tiempo terminar de pagar el saldo.

Por ejemplo:

Si no cargas más a la tarjeta y cada mes pagas…	Terminarás de pagar el saldo total en aproximadamente…	Y terminarás pagando un total estimado de…
Sólo el pago mínimo	9 años	$3,014
$69	3 años	$2,461 (Ahorro = $554)

El otro tema es que pocos prestan atención al interés de la tarjeta. Muchos creen que el interés es fijo y que es igual para todo. Por eso, cuando ven "12.99% de APR", creen que nunca cambiará y que la misma tasa se aplica en todas las transacciones. Eso es un mito. La mayoría de las tarjetas que están en circulación son de interés variable. Aunque puede que la promoción indique en letra grande un número, esto no quiere decir que se quedará así todo el tiempo. El diablo está en el detalle.

¿Por qué el interés es variable? Porque uno de los componentes de la tasa de interés cambia. La tasa de interés variable generalmente se compone de un índice y de un margen. El primero cambia; el otro se mantiene constante. Digamos que el APR es la suma de la tasa prima (índice) más el margen de 12%. Quiere decir que, si la tasa prima en estos momentos es 5%, el APR sería 17%. Si la tasa prima sube a 6%, entonces el APR subirá a 18%. En la medida en que el índice sube, también subirá el APR, y viceversa (claro que para subir no hay límite; para bajar, sí). A esto súmale que hay un APR para diferentes transacciones. El APR varía según se trate de una transferencia de saldo, de un atraso en los pagos, de un préstamo en efectivo, etcétera.

Y ni hablar de los cargos por diferentes tipos de transacciones. No es lo mismo realizar la compra con la tarjeta de crédito que sacar efectivo. La tasa de interés que cargan por el dinero que retires puede ser más alta que si lo haces con el plástico. Ten mucho cuidado con el dinero que retiras. Incluso si tienes un interés básico introductorio de 4.99% y no tienes un saldo, muchas compañías de tarjetas de crédito cargan un porcentaje adicional por sacar efectivo, con un cargo mínimo de hasta veinticinco dólares. También es posible que el interés se te dispare por cada retiro de dinero efectivo.

¿Pedimos un préstamo sobre la casa para salir de deudas?

Recientemente nos tasaron la casa en 195,000 dólares. Aunque es mucho menos de lo que valía debido a la crisis de las casas, tenemos suficiente dinero. La deuda de la casa es de 75,000 dólares. Además de la casa, tenemos un préstamo estudiantil de 10,000 dólares y 8,000 dólares en tarjetas de crédito. Tenemos nuestra reserva de emergencia y seguros al día. Queremos salir de las deudas. Los pagos los podemos afrontar, pero me molesta realizar tantos pagos. Nos aconsejan sacar una línea de crédito o un préstamo sobre el patrimonio de la casa. Así podemos sacar para pagar las deudas y usar el dinero para otras cosas que queramos. Mi esposa prefiere que hagamos un plan de bajar las deudas en un tiempo, pero no tocar la casa. Para mí es mejor consolidar todo en un solo pago. ¿Qué piensas?

Secundo la opinión de tu esposa: pueden salir de las deudas sin tener que sacar dinero de la casa. Salvo casos muy específicos (por ejemplo: necesidad médica, emergencia, mantener la propiedad en buen estado) no soy partidario de la idea de usar ni una línea de crédito, ni un préstamos sobre el patrimonio de la casa. El primero es muy similar a una tarjeta de crédito, en el cual te otorgan una línea de crédito pero usando el patrimonio (*equity*) de la casa como garantía. En el segundo caso, se trata de un préstamo sobre el patrimonio. Claro que es posible que el pago sea menor, sea más cómodo realizar un sólo pago, y pudieras deducir los intereses del préstamo si aplicas la deducción detallada. Es cierto también que el costo de la línea de crédito es mucho menor que lo que cuesta hacer un préstamo. Pero en ambos casos estás poniendo la casa como garantía de los préstamos. Y, desafortunadamente, puedes abrir la caja de Pandora al poner tu casa en riesgo.

He visto casos de personas que han hecho lo mismo que tú. "Es para pagar las deudas rápidamente y consolidarlas en un pago más bajo", argumentan comúnmente. "Tengo que mandar a mis hijos a la escuela más cara" es otro de los argumentos. Terminan sacando más de la casa, y el monto y tiempo de la deuda se incrementan. Como rompieron el cordón de seguridad (es fácil sacar el dinero), comienzan el patrón de tomar la casa como si fuera una alcancía, un "cochino de cemento". Algunos terminan perdiéndola porque se endeudan más de lo necesario. Otros pasan años viviendo para pagar lo que pidieron prestado y no tener que perder la casa. Otros llegan a la edad del retiro habiendo pagado cuatro y cinco veces el valor de la casa. ¿Adónde fue a parar el dinero? No saben.

Ése es el miedo de tu esposa, y lo comparto. Además, no tienes que salir de todas las deudas al mismo tiempo. Cóncentrate primero en las tarjetas de crédito y después en el préstamo estudiantil. El préstamo de la casa lo sigues pagando normalmente hasta que finalices.

El siguiente plan te puede ser útil para bajar las deudas.

Establece objetivos, cuantifícalos y escríbelos. Recuerdo que mi doctor me puso una lista que decía que tenía que bajar de peso, hacer ejercicios y balancear las comidas (mucho helado con refrescos, comida frita, etcétera, eran fatales para mí). "Dame una razón de peso para modificar mi feliz estilo de vida", le contesté sin pestañar. "Evitar un posible ataque cardiaco en veinte años, sufrir de alta presión en diez y no sufrir de estereosclerosis", me respondió, también sin pestañar, y sin pausa. Eso es una razón de peso para modificar mi estilo de vida. Me era fácil cuantificarlo porque tenía que bajar veinte libras, lo cual podía lograrlo con una simple pesa, y debía hacerlo en un año como máximo (me pidieron seis meses pero me tomé un poco más). Y lo tenía por escrito porque, si no, se me olvidaba (tenía rótulos por toda la casa que decían: "Quiero llegar a los 90", "20 libras = muerte en 20 años").

Puedes hacer algo similar con respecto a tu plan. ¿Por qué quieres bajar las deudas? No importa la razón que sea, que ésta sea por una razón positiva para el futuro de ambos. Dale el tiempo y el monto de dinero necesario para lograrlo. Por último, escríbelo. Ya sea electrónicamente o de puño y letra, escríbelo para que haya constancia. No importa el método que uses, tienes que recordarle a la mente que tienes un plan que cumplir.

Analiza los gastos. Tenemos que buscar dinero para salir de las deudas. Por eso, necesitamos conocer nuestra situación financiera. Observa de dónde proviene el dinero y hacia dónde va. Para eso, haz dos placas financieras: la de los ingresos y la de los gastos. Hay casos en que el ingreso proviene de una sola fuente. Hay otros que proviene de varias fuentes. Venga de donde venga, tenemos que saber que nos entra antes y después de las deducciones que nos hagan (retención de impuestos, seguro social, etcétera).

En cuanto a los gastos, divídelos por categorías para saber por dónde se está yendo el dinero.

Ingreso	Categorías de gastos
Ingreso - Contribuciones al retiro (401k, IRA, etc.) = Ingreso Bruto Ajustado - Deducciones (impuestos, seguro social, etc.) = Ingreso Neto	Ropa Transporte (excluyendo préstamo de auto) Comidas y bebidas Cuidado de niños Médico/Dental/Medicinas Regalos Mascota Tecnología Entretenimiento Servicio de deuda (todas las deudas) Educación/Cursos Pagos de seguros Cuidado personal/ Efectivo Casa (excluyendo hipoteca) Otros

Tabla 8. Ingresos y gastos por categoría.

Conoce dónde estás parado. Con lápiz y papel en mano, haz una lista de las cantidades que debes en cada tarjeta y cuánto interés pagas por cada una. Haz una lista ordenada de ellas, comenzando por la de saldo menor. Si los saldos son más o menos iguales, coloca a la cabeza de la lista la que cobre un APR (tasa de porcentaje anual) más alto.

El efecto dominó. ¿Cuál pagar primero? Tienes dos opciones: la financiera y la emocional. La financiera dice que pagues primero la que te costará más a la larga. La primera de la lista debe ser aquella en la que debes más y pagas un interés más alto. Después de ésta, algunos argumentan que debe ser la de interés más alto; otros, las de la deuda más alta. Mientras tanto, sigues pagando el mínimo en las otras. Así continúas con la próxima, hasta que termines con todas.

Desde el punto de vista financiero, muchas veces es mejor pagar en ese orden. Pero en finanzas no sólo existen los números; también intervienen las emociones. Para algunos, la pequeña victoria de lograr el pago de una deuda puede justificar el costo de pagar más. Por eso, si eres de aquellos que necesitan refuerzo emocional más que financiero, comienza por salir de las deudas más fáciles. Ordénalas en orden de menor a mayor cantidad. Salda primero las de menor cantidad mientras pagas el mínimo de las otras que tienes. Sigues con la próxima hasta que termines.

En ambos casos, no incluyas el préstamo de la propiedad. Eso es aparte.

El tiempo y la disciplina son la clave. Veamos el sigueinte ejemplo. Digamos que debo $1,000, $3,000 y $6,000 en tres tarjetas de crédito. Me cargan 21% de APR y pago mensualmente el mínimo de 4% en cada una. Después de revisar mis gastos y ahorros, voy a comenzar a aportar $200 mensuales, además del mínimo. Utilizo esta cantidad para comenzar a pagar la cuenta con $1,000 de saldo, mientras que en las otras sigo pagando el mínimo. Cuando termine, asigno los $200 más el mínimo que pagaba a la siguiente tarjeta, y así hasta que termine de pagar la última. ¿En cuánto tiempo terminaría de pagar todas las tarjetas? En aproximadamente veinticuatro meses. Si no incremento las deudas y pago religiosamente, estaré libre de deudas en dos años.

Asimismo, si puedes transferir todas tus tarjetas a 0% de interés o a un interés más bajo, mejor. Así pagas menos. Pero presta atención al tiempo límite que te dan por ese 0% y si hay algún costo. Asegúrate de verificar a qué se aplica: si es a compras nuevas o a la transferencia solamente. No se te ocurra retirar dinero en efectivo; esto es sumamente importante: no debes pedir más dinero prestado antes de haber terminado de pagar tus deudas.

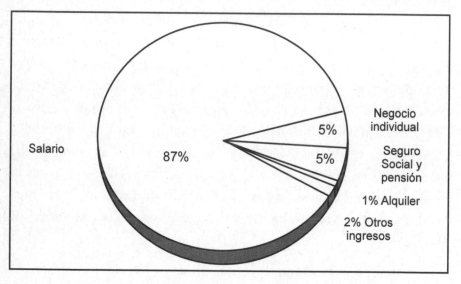

Gráfica 3. Origen del ingreso promedio de los hispanos.

¿De dónde saco el dinero si me gasto todo el ingreso? Bien, ya sabemos de dónde proviene el dinero y hacia dónde se va. Sabemos en qué orden vamos a atacar las deudas. Pero descubres que todo lo que entra, sale. ¿De dónde sacamos el dinero? Bueno, ahora hay que buscarlo. Hay varias opciones: *1)* aumentar el ingreso; *2)* bajar los gastos; *3)* una combinación de ambos; *4)* vender algo que tenemos; o *5)* pedir prestado. La número cinco queda descartada porque sería seguir en el mismo problema. La número cuatro sería la última opción. La mejor opción es aumentar ingresos, ajustarse el cinturón y poner los gastos a dieta, o una combinación de ambos. He aquí cuan importante es establecer las razones del porqué queremos pagar las deudas. Cuantificarlas y poner el acuerdo por escrito —en forma de rótulos, contratos, como sea— es importante porque es en esta fase que nos da el ánimo de mandar todo a la basura y seguir en la misma situación.

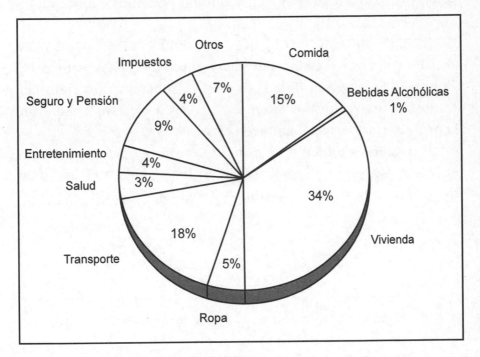

Gráfica 4. Gastos de los hispanos por categoría.
Fuente: "Hispanic or Latino Origin" Consumer Expenditure Survey (2008).

Vive en presupuesto. "El presupuesto no funciona", dicen muchos. "El presupuesto sí funciona, lo que pasa es que no te funciona porque no lo sabes usar", les explico a los asistentes a mis charlas. El presupuesto no es otra cosa que: *a)* planificar lo que consumiremos; *b)* controlar lo que estamos haciendo con lo que planificamos. Como el plan es reducir las deudas en determinado momento, necesitamos controlar los gastos para eso. Sólo pregúntate: ¿Cómo vamos a saber si estamos por el buen camino si no lo controlamos? Es como decir que estoy rebajando sin comprobarlo en una báscula. "Bueno, Xavier para eso está la mente". El problema es que la mente hace conteos mentales que no coinciden con la realidad. Por eso es que no podemos confiar en lo que creemos que es.

De acuerdo con los objetivos que estableciste, haz un plan anual de cuánto piensas ingresar y gastar por cada categoría. Después divides esa cantidad por mes. Haz una revisión mensual. Es normal que los primeros meses te salgas del presupuesto. Con la práctica irás perfeccionando la técnica.

Si queremos aumentar nuestra riqueza neta, tenemos que pensar en otras formas de pagar nuestras deudas sin tener que usar nuestro patrimonio. Si no, ¿cómo vamos a lograr paz financiera?

¿Pagamos las deudas con el dinero del retiro?

Tengo varias deudas que suman 10,000 dólares y 20,000 dólares ahorrado en el plan de retiro 401(k). Con este dinero puedo pagar todo y quedarme con la mitad. El plan permite sacar préstamos a un 6% por ciento de interés. ¿Debo o no debo hacerlo? Estoy indecisa porque no quisiera afectar el retiro. Mi empleador ha estado poniendo la mitad de los $3,000 que deposito anualmente.

Es cierto que usualmente en los planes de retiro —si ofrecen préstamos, porque no todos lo permiten— el interés es competitivo y puede ser hasta mucho menor de lo que pagas actualmente. Cierto que el dinero que pagarías en interés, si decides obtener el préstamo, va a tu cuenta (te pagas a ti misma). Cierto también que puedes tener hasta 10 años para pagar la deuda y que puede ser hasta más cómodo. Pero, a pesar de lo lindo que lo ponga, no soy de la idea de usar el plan de retiro para pagar deudas. Por tres razones.

Riesgo de no pagar el préstamo. Si dejas tu trabajo o te despiden, el dinero que pediste prestado lo tienes que pagar en su totalidad en un periodo de sesenta días. Si no tienes el dinero para pagar la deuda en su totalidad, se consideraría como distribución del plan de retiro. Esto hace que pagues impuestos. Y si eres menor de cincuenta y nueve años y medio, pagarías un 10% de impuesto federal como penalidad por sacar el dinero antes de tiempo.

Menos dinero a la larga. Observa lo que un préstamo del plan 401(k) puede hacer con nuestro retiro. Digamos que tienes treinta y cinco años, tu ingreso anual es de 50,000 dólares y ya has acumulado 20,000 dólares en el 401(k). Digamos que actualmente contribuyes al plan de retiro con 3,000 dólares, o sea el 6% de tu salario anual. Tu empleador contribuye con 1,500 dólares más por año a tu plan. Voy a suponer que obtendrás un retorno anual bruto de 7.93% durante los primeros veintidós años y luego baja hasta 3.4% en los últimos dos años previos al retiro. Si continúas ahorrando ininterrumpidamente a ese ritmo hasta que cumplas sesenta y cinco años, tu fondo de retiro sería de 564,663 dólares.

Vamos a suponer que decides sacar un préstamo de 10,000 dólares de tu 401(k) dentro de cinco años, a un 6% de interés anual. Cuando cumplas sesenta y cinco años, tendrás 430,634 dólares en tu cuenta. Esto representa una diferencia de 134,299 dólares menos en el monto del retiro. ¿Por qué? La contribución tuya disminuye porque tienes que hacer pagos para saldar la deuda. Por tanto, la contribución de tu empleador disminuye. Además, el potencial de rendimiento de la inversión disminuye.

Esta cantidad podría representar 792 dólares mensuales en pérdida potencial, si creciera a un 3% después de inflación, desde que te retiras a los sesenta y cinco hasta que cumplas noventa y cinco años. Un retiro a más temprana edad representaría más dinero en pérdida potencial. Es mucho dinero. Es mejor que busques otras opciones, como reducir gastos y/o buscar otros ingresos para pagar la deuda, y no tocar el dinero del 401(k).

Crea un hábito dañino. El problema mayor es que, una vez que lo haces, es muy posible que lo sigas haciendo, lo cual a la larga te afectaría económicamente. A veces el camino más difícil, a la larga, es el más eficaz y gratificante. Retirar el dinero del 401(k) para pagar otras deudas es el más corto y el menos recomendable. Estamos de acuerdo en que si sólo cuentas con lo del plan de retiro y necesitas dinero para comer, bueno, hay que romper el cochinito. Pero, salvo casos extremos, no creo que sacar dinero del plan de retiro en forma de préstamo sea la mejor solución para salir de deudas.

¿Acepto el acuerdo que me están ofreciendo?

La compañía de mi tarjeta de crédito me dice que puedo eliminar mi deuda entera pagando el 50% de lo que debo. Mi deuda es de 4,000 dólares. Quiero salir de ella pues me está molestando. Tengo los 2,000 dólares disponibles para pagar. ¿Es esto buena idea? ¿Cómo afectaría mi reporte de crédito y posibles préstamos en el futuro?

¿Cuán atrasada está la deuda? ¿Tienes que saldarla con un sólo pago o puedes hacer pagos mensualmente? ¿Te están ofreciendo un *paid-in-full* o un *settled-in-full*? Infiero que si la compañía te está ofreciendo este acuerdo es porque estás atrasado por más de ciento ochenta días (seis meses). Es lo que le llaman *charge-off*. Por ley, el prestamista puede declarar una deuda como pérdida, por razones impositivas, después de ciento ochenta días. Cuando el prestamista hace esto, declara la deuda como *charge-off* (deuda no cobrable). Pero esto no quiere decir que la deuda desaparezca ni que el deudor no sea responsable de ella.

En cuanto a lo que nos compete, el atraso del pago de la deuda —ya sea de treinta, sesenta, noventa, ciento veinte y hasta ciento cincuenta días antes del *charge-off*— afecta el informe de solvencia (*credit report*). El *charge-off* afecta aún más. No importa si la cuenta entra en la lista de los cobradores o no, en el informe de solvencia se reporta así. Esto es importante porque no es lo mismo negociar una deuda que está atrasada que una deuda que está en *charge-off*. Esta última se tiene que pagar, y representa además la razón principal por la cual se le niega un préstamo a alguien.

Vamos a suponer que ya determinaron que es un *charge-off*. ¿Te ofrecen aceptar el pago de 2,000 dólares como pago total de la deuda, no cobrar la diferencia, declarar la deuda como *paid-in-full* y sacar el atraso del informe de solvencia? ¿O te ofrecen aceptar el pago de 2,000 dólares como pago total de la deuda, no cobrar la diferencia y declarar la deuda como *settled-in-full*? ¿O te ofrecen aceptar el pago de 2,000 dólares como parte del acuerdo, y te seguirán cobrando la diferencia? Lo ideal sería que aceptaran por escrito el *paid-in-full* y que te quitaran el *charge-off* del informe de solvencia. Así estarías pagando la mitad de la deuda, y el prestamista declararía que pagaste la deuda en su totalidad. Al hacer esto le están diciendo a otros que cumpliste con el préstamo, que lo pagaste sin problema alguno.

Si no tienes esa opción —generalmente no te la aceptan, especialmente si pagas menos de lo que debes—, puedes ofrecer pagar el total de la deuda, y que te quiten a cambio el atraso de la cuenta y que la declaren *paid-in-full*. Claro que esto va a depender de si tienes disponibles los 4,000 dólares.

La otra opción es aceptar el *settled-in-full*. O sea que el prestamista acepta un pago parcial de la deuda —en este caso la mitad— y no te hace responsable de la otra parte; esto debe establecerse por escrito. Declararán que la deuda original era mayor al pago, pero que el prestamista lo acepta. No te ayudará con el informe de solvencia (bajará el puntaje), y esa marca negativa permanecerá allí por siete años. Pero también es cierto que, entre llegar a un acuerdo que se pague algo y no pagar nada, la primera opción luce mejor ante los futuros prestamistas y empleadores. Vas a tener que decidir si te conviene arreglar por menos o pagar todo.

Si tienes dinero ahorrado aparte de la reserva de emergencia te recomendaría que negociaras primero el *paid-in-full* y así pagarías los 2,000 dólares de una vez. Si no te aceptaran la oferta, te sugeriría que ofrecieras pagar la deuda en un plazo de 36 meses sin multas e intereses adicionales. Así pagarías 55.55 dólares mensuales hasta saldar la deuda.

Ahora bien, una vez lleguen a un acuerdo debes tenerlo por escrito, y no olvides guardar el documento. He conocido casos de acuerdos verbales en los cuales los deudores no han podido demostrar que se llegó a un arreglo. Estos habían pagado la mitad, pero en el informe de solvencia la deuda aparecía como no pagada, y seguían siendo acosados por los cobradores. Por eso es importante que, una vez que lleguen a un acuerdo verbal, se haga constar por escrito. Además, aunque esto lo explico en detalle en la sección de impuestos, puede que tengas que declarar la diferencia —2,000 dólares— como ingreso ordinario cuando declares tus impuestos. Tienes que hablar de esto con tu contador.

¿Cómo lo tomarán las instituciones a las que solicites un préstamo en el futuro? Va a depender de la institución en cuestión. Las instituciones de préstamo tienen distintas políticas, y éstas son generalmente confidenciales. Es posible que algunas no quieran prestarte. Otras te ofrecerán préstamos de alto interés. Otras, en cambio, te harán el préstamo sin problema alguno.

También podrías agregar en el informe un comentario sobre las razones del atraso de la cuenta y por qué recurriste a un *settled-in-full*. Si necesitas explicar algo en tu informe, tienes derecho a escribir cien palabras en éste. Toma en cuenta lo siguiente: como

el buró de crédito requiere que sólo escribas un resumen, sé extremadamente preciso. También puedes escribir cosas positivas
en tu expediente; por ejemplo, cuentas que han sido pagadas a
tiempo. Sólo pide por escrito que sea agregado en tu informe de
solvencia. ¿Es posible que te nieguen un préstamo por esto en el
futuro? Sí, es posible. Lo que puedes hacer es que, cuando te nieguen un préstamo, pide una copia gratis del informe de solvencia
—tienes derecho a ello— dentro de los siguientes sesenta días. El
prestamista potencial está en la obligación de aclarar por qué te
negó el préstamo.

¿Negociamos o buscamos
una asesoría de crédito?

Debemos 21,000 dólares en tarjetas de crédito. No me preguntes por qué pero es así como llegamos a esta deuda. Nos estamos volviendo locos porque el pago cada vez sube y sube. Ya estamos atrasados varios meses. ¿Nos conviene negociar con las tarjetas de crédito directamente o mejor vamos con una asesoría de crédito para que nos ayuden a negociar la deuda y poder pagar menos?

Si tienes una cuenta que esté actualmente en problemas con relación a tus pagos o has pagado tardíamente, estarías en una buena posición para negociar. Ofrece a la compañía de tarjetas de crédito, o incluso a la agencia de cobro, el pago parcial o total de la deuda a cambio de eliminar cualquier información negativa sobre tu cuenta del informe de solvencia. Debes buscar un *paid-in-full* como primera opción o un *settled-in-full* como la segunda. Algunos prestamistas o agencias de cobro pueden estar deseosos de llegar a uno de estos acuerdos, aunque a otros quizá no les interese. Nunca lo sabrás mientras no lo intentes.

Resolverlo solo puede ser una opción viable. Negociar para que te bajen el monto total de la deuda o conseguir un interés fijo y menor, ajustar los costos en casa, aumentar los ingresos, aportar más a la deuda y buscar un préstamo personal con menor interés pueden ser soluciones que, por separado o en conjunto, te ayudarían a terminar con la deuda. ¿No has pensado en la posibilidad de que, con algunos sacrificios, puedes pagar la deuda? He visto casos de personas que lo han hecho.

Por otra parte, si estás pensando en buscar una organización que ofrece consejería de crédito, hay varias cosas que debes saber. No tengo nada en contra de ellas. Pero me preocupa porque hay mucha confusión, y algunos lobos vestidos de corderos sacan ventaja de esta situación.

Los cuatro pasos de la búsqueda de un asesor de crédito

1. Investiga en el Departamento de Justicia cuáles son las agencias de crédito aprobadas en tu estado (http://www. usdoj.gov/ust/eo/bapcpa/ccde/cc_approved.htm).

2. Haz una lista de los candidatos e investiga en la oficina del fiscal general de tu estado, las agencias de protección al consumidor y el Better Business Bureau si existen quejas sobre ellos.

3. Una vez que escojas a los candidatos de asesoría de crédito, lee "Cómo elegir un Consejero de Crédito", publicado por la Comisión Federal de Comercio (Federal Trade Comission, FTC) (http://www.ftc.gov/bcp/edu/pubs/ consumer/credit/scre26.shtm).

4. Si te sugieren hacer un plan de administración de deuda, lee "Plan de administración de deuda" de la FTC (http://www.ftc.gov/bcp/edu/pubs/consumer/credit/ scre38.shtm)

Las organizaciones de asesoría de crédito ofrecen básicamente dos tipos de servicios: educación financiera y/o plan de administración de deuda.

Cuando la organización se pone el sombrero de educador, lo que hace es ofrecer servicio de consejería de crédito. No hacen préstamos ni negocian en representación tuya con los deudores. El servicio es proveer información educativa general y básica sobre cómo administrar el dinero, las deudas, ahorrar, manejar tarjetas de crédito, desarrollar un presupuesto y asistir tanto a individuos como a familias con consejos financieros básicos.

Generalmente los consejeros cobran entre cinco y treinta y cinco dólares mensuales por discutir contigo los pormenores de tus deudas. Algunas veces te ayudan a reducir el interés, revisar las diferentes opciones y ver la mejor forma de salir de las deudas. Otras veces ellos negociarán con los deudores para establecer lo que se llama "plan de administración de deuda" y te aconsejarán sobre las posibles consecuencias de declararte en bancarrota.

Cuando la organización se pone el sombrero de administrador de deuda, lo que hace es ofrecer servicio de administración de deuda. El concepto *management plan services* (plan de manejo de deuda) significa servicios relacionados con el pago, consolidación, reestructuración de las deudas no aseguradas, e incluso la negociación para bajar las tasas de interés, reducir los cargos, procesar y manejar tus deudas con los acreedores.

Cuando contratas a un administrador de deuda, su trabajo es intentar el logro de un acuerdo con los acreedores para que te reduzcan la deuda. Esto no es gratis. Ellos ganan. El acuerdo más común es depositarles dinero mensualmente mientras negocian con los acreedores. Si estos aceptan, entonces ellos pagarían tus deudas no garantizadas (facturas de tarjetas de crédito, préstamos de estudios, facturas de atención médica, etcétera) sacando el dinero que has ido acumulando. Ellos, a cambio, ganan un porcentaje de la deuda negociada. Algunos te cobran un adelanto. Por ejemplo, un 10% de la deuda a negociar.

Esto tiene sus costos. Durante el tiempo que estés en el plan no podrás obtener crédito adicional y tu solvencia se afecta. Si recibes educación financiera de una organización de asesoría de crédito, esto no se refleja en el informe de solvencia. Sin embargo, si participas en un plan de manejo de deuda y se autoriza a la organización a renegociar, hacer un plan de pago, etcétera, esto se refleja en el informe de solvencia. Como consecuencia, afecta el acceso al crédito y deja una marca en el historial. Para algunos puede ser bueno, para otros no.

El otro efecto negativo son los costos y las consecuencias de un acuerdo fallido. Los acreedores podrían seguir cargándote intereses y multas por pagos atrasados haciendo que tu deuda aumente. Además, si la organización no realiza los pagos o se reciben tarde, podrías perder todos los beneficios que te dieron tus prestamistas. El administrador de deuda no puede obligar a los prestamistas a aceptar el acuerdo. O sea, puedes haber estado realizando pagos mensuales por mucho tiempo al administrador de deuda, haberte atrasado en tus pagos para forzar una negociación y esto no quiere decir que los prestamistas acepten el acuerdo al final. Incluso no te exime de demandas por parte de los prestamistas ni que, si ganan, te embarguen tu salario u otros activos.

Y hay algunas ovejas negras. La FTC ha descubierto que algunas organizaciones han engañado a sus clientes. El caso más sonado fue el de AmeriDebt. En noviembre de 2003 la FTC estableció una demanda contra la compañía AmeriDebt, Inc. (organización sin fines de lucro), DebtWorks, Inc. (administración y consolidación de deudas) y su fundador porque estaban operando como un negocio y no como una organización sin fines de lucro para dar asesoría. Incluso el fundador dirigía una compañía llamada Infinity Resources Group, Inc. que se encargaba de hacer préstamos a los consumidores de DebitWorks, que era quien aconsejaba a la gente a ponerse en un plan de administración de deuda. Los consumidores habían sido referidos por AmeriDebt, que era el brazo educativo y sin fines de lucro. En 2006 la FTC cerró el caso imponiendo multas y restituciones por 172 millones de dólares. Este representa el caso más grande en la historia de la agencia en relación a las asesoras de crédito.

Por esta razón recomiendo cautela al escoger la agencia de asesoría. No creas que porque una organización afirme que "opera sin fines de lucro" *(non profit)* es una garantía de honestidad o de que sus servicios sean gratuitos o a un costo bajo. En realidad, algunas organizaciones de asesoría de crédito podrían cobrarte cargos altos (algunos de los cuales pueden estar ocultos) o pueden presionarte para que hagas contribuciones "voluntarias", tras lo cual terminarías más endeudado. Incluso existen compañías que son intermediarios de otras y operan como compañías de telemercadeo.

He visto algunos que afirman "ayudarte a bajar los pagos". ¿Pero, cómo logran ayudarte cuando pagan tanto dinero en publicidad? ¿Obra del Señor? Lo que no te dicen claramente es que ellos tienen tres formas de hacer dinero: *1)* en la letra pequeña de los contratos dicen que cobrarán cargos y puntos sobre el monto total de la deuda. Incluso exigirán que primero sean ellos los que cobren antes de que se acumule dinero en tu cuenta y comenzar a negociar con los prestamistas sobre una posible consolidación. *2)* Extienden el número de pagos para ganar más. *3)* Usan tu casa como si fuera alcancía para sacar línea una de crédito, segundas hipotecas o cualquier otra acción que pudiera poner en peligro tu propiedad. Incluso, es posible que en algunos casos la bancarrota sea una opción viable y económicamente más recomendable y no le sea sugerido o recomendado a los clientes.

Por eso, y como en cualquier otra profesión, hay que conocer las reglas del juego antes de contratar los servicios.

¿Cómo lidiamos con los deudores?

Tengo a una agencia de cobranza encima exigiendo que pague. Mi esposo retiró dinero de unas tarjetas para comenzar un negocio. En el negocio nos fue mal y estamos tratando de sobrevivir. Pero ellos no paran de intentar cobrar. ¿Qué podemos hacer para que paren de pedirnos que paguemos?

Si la deuda fuera falsa y exigieras por escrito pruebas de ésta, sería posible detener los cobros. Por supuesto que si demuestran que tienes una deuda con ellos, seguirán cobrando. En todo caso, podrías pedir por escrito que no te molesten más. Pero esto también tiene consecuencias: según el monto de tu deuda, quizá para ellos se justifique desde el punto de vista económico incurrir en costos de abogado e ir a la corte a exigir que se les pague. Cuando la deuda se lleva a juicio estás a merced de la decisión del juez. Y una de las consecuencias podría ser que te embarguen ingresos, activos y otras pertenencias para pagar la deuda (hay una lista de excepciones de lo que es embargable).

¿Por qué llegar a este punto si existen vías legales para evitarlo? Es importante que comprendas lo que sucede y que mantengas la calma. Ellos no van a desistir porque están en su derecho de cobrar la deuda. Ustedes reconocen la deuda y hay documentos que lo comprueban. Sus reclamos tienen base legal; debes responderles. No necesariamente tienes que hacerte amiga de ellos, pero es aconsejable que actúes con cordialidad y claridad. Esto no quiere decir que tengas que aceptar insultos, conductas engañosas o denigrantes ni práctica alguna contraria a la ley. Ellos tienen derechos, y tú también.

La función de las compañías de cobranza es esa: cobrar. Ellos no son tu acreedor; sólo adquieren una parte del monto de lo que logran recuperar. Por ejemplo: si logran recuperar 10,000 dólares de una deuda atrasada, quizá reciban entre 10% y 20% del total. Estas compañías cuentan con un arsenal de tácticas para cobrar. Algunas son legales, aunque no necesariamente éticas, y otras ilegales. Sus prácticas ilegales van desde amenazas de que te quitarán a tus hijos si no pagas, que te arrestarán, que te quitarán la casa o tu sueldo hasta el uso de lenguaje obsceno, llamadas a tu trabajo o a tu vecino sin tu permiso y otras medidas que, según la *Fair Debt Collection Practices Act* (FDCPA), que regula las prácticas de cobro, son ilegales.

Es muy importante que sepas lo que la ley les permite hacer. La FTC, la agencia que hace cumplir la ley, tiene un arsenal de información para que conozcas tus derechos (www.ftc.gov). Si ellos siguen con su proceder alejado de la ética, puedes responderles que te verás obligada a recurrir a la autoridad pertinente para detener esas prácticas ilegales. Comienza por crear un expediente. Envía una carta pidiendo que desistan de sus prácticas ilegales, y guárdala por si tienes que usarla en corte. Si llaman y no cumplen con las reglas informales, diles que comenzarás a grabar las conversaciones para presentarlas como pruebas en corte. Que quede claro que no te estás negando a pagar, que sólo estás exigiendo que se te trate en apego a la ley y a la ética. No cierres los canales de comunicación a menos que sea necesario. Recuerda que tienes derecho a cubrir el pentágono de necesidades básicas —comida, servicios públicos, transporte, techo y ropa— antes de atender el pago de una deuda. Si queda dinero, haz tus pagos y mantén un registro de todo. Si te ofrecen un acuerdo de pagar la deuda por menos, no descartes esa posibilidad, en el entendido de que tendrá efectos negativos en tu historial y posiblemente en tus impuestos. Si lo aceptas, recuerda que tiene que ser por escrito.

¿Puedo ir preso por no pagar las deudas?

Estoy en serios problemas con mis deudas. Perdí el empleo. Tengo unos ahorros del 401(k) que transferí directamente a un IRA deducible. No tengo dinero en efectivo y no encuentro un trabajo con el ingreso que tenía. Oficialmente estoy en *default* con las tarjetas de crédito. Estoy al día con la casa, el auto y el préstamo estudiantil, pero si no consigo trabajo pronto, me atrasaré. ¿Puedo ir preso por eso o me pueden quitar lo que tengo?

Si ya estás en mora *(default)*, tienes que pagar la deuda en su totalidad. Un acreedor no puede enviarte a la cárcel por las deudas ni tampoco puede expropiar tus activos. La quinta enmienda de la Constitución de los Estados Unidos estipula que no se privará a nadie de su propiedad sin el debido proceso legal. Pueden enviar tus cuentas a una agencia de cobros, cobrar, demandarte y hacer una petición a la corte para presentar sus alegatos. Si la corte falla a favor de los acreedores, es posible que embarguen parte de tu salario, tu auto y demás bienes para recuperar el préstamo. Dependiendo del tipo de deuda, puede que seas responsable personalmente de las deudas —e intervengan otros de tus activos— o que el acreedor sólo cobre de acuerdo con el valor del

activo que respalda el préstamo. Según el tipo de deuda, los activos que tengas y el estado donde vivas pueden proceder contra
nada, una parte o el total de tus activos. Quien puede explicar con
conocimiento de causa esto es un abogado competente, que sepa
de bienes raíces, derecho familiar o que se haya especializado en
contabilidad en el estado donde vives.

Es importante que conozcas cierta información. En el caso
de las deudas no aseguradas —como las tarjetas de crédito pues
generalmente no están respaldadas con un activo— si no llegan a
un acuerdo y la cantidad es económicamente justificable, pueden
llevarte a corte y tratar de embargarte parte del salario. Por lo
general podrían embargarte hasta un 25 por ciento de tu salario
(ciertos ingresos están exentos). Ni siquiera con una orden de
embargo sobre el salario tienen derecho los acreedores a contactar a tu empleador, lograr que te deduzcan el dinero del salario
ni constituye motivo de despido. Sé que no es tu caso, pero es
importante tomar nota de esto.

En el caso de los préstamos respaldados con un activo (casa,
auto, etcétera), pueden reposeer la propiedad (con previa notificación). Si no recuperan el total de la deuda y ellos creen que
tienes otros activos con que pagar, pueden pedir a la corte un
deficiency judgment (orden judicial para recuperar la diferencia).
Según el tipo de deuda, es posible que hagan uso o no de este
recurso legal. Es lo que llaman *recourse loan* y *non-recourse loan*.

Recourse loan es un tipo de préstamo respaldado por el activo y
por la persona. En otras palabras, el acreedor tiene derecho a solicitar la intervención de otros activos para recuperar el importe del
préstamo. Por ejemplo, si tienes una hipoteca en forma de *recourse
loan* y no pagas, te pueden embargar la casa tras un proceso legal.
Si no recuperan todo el préstamo, pueden demandarte y recurrir

a la corte para obligarte a pagar la diferencia. Al tener un *recourse loan* también eres personalmente responsable de la deuda.

En el caso de un *non-recourse loan* el acreedor sólo puede recuperar aquello que está en la propiedad que respalda el préstamo. En el ejemplo anterior, el acreedor sólo puede recibir el valor de la casa. No puede tomar acción legal en tu contra —excepto en caso de fraude o engaño— ni intervenir otros activos que tengas para recuperar el resto de la deuda.

Claro que esto varía según el estado. Cada estado determina si tu préstamo es *recourse* o *non-recourse*. Incluso puede que algunos estados sean más flexibles cuando un acreedor quiere recuperar su dinero, aunque tengas un *non-recourse loan*. Y aunque tengas un *recourse loan,* es posible que el acreedor no te lleve a corte porque no hay mucho de donde sacar.

Vamos a suponer que tus préstamos son *recourse loan* —pueden proceder contra otros de tus activos— y que tu acreedor solicita a la corte un *deficiency judgement* (sentencia que condena a un deudor hipotecario a responder personalmente por la diferencia entre lo que se debe y lo que se cubre con la ejecución hipotecaria). ¿Quiere decir que ellos pueden proceder contra todos tus activos? Hay que distinguir entre activos exentos y activos no exentos. El asunto es complejo: dependiendo del estado y las leyes federales, hay propiedades que están exentas y otras que no lo están. Hay casos en los que las propiedades están exentas hasta cierto límite. Es muy probable que las cuentas de retiro estén exentas (quizá salvo las cuentas SEP y SIMPLE IRA). Es posible que una parte del patrimonio de la casa esté exento si es residencia principal. ¿Qué parte? Depende del monto y de la *homestead exemption* (inembargabilidad de la casa que habita la familia). El auto posiblemente no esté exento. Es muy posible que puedan proceder contra las cuentas de banco, joyas, dinero en efectivo, objetos de colección y demás, incluso si los transfieres a otro lugar. Pero para que esto ocurra tiene que mediar un proceso legal.

¿Qué hacer? Tratar de evitar que el *default* llegue a los otros préstamos:

- Estima cuánto necesitas para cubrir "el pentágono": comida, ropa, transporte, vivienda y servicios públicos básicos como agua, electricidad y gas. Ojo: no se trata de comer *filet mignon* de 12 oz todos los días ni comprar ropa de Gucci® ni poseer un Mercedes Benz® y una casa en los Hamptons. Se trata de cubrir lo indispensable para vivir.

- Obtén los ingresos suficientes para cubrir el pentágono. Aunque no tengas el trabajo ideal, al menos que puedas hacer frente a los gastos indispensables sin descapitalizarte ni poner en peligro las demás deudas. Sé que es muy tentador sacar provecho de la casa mientras consigues trabajo, pero puede ser difícil conseguir una línea de crédito sin empleo. Además, sería empezar a romper el cordón de seguridad. No sé si tienes seguro de salud (a lo mejor lo perdiste cuando te despidieron). Ese dinero puede ser necesario en caso de algo inesperado. Debes evitar usarlo en la medida de lo posible.

- Sobre el préstamo del auto, como guía general te recomiendo lo siguiente. Si a duras penas puedes realizar los pagos y te faltan aún veinticuatro meses o menos para cancelarlo, vale la pena el sacrificio que haces para terminar de pagarlo. Pero si tienes la soga al cuello y no vas a poder con el pago en un futuro cercano, considera la posibilidad de venderlo. Asimismo gestiona un préstamo personal para cubrir la diferencia y la compra de un auto usado.

- En cuanto al préstamo estudiantil, negocia con tu acreedor e intenta conseguir una interrupción (*forebearance*) o un aplazamiento (*deferment*) temporal del pago. En el primer caso te permiten una interrupción temporal de los pagos o hacer pagos menores por un tiempo. Claro que es muy posible que el interés se sume al principal. Se trata de una pausa, no de un cambio del estado de la deuda. En el caso del aplazamiento, se pospone el pago de la deuda por un tiempo, usualmente entre seis meses y un año. En el aplazamiento conocido en inglés como *economic hardship deferment* el pago se suspende por tres años. Como siempre, cada caso será diferente dependiendo del tipo de *deferment* (aplazamiento), del tipo de préstamo que tengas y de cuándo lo hayas adquirido. Según el tipo de préstamo, es posible que el interés no se acumule durante ese periodo. Si te hacen un *default* en el préstamo estudiantil, no podrías conseguir ni la interrupción (*forebearance*) ni el aplazamiento (*deferment*).

• Negocia con los acreedores de las tarjetas de crédito para buscar un plan de pago.

¿Nos vamos a bancarrota?

Hace alrededor de tres años mi esposo y yo montamos un negocio de comida. La situación económica y el cierre del cliente más importante nos acabó. Comenzamos usando las tarjetas de crédito y nos descontrolamos. Hemos tratado de sobrevivir pero se está haciendo insostenible. Ya estamos atrasados en varias cuentas. Para complicar la situación, a mi esposo le diagnosticaron cáncer de colon. El seguro cubrió gran parte, pero tenemos varios miles de dólares en deuda por el deducible y el 30% de coseguro. Además, tenemos deuda de impuestos. Tenemos un préstamo PLUS y uno privado de la universidad de nuestro hijo menor. Todas las deudas están a nombre de ambos. Tenemos dos casas, auto, activos del negocio, cuentas de retiro. Comenzaron el proceso de embargo de la casa en que no vivimos. Nos sugieren que nos declaremos en bancarrota para proteger lo que tenemos.

Hay muchos mitos creados acerca de la bancarrota; por ejemplo, que te protege de los acreedores y que no tienes que pagar nada. Las leyes de bancarrota proveen a los deudores una oportunidad de arreglar las deudas con los acreedores cuando no pueden pagar. Es a través de la corte que se analizan los activos y pasivos que tiene el deudor para ver qué puede pagar. La idea es buscar una solución que beneficie a ambas partes. A veces la corte permite que el negocio o la persona sigan operando para pagar las deudas y así evitar que el acreedor exija el pago de inmediato.

Otras veces la corte exime al deudor de ciertas deudas (descargan). También podría tomar los activos del deudor y distribuirlos entre los acreedores. O simplemente podría determinar que el deudor tiene que pagar todas las deudas.

La bancarrota no es ilegal. El artículo 1, sección 8, de la Constitución de los Estados Unidos le dio el poder al Congreso para crear leyes que permitan el uso del debido proceso de ley para renegociar o deshacerse de ciertas deudas. El objetivo principal de la ley de bancarrota aprobada por el congreso es darle al deudor un nuevo comienzo. La Corte Suprema de Justicia aprobó este punto en una decisión de 1934: "Es darle al honesto pero desafortunado deudor… una nueva oportunidad y permitir que sus esfuerzos futuros no sean limitados por la presión y obstáculo de las deudas preexistentes."

Ahora bien, ¿es ésa la mejor vía? No necesariamente. En primer lugar porque reorganizando, vendiendo ciertos activos y negociando puedes salir del problema y no perder los activos más importantes. En segundo lugar porque es posible que no todos tus activos estén protegidos por la bancarrota y la corte te obligue a vender algunos de ellos, lo cual sería una pérdida de tiempo y dinero. En tercer lugar, porque tiene sus consecuencias. Independientemente de que sea voluntaria —tú la solicitas— o involuntaria —los acreedores la solicitan—, la bancarrota tiene serias consecuencias a largo plazo, tanto financieras como emocionales.

Las leyes de bancarrota y su proceso son complejos. Los procedimientos están regulados por leyes federales, aunque los derechos de propiedad generalmente están regulados por las leyes de cada estado. Es cierto que al final es el juez quien determina qué pueden hacer el deudor y el acreedor acerca de las deudas. Las cortes no te defienden de tus acreedores, sino que administran y aplican la ley (por eso es que necesitas un abogado competente del estado donde están los activos o tu residencia para que sepas los pros y los contra de declararte en quiebra o en bancarrota).

El proceso es el siguiente. Primero hay que hacer un curso de un día sobre la bancarrota, sus consecuencias y las opciones que existen. Esto debe realizarse antes de hacer la petición formal a la corte. Una vez que se hace la petición voluntaria, la corte emite una "paralización automática" (*automatic stay*) para detener cualquier gestión de cobro. Claro que esta medida es temporal: está vigente hasta que la corte indique otra cosa o haya una violación de las reglas.

La corte realiza una prueba para conocer qué recursos posee el deudor (*means test*) y determinar si éste puede pagar su deuda. La corte hace una radiografía financiera para analizar los ingresos, gastos, activos y pasivos. Se hace una serie de vistas con los acreedores —ellos también tienen derechos— y los deudores para que la corte pueda decidir. Con esta información en mano, la corte decide si procede la petición de bancarrota. Claro que hay diferentes tipo de bancarrota, y tu abogado te ayudará a determinar cuál es la que te conviene. Aunque hay varias, las más comunes son los capítulos 13, 11 y 7.

El Capítulo 13 permite hacer un plan de pago durante un tiempo (no más de cinco años) y da la oportunidad de no perder las propiedades por embargo y terminar de pagar las deudas durante el periodo determinado. Esto es aplicable si las deudas aseguradas y las no aseguradas no pasan de cierto límite establecido por ley.

El Capítulo 11 de bancarrota tiene el fin de reorganizar el negocio y permitir a sus dueños pagar una parte de las deudas en un tiempo determinado sin tener que cerrar el negocio.

El Capítulo 7, conocido también como "liquidación", permite al deudor descargar las deudas. Quizá la corte le permita conservar al deudor algunos de los activos que están exentos de acuerdo con la ley federal o estatal en el estado en el que vives. Puede que tengas que ceder todas las propiedades no exentas, incluyendo una segunda propiedad, un segundo carro, etcétera. La corte elige a un síndico que se encargará de fijar el precio y vender para que los acreedores puedan recuperar parte o la totalidad del préstamo (aunque es posible que no recuperen nada).

No creas que todos los activos del deudor están protegidos por la bancarrota. Hay muchos mitos sobre que las deudas desaparecen con la bancarrota. No es así. Por ley las deudas se dividen en dos categorías: descargables (*dischargeable*) y no descargables (*non-dischargeable*). La corte determina de qué deudas puedes liberarte. Impuestos, manutención y otras deudas son difíciles de eliminar. También sigues siendo responsable de los pagos regulares de hipoteca. Si dejas de hacer un pago, tu acreedor podría embargar tu casa. Es posible que tu primera casa sea clasificada en una categoría distinta a la de la segunda. En general, si tienes patrimonio exento en la casa principal y continúas haciendo los pagos, es muy probable que no te la quiten. Pero es menos probable que puedas proteger la segunda casa.

La mayoría de los planes de pensión y retiro de ahorros están exentos de reclamos. Sólo el gobierno puede poner una prenda en tus ahorros. Algunos planes, por ejemplo, están incluidos en la legislación ERISA y están protegidos contra acreedores y demandas. El caso de los IRA es más complicado porque depende del tipo de IRA —si es tradicional, Roth o *Rollover*— y de cómo determina cada estado la protección.

¿Por qué no tratar de negociar con el IRS? Puedes hacer un plan de pago para cancelar tus impuestos en un periodo de meses o años. O puedes hacer un pago considerable y ya. Claro que todo esto lo tienes que negociar con el Departamento del Tesoro, pero es una opción que vale la pena explorar.

Es posible que te descarguen las deudas de hospital. Aunque eso lo decide la corte, si tienes activos para pagar es más probable que ésta determine si se puede pagar con tus activos. ¿Por qué no tratar de negociar directamente sin tener que usar las cortes? Explica la situación. En general las instituciones médicas tienden a ser menos exigentes que las compañías de tarjetas de crédito o los bancos. Muchos aceptarán un pago parcial y/o suspender cargos e intereses. Si estás en comunicación con ellos, es posible que no remitan la deuda a una agencia de cobros.

En cuanto a los préstamos estudiantiles, el asunto también es complejo. El hecho de solicitar una bancarrota no te librará de pagar los préstamos estudiantiles. Difícilmente serán descargados a través de una bancarrota. Una excepción a esta regla es si puedes demostrar que no puedes pagar (y la definición es muy estrecha).

Una cosa es el debate legal y otro el financiero. He conocido casos de abogados que le recomiendan al cliente declararse en bancarrota injustificadamente. Hay que ser muy cuidadoso e indagar si tu situación financiera es tan precaria que se justifique recurrir a las cortes. Algunas personas están tan desesperadas que ven una salida en cualquier puerta, cuando las soluciones son más fáciles de lo que uno piensa. Otras personas necesitan renegociar sin necesidad de recurrir a la corte. Para otras, en cambio, la bancarrota es la única salida.

Antes de recurrir a la bancarrota, te recomiendo lo siguiente:

- Intenta descubrir dónde está el problema y cuantificar cuán grave es.

- Evalúa si hay gastos que puedas eliminar.

- Busca otras fuentes de ingreso. Tal vez un trabajo de medio tiempo.

- Puedes vender cosas de valor que poseas y que no necesites.

- Tal vez puedas vender activos como el auto, la casa, etcétera.

Si estas recomendaciones no han funcionado, te sugiero buscar otras vías, por ejemplo:

- Refinanciar

- Pedir una moratoria

- Negociar una modificación de la deuda

Vas a tener que consultar con un abogado competente y hacer mucha investigación antes de tomar la decisión de declararte en bancarrota. Los mitos no ayudan. Lo que vale es lo que dice la letra pequeña.

¿Después de la bancarrota, qué?

Acabamos de recibir el descargo de las deudas. Después de largas batallas y enfrentar dos años económicos muy difíciles, ahora estamos libres de deudas, pero tristes. Nos preguntamos, ¿Después de la bancarrota, qué?

Justificado o no, a muchos se les ha "roto la banca", como se la rompían a los comerciantes de Florencia cuando no pagaban a sus acreedores, para que no pudieran comercializar más. ¿Las consecuencias? Al declararse en bancarrota y recibir el visto bueno de las cortes, a muchos se les cerrará la fuente de crédito y otras cosas más. ¿Por qué? Bueno, primero el acreedor afectado se encargará de hacerlo público para que otros acreedores lo sepan. Esa información va directamente al informe de solvencia. La ley del *Fair Credit Report Act* reza que la bancarrota permanece en el informe de solvencia por diez años (en algunos casos excepcionales, la bancarrota no desaparece del informe). Esto se refleja automáticamente en el puntaje de crédito porque el 35% de tu informe de solvencia (Fair Isaac Corporation, FICO) se basa en el historial de pago. ¿Cómo puede afectar la bancarrota dicho puntaje? Puede reducirlo entre 100 y 350 puntos dependiendo de la cantidad de deuda, días de atraso y cuán reciente y severa fue la bancarrota.

Con esto, el crédito se congela. Será más difícil conseguir que te presten para la compra de un auto, alquilar apartamento, conseguir un préstamo comercial, y la lista sigue… Incluso las primas de seguro aumentan y hasta puede que no te contraten en algunos trabajos. A esto súmale el efecto emocional que uno carga por años al saber que fracasó y no cumplió con su responsabilidad financiera.

Por otra parte, démosle gracias a Dios de que las leyes de bancarrotas son lo que son y que los acreedores son benevolentes. Si te hubieras puesto a jugar a ser Donald Trump o te hubieran despedido del trabajo con tantas deudas durante el reino de Hamurabi (c. 1750 a. de C.), olvídate de tu índice de solvencia o que te negaran el préstamo. Terminabas vendiendo tu persona, tu esposa e hijos como esclavos para pagar la deuda. ¿Y si hubieras adquirido una hipoteca tipo *Option ARM* para comprar el castillo de tus sueños en la época romana? Suelta tus últimas lágrimas porque los acreedores cortarían tu cuerpo en partes iguales como proporción de la deuda según las leyes de la Roma antigua (450 d.C.). ¿Usar la excusa de que te vendieron una casa sobrevalorada y abandonarla sin pagar la deuda en la Inglaterra del siglo XVIII? Las cortes inglesas lo consideraban un fraude, tipificado como un acto criminal y se pagaba con la cárcel o la vida. En la época de las trece colonias norteamericanas tenías que caminar con la marca

"T" en la palma de la mano para indicar *thief* (ladrón en inglés). En Pensilvania te clavaban la oreja a una picota dejándote en público por dos horas, y después te la cortaban.

Por eso es que si "te rompieron la banca", tómalo con sabiduría y aprende de la experiencia para que no vuelva a suceder. Adopta una actitud positiva. Reflexiona sobre lo sucedido y no lo tomes a la ligera. He conocido casos de personas que comienzan a buscar dinero prestado para comprar una propiedad el mismo año en que se declararon en bancarrota. Aunque no queremos leyes draconianas como en el pasado, no abusemos del sistema que permite beneficios. Comienza a aprender de finanzas personales y las instrucciones que vienen con el dinero. Paga tus cuentas a tiempo, comienza un plan de ahorro agresivo y reflexiona si quieres volver a ser esclavo de las deudas o vivir libre de ellas. Con el tiempo, el sistema te dará una segunda oportunidad. No la desaproveches.

¿En cuánto tiempo se puede eliminar la deuda de mi reporte?

Antes de mi divorcio, me aprobaron una línea de crédito que era utilizada para el negocio de mi esposo. Cuando nos divorciamos, él no hizo los pagos correspondientes por lo que la cuenta aparece en mi crédito porque ambos aparecíamos como dueños. Ellos comenzaron a cobrar en 2006. La mandaron a una agencia de cobros y se llegó a un acuerdo. ¿Quisiera saber si al cabo de algún tiempo esa cuenta se puede eliminar del informe de crédito de alguna forma?

Si durante la negociación con los acreedores no se hace un acuerdo por escrito al respecto, la deuda podría permanecer en el informe de solvencia durante siete años. De acuerdo con el *Fair Credit Reporting Act,* la ley que regula la recolección, diseminación y uso de la información de los consumidores:

- Si hubo una declaración de bancarrota, la deuda se eliminará del informe de solvencia diez años después del fallo de la corte.

- Si hubo una demanda, juicio civil o arresto se mantendrá por siete años. Ahora bien, si la ley de prescripción dura más de siete años, se aplica el término de la ley de prescripción.

- Si la bancarrota fue por una deuda de impuestos en la que se usó una propiedad real como colateral, se mantendrá durante siete años.

- Si tuviste cuentas en agencias de cobro o fueron declaradas como pérdidas, se mantendrá en el informe por siete años.

- Cualquier información adversa se mantendrá por siete años.

A veces es posible negociar con los acreedores o las agencias de cobro un acuerdo donde pagas a cambio de sacar la deuda del informe de solvencia. En caso de que ellos acepten, se debe hacer por escrito. Si éste es tu caso y tienes el documento, envía una copia certificada a cada buró que reporta la cuenta pidiendo que la eliminen porque hubo un acuerdo por escrito. Ellos, a su vez, harán su investigación para eliminar la cuenta. Si no tienes el documento o no llegaste a ese acuerdo, tendrás que esperar los siete años. Pide escribir un comentario en la cuenta indicando que la deuda quedó saldada tras un acuerdo con los acreedores. Una vez pasados los siete años, se supone que se retire de tu informe de solvencia. Si no lo hacen, tienes el derecho por ley a disputar los cargos y que se corrija el informe.

Casa

Pregunto, si hemos hecho cosas o tomado decisiones a partir de creencias erradas, ¿no debemos revisarlas para ver dónde está el error? ¿O es que vamos a repetir el mismo error una y otra vez sin hacer los cambios necesarios? Se puede entender que alguien cometa un error alguna vez, pero repetirlo una y otra vez es irracional.

La gran recesión vivida a partir de 2007 nos obliga a revisar las creencias que llevaron a millones de personas a pagar el alto precio de la pérdida de su inversión. Los siguientes son algunos de esos mitos.

- Enfocarse en la tasa de interés para determinar la compra sin enfocarse en la cantidad de dinero que se estaba pidiendo prestado fue un error. También lo fue comprar sola y exclusivamente porque las casas dan un beneficio impositivo o porque el gobierno da un crédito.

- Los precios en el mercado reflejan el precio justo. ¿Qué diría aquel que compró en el pico de la burbuja?

- Los inversionistas tienen expectativas racionales sobre el futuro y sobre eso actúan. Pregúntate si fue racional la expectativa que se tenía de que los precios de las casas seguirían subiendo, que el usar como colateral las casas, los préstamos de las casas, y los seguros que aseguraban los préstamos de las propiedades fue una expectativa racional.

- Compro con un préstamo flexible donde escojo el pago porque mis ingresos mejorarán en el futuro y refinancio cuando el precio de la propiedad aumente. Eso creyeron muchos y así terminaron.

La crisis nos enseña que debemos revisar nuestros paradigmas para ver qué tenemos que cambiar. ¿No crees que debes revisar la forma de pensar respecto a comprar una casa sólo porque se puede afrontar el pago mensual o porque el gobierno te ofrece un crédito o porque los intereses están bajos, dejando de lado elementos más importantes como el monto máximo de la deuda que puedes enfrentar, la justificación del valor de la propiedad, el tipo de préstamo, la liquidez y el nivel de deuda actual? Warren Buffet ha definido con precisión el principio rector de los inversionistas: el secreto de invertir no es saber cuánto sabes de inversiones sino hasta dónde llegan tus limitaciones para que no te salgas de esa frontera. Esta crisis, sin precedentes en generaciones recientes, ha obligado a la academia, los profesionales y los políticos a revisar sus premisas, las cuales fueron inadecuadas para prevenir el desastre. Y nosotros tenemos que hacer lo mismo. Esta experiencia ha sido dramática, pero también educativa. Tenemos que revisar nuestros fundamentos y creencias para construir sobre bases sólidas.

Esta crisis ha hecho que volvamos a los fundamentos.

¿Cómo puedo saber cuánto podemos afrontar?

Mi esposo fue al prestamista a pedir aprobación para la compra de una casa. Él dice que si nos aprueban podemos comprar. ¿Está en lo correcto? Con tanta gente que he visto perder su casa, tengo reservas. ¿Cómo puedo saber cuánto podemos afrontar?

No es recomendable confiar a ciegas en un prestamista a la hora de determinar el monto de la deuda. Y menos hoy en día cuando la mayoría de ellos actúan como intermediarios. Su negocio es prestar y ganar sobre lo que prestan. O sea, ellos facilitan el crédito y el deudor paga por el uso del dinero. Ése ha sido su papel histórico. Con el desarrollo de la ingeniería financiera y el incremento de los subsidios gubernamentales, la función de los prestamistas es la de intermediarios entre el comprador de un préstamo (tú) y el inversionista (quien aporta el dinero).

Cuando solicitamos o nos ofrecen financiamiento, lo hacemos a través de individuos y compañías que actúan como intermediarios. Ése es el trabajo del bróker, que probablemente funcione como empleado de una compañía o como agente independiente de varios prestamistas regionales o nacionales y que reúne la información y nos vende un préstamo a cambio de una comisión. Ese préstamo que nos venden, una vez aprobado, se une con otros préstamos hipotecarios y se manda a manufacturar (generalmente en Wall Street). En este proceso se combinan los diferentes tipos de préstamos y se hacen instrumentos de renta fija. Estos se califican —se les da una nota de calidad— y se venden en el mercado financiero a inversionistas (los compradores pueden ser fondos mutuos, pensiones, bancos, personas individuales y demás).

En otras palabras, nosotros pedimos dinero prestado, los intermediarios —a cambio de una participación en el negocio— prestan porque saben que lo mandan a la manufactura y se vende a los inversionistas. También los intermediarios actúan como recolectores del dinero que pagamos mensualmente (con eso es que se les paga a los inversionistas). Los manufactureros ganan dinero vendiendo los bonos a los inversionistas. Los inversionistas compran del inventario a cambio de recibir el pago que hacemos de la hipoteca.

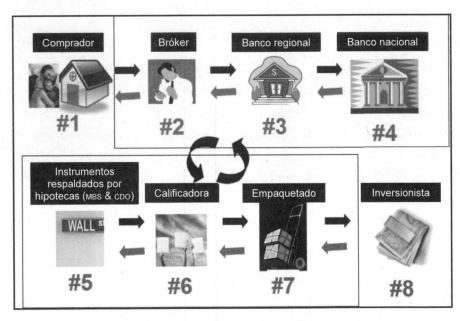

Gráfica 5. Proceso de un préstamo hipotecario.

Al actuar como intermediarios, existe más flexibilidad al otorgar el préstamo y esto hace que recibas más dinero de lo que te conviene. Así, la gran recesión del periodo 2007-2009 se debe, en parte, a que mucha gente compró casas que no podía pagar atraídos por el espejismo de que si les otorgaban el préstamo era porque lo podrían afrontar. Por esta razón hay que ser cauteloso y no tomar decisiones financieras sólo a partir de la información que provee el prestamista. ¿Qué cálculos hacer? La fórmula que puedes usar es sencilla:

Dinero en efectivo que tienes disponible

+

Cantidad máxima que puedes pedir prestada de acuerdo a la regla 28%/36%

=

Precio de compra máximo

La primera parte de la ecuación representa el dinero en efectivo que tienes disponible para el enganche y los costos de cierre. Este dinero es aparte de la reserva de emergencia. No sugiero usar el dinero de la reserva para la compra de la casa. Tampoco soy de la idea de financiar el enganche (*down payment*) ni los gastos de cierre. Si no lo tienes, esperaría hasta que juntes lo suficiente.

La cantidad máxima que se necesita tiene los siguientes componentes: *a)* el ingreso neto (se acostumbra usar el bruto, pero prefiero usar el neto a partir del promedio de los últimos cinco años); *b)* la cantidad que pagas mensualmente en concepto de servicio de la deuda (tarjetas de crédito, auto, préstamos estudiantiles, préstamos personales, etcétera); *c)* el interés, los impuestos y los seguros.

La regla 28%/36% se refiere a que el monto máximo del pago que realizarás al préstamo (interés y principal), seguro e impuestos no debe pasar del 28% de tu ingreso neto promedio. Las demás deudas deben sumar no más del 8% de tu ingreso neto promedio. Si el servicio de la deuda es mayor al 8%, se usa el 36% como referencia y de ahí se resta las otras deudas. La **Tabla 9.** muestra un ejemplo sencillo.

Ingreso mensual neto promedio de los últimos cinco años:	$6,250
Pago mensual máximo de deudas (%)	x 0.36
Total de pago máximo para las deudas	$2,250
Menos pago mensual por deudas actuales	-$500
Menos pago mensual de seguro e impuestos	-$300
Dinero disponible máximo para pagar préstamo	$1450

Monto máximo de préstamo (30 años = 360 meses)			
Interés	**Monto máximo**	**Interés**	**Monto máximo**
5.00%	$270,108.34	11.00%	$152,259.20
5.50%	$255,376.56	11.50%	$146,421.54
6.00%	$241,847.84	12.00%	$140,966.58
6.50%	$229,405.69	12.50%	$135,862.21
7.00%	$217,945.97	13.00%	$131,079.43
7.50%	$207,375.56	13.50%	$126,591.98
8.00%	$197,611.07	14.00%	$122,376.11
8.50%	$188,577.78	14.50%	$118,410.27
9.00%	$180,208.71	15.00%	$114,674.91
9.50%	$172,443.69	15.50%	$111,152.26
10.00%	$165,228.69	16.00%	$107,826.17
10.50%	$158,515.11	16.50%	$104,681.95

Tabla 9. Cómo calcular cuánto puedes pagar.

Observa que del ingreso neto mensual resto el máximo de pago mensual (36%) que se destinaría para pagar las deudas. A esto le resto el pago mensual total de todas las deudas que tenga (quinientos dólares mensuales, aproximadamente). También se le resta el pago de impuestos y seguro estimado de la propiedad. La diferencia constituye el monto máximo que se podría usar para pagar por el préstamo. De esta cantidad se deduce el precio máximo que podemos afrontar según ese pago mensual. Para eso necesitamos el costo de financiamiento, la duración del préstamo, y el pago mensual. Por ejemplo, si la tasa del préstamo (APR) es 7% a 30 años, el monto máximo del mismo sería 217,946 dólares. A esto le sumas el ahorro que tienes para el enganche: el resultado es el margen máximo de precio que debes considerar para comprar.

Aunque los números están condicionados a la información que uses, los siguientes elementos no cambian: *a)* el ingreso es neto (después de impuestos); *b)* el ingreso es promedio (no el último ingreso, que podría ser artificialmente alto; *c)* el monto de la deuda tiene un límite (la regla del 36%), y la deuda de la casa (que incluye principal, interés, impuestos y seguro, PITI) no debe ser superior al 28%; *d)* entre mayor sea el monto de tu deuda, menor será la cantidad de dinero que tendrás disponible para el pago de la propiedad; *e)* entre mayores sean los impuestos y el seguro, menor será el porcentaje destinado al pago de la hipoteca; *f)* entre más alto sea el interés, más bajo será el monto de la hipoteca, y viceversa.

El problema radica en que los prestamistas usan diferentes reglas. Por ejemplo: FHA usa el 29%/41% sobre el ingreso bruto actual sin restar los impuestos que uno paga y usa el ingreso más reciente (¿qué pasaría si seis meses antes hubieras recibido un ascenso en tu trabajo, con un aumento de sueldo del 33%, y al cabo de unos meses te despiden?). Hay otros que usan el 28%/36%

pero usan el ingreso bruto más reciente. Hay otros que incluso lo llevan hasta el 44%.

Este porcentaje ha cambiado con el tiempo. Hace veinticinco años, se usaba el 25%/33% sobre el ingreso bruto. Pero el incremento en los subsidios del gobierno y de la demanda de casas junto a la masificación de la ingeniería financiera en el mercado hipotecario han provocado la flexibilización de los porcentajes. Recuerda que entre más alto es el porcentaje, más alto será el nivel de endeudamiento. Aunque la casa es un activo importante, no es el único. Además, hay que sacar dinero para mantener la casa. Eso también es un gasto, y es algo que ellos no toman en cuenta. Pero, a pesar de eso y lo que hagan actualmente, prefiero la regla 28%/36% usando el ingreso neto promedio. Por esta razón no confiaría totalmente en la aprobación que me den, y tendría en cuenta otros costos de mantenimiento de la propiedad.

No cometas el error de muchos: tomar decisiones financieras que te afectarán durante treinta años basado en las circunstancias económicas actuales. Hoy posees unas cosas, mañana otras. Los ingresos cambian, los estilos de vida cambian, las preferencias y las circunstancias económicas también.

Repito: no olvidemos que las deudas son acuerdos contractuales que están respaldados con lo que adquirimos o con los ingresos que esperamos recibir en el futuro. En otras palabras, garantizamos una deuda con algo que no sabemos si existirá en el futuro.

Debes hacerte las siguientes preguntas a la hora de determinar por cuánto te conviene endeudarte. Lo más importante es considerar cuáles son tus límites financieros:

- ¿Cuánto dinero en efectivo tienes disponible para pagar tus costos de cierre?

- ¿Cuál es tu ingreso mensual antes y después de impuestos?

- Además del dinero de entrada ¿cuánto dinero tienes ahorrado? Este monto ¿incluye la cuenta de retiro, los ahorros y otros activos?

- ¿Cuánto debes? ¿Incluye esta deuda los préstamos estudiantiles, los saldos de tarjetas de crédito, etcétera?

- ¿Cuánto gastas cada mes para abonar al pago de tus deudas?

- ¿Cuánto tiempo llevas en el mismo empleo?

- ¿Cuáles son los costos en el área que estás pensando vivir?

- ¿Cómo luce tu historial de crédito?

- ¿Cuánto son los impuestos de la propiedad, en promedio?

- ¿Cuál es la tasa de interés actual? ¿Está proyectado que baje o que suba en un futuro cercano?

- ¿Cuál es el impuesto? ¿Ha variado en los últimos tres, cinco y diez años?

- ¿Cuánto cuesta el seguro de la casa que piensas comprar en el área que te interesa?

- ¿El precio de la propiedad está por debajo, es igual o está por encima del precio histórico de hace tres, cinco y diez años?

- ¿En qué otros costos incurrirás para mantener la propiedad (mantenimiento, agua, etcétera)?

- ¿Hay planes de construcción en el área que puedan ayudar o perjudicar el valor de la propiedad en el futuro?

¿Debería continuar alquilando o me conviene comprar?

Pago un alquiler muy bajo de 1,100 dólares y es supercómodo. Pero todos me dicen que debería comprar una casa. Realmente no tengo el deseo de comprar una casa, aunque reconozco que tengo el dinero para el pronto (23,000 dólares). Tengo mi reserva aparte, como dices, mi portafolio de seguro está al día y sólo tengo el préstamo del auto que es diez por ciento de mi ingreso actual más la renta. El abono mensual de mis deudas representa el 25% de mi ingreso. Mi trabajo ha sido estable por los últimos seis años. Pero tengo miedo después de ver a muchos perdiendo sus casas ¿Debería continuar alquilando o me conviene comprar?

La primera pregunta que me haría es: ¿puedo? Porque si no puedo no importa si lo quiero. La segundo sería: ¿es negocio? Los precios de las propiedades no están al alza, el financiamiento es accesible, la propiedad es buena inversión y el costo no sobrepasa el beneficio. Y la tercera pregunta: ¿quiero? A veces se puede pero no se quiere.

Ser propietario de una casa es una gran responsabilidad. No sólo tienes que pagar el interés, los impuestos y el seguro, también tienes que considerar el mantenimiento y los arreglos que conlleva (que si se rompió tal cosa, que si hay que cambiar tal otra, etcétera). Por eso es que una de cada cuatro casas en Estados Unidos está alquilada. Algunos porque no pueden afrontar la compra, otros porque se mudan cada cierto tiempo o porque no les conviene comprar, desde el punto de vista económico, y otros porque no quieren la responsabilidad del pago de impuestos, seguro y mantenimiento. El siguiente diagrama ilustra las tres preguntas clave a la hora de decidir entre comprar o alquilar una casa.

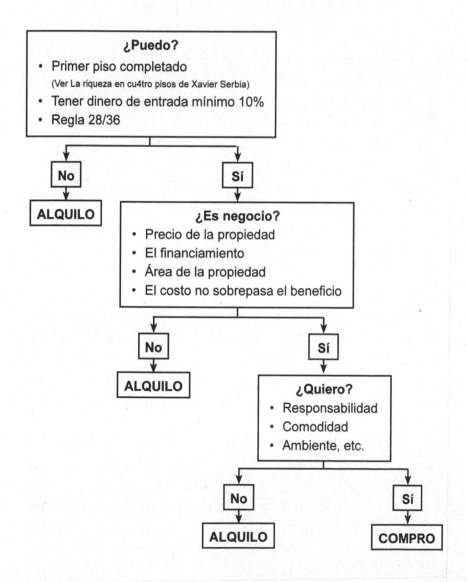

De la misma forma que analizamos las opciones de alquiler, tenemos que ver los aspectos positivos de comprar una propiedad. Si haces la compra correcta no sólo tienes activos que incrementan tu riqueza porque la propiedad aumenta de valor, sino además tienes el beneficio impositivo de que al venderla pudieras realizar una ganancia de capital sin tener que pagar impuestos (hay un límite de exención a la ganancia de capital). Es otra forma de diversificar tus activos y de protegerte contra la inflación. Además, no dependes de las decisiones de otro dueño y tienes seguridad.

Veamos el siguiente ejemplo. Tu ingreso bruto asciende a 7,333 dólares mensuales, que queda en 5,400 dólares una vez deducidos los impuestos. Con ese ingreso, si aplicas la regla del 28/36, tienes disponibles 2,640 dólares mensuales. Te quedarían 1,907 dólares mensuales disponibles, después de pagar el auto. Tienes las condiciones económicas para hacerlo. Cierto que pagarías impuestos, seguros y mantenimiento. Pero toma en cuenta que los 1,100 dólares mensuales que pagas de alquiler no regresan a tus bolsillos. Esto significa que la respuesta a la pregunta ¿puedo? es afirmativa.

Averigua si es negocio comprar. Si piensas vivir mucho tiempo en la misma área, los precios de las propiedades están bajos —en comparación a los precios históricos—, consigues un buen financiamiento y la propiedad está en buenas condiciones y en una zona que te gusta, creo que son argumentos de peso para pensar seriamente en la compra de una propiedad.

Al abordar la tercera pregunta, ¿es negocio?, ya tendrías dos respuestas afirmativas. Es posible que puedas comprar, que las propiedades estén a un buen precio y en buenas condiciones, pero están en lugares que no te gustan, quedan muy lejos, no tienen el espacio indicado, las áreas de servicios no son de fácil acceso o simplemente no cumplen con tus requerimientos. Son cuestionamientos legítimos. Pero la decisión de comprar debe ser vista como negocio. El miedo no debe ser un impedimento. El miedo es bueno como mecanismo de alerta, pero no debe conducirte a la inacción. Es razonable que la compra de una casa cause miedo, sobre todo ante la evidencia de tantos casos de personas que han perdido su propiedad. La pérdida de una propiedad obedece a un sinnúmero de razones. Algunos especularon jugando a ser Donald Trump (se endeudaron para comprar varias casas creyendo que las venderían rápidamente). Otros compraron a un precio tan alto que no pudieron afrontar la primera caída de su ingreso. Otros no sólo compraron la casa a un precio alto, además adquirieron un préstamo cuyo pago aumentaba progresivamente. Otros, simplemente, se endeudaron demasiado.

Pero éstas no fueron las circunstancias de todos los compradores. Todavía hay muchos que siguen siendo felices dueños de casa. Otros hicieron bien el negocio y ganaron dinero. Si estuviera en tu situación, exploraría seriamente la compra de una propiedad.

Intereses bajos:
¿A salir a comprar casa?

Los intereses están bajos y escucho en los medios que los precios de las casas están "por el piso". Escucho en la radio "es tiempo de comprar". En la televisión "el Presidente exhorta a que compren para ayudar la economía" y tantas otras cosas que me pregunto ¿no estaré haciendo algo mal?

Te comprendo. Así le pasó a mucha gente durante el *boom* hipotecario. Los medios de comunicación bombardeaban todo el tiempo con la cantaleta de que "era tiempo de comprar". La publicidad de los vendedores y los inversionistas repetía machaconamente que "era tiempo de comprar". Las organizaciones y el gobierno pregonaban sin cesar que "era tiempo de comprar". Todo el mundo hablaba de comprar, comprar y comprar. Hoy hay millones que han perdido sus casas y se preguntan ¿qué hice mal?

Éste fue el mismo fenómeno que se dio a finales de los noventa con el espejismo de las "dot.com": muchos participaron de la euforia colectiva creyendo que excluirse era una mala opción. Cuando todo se desinfló y perdieron hasta los interiores, se cuestionaban por qué habían entrado a la burbuja si estaban mejor afuera.

Aunque hay que reconocer que también hubo casos de personas que entraron, ganaron y se salieron. El quid del problema es que no debes tomar una decisión financiera de entrar o salir de un negocio, hacer una compra o hacerte o deshacerte de un activo porque muchos piden que lo hagas. Analicemos el asunto. Nos dicen: "es tiempo de comprar casa porque los intereses están bajos y los precios están bajando". O sea que la premisa es que si los precios de las casas están accesibles y el interés está bajo hay que comprar. La fórmula es la siguiente: Intereses bajos + Precio bajo = Salir de compras.

¿Es razón suficiente para salir de compras? ¿Qué pasa si no estás en condiciones económicas para afrontar la compra? O, suponiendo que tengas las condiciones económicas para hacerlo, ¿qué pasa si el precio de la casa que quieres comprar está sobrevalorado? ¿Es momento de comprar? A modo de ejemplo: escuchamos en la radio o la televisión un infomercial que pregona "Es momento de comprar casa. No pierda la oportunidad". El escucha obedece la consigna y se encuentra una propiedad cuyo precio actual (200,000 dólares) está por debajo de su valor histórico (250,000 dólares) y del promedio de los últimos diez años. Además, construir una casa cuesta más de lo que vale ésta. ¿Es un precio bajo? Apuesta a que sí.

¿Pero qué pasa si tu ingreso es de 2,000 dólares mensuales, ¿puedes hacer esa compra? No. Incluso, aunque el interés esté al 4.5%, no tengas que hacer pagos de entrada y no te cobren costos de cierre, necesitarías un ingreso de al menos 4,500 dólares mensuales para poder afrontar el pago.

Cambiemos la situación: tengo suficiente dinero para afrontar el pago, dar un buen enganche y pagar los gastos de cierre sin tener que financiar, mi reserva de emergencia está al día, los seguros en orden y las deudas bajo control, ¿es momento para comprar? La mayoría dirá que sí. Pero qué pasa si los precios de la propiedad en el área están por encima de su valor histórico, el precio es mucho más alto de lo que valdría construirla, incluido el costo del terreno. ¿Es momento de comprar? No.

Es cierto que las condiciones económicas del mercado y la tasa de interés general son una razón importante para determinar si conviene o no comprar un activo, pero no la única. He visto tantos casos de personas que compraron casas porque la gente les decía que "era el momento", y compraron algo que no podían afrontar o a un precio sobrevaluado. También he visto casos en que los precios eran una oferta irresistible y la persona no la podía afrontar. Toda decisión financiera no depende *única y exclusivamente* del ambiente económico en el mercado, la tasa de interés o el beneficio impositivo que ofrezca el gobierno. Primero se determina concienzudamente si la situación financiera del comprador potencial le permite realizar la compra (¿puedo?). Si la respuesta es afirmativa, pasa al siguiente nivel para determinar si la compra es buena o no (¿es negocio?). Es decir, hay que hacer un análisis de si es negocio o no comprarla. En esto entra en juego la tasa de interés, los precios en el mercado, el tipo de propiedad, el lugar, el crecimiento, etcétera. Lo que no es razonable es salir a comprar porque otros dicen que lo haga.

Por tanto, cuando escuches la cantaleta "es momento de comprar casa", añádele: "…si a tu bolsillo le conviene y es negocio lo que vas a comprar".

No tengo dinero para la entrada pero quiero comprar, ¿qué hago?

Sugieres que no usemos la reserva de emergencia como enganche de la casa. Tenemos dinero en 401(k) e IRA tradicional y tampoco sugieres que lo usemos. Entonces, ¿dónde puedo encontrar el dinero? ¿Pedir un préstamo para cubrir el enganche? ¿Financiar el 100%? ¿Qué hago?

Veo que tienes prisa. Cuando uno va a realizar una compra tan importante como una casa, hay que dosificar las emociones y evitar la prisa. Cautela y prudencia son dones que debemos cultivar en las finanzas (y en la vida).

¿Dónde puedo encontrar el dinero? Ahorrando para el enganche de la casa. Con paciencia, trabaja y ahorra para lograr ese objetivo. "¿Por qué no usar la reserva?" "¿Por qué no usar los planes de retiro?" "¿Por qué no pedir prestado?" Porque tiene un costo que puede ser mayor que el de ahorrar lo suficiente para el enganche. Las siguientes son tres importantes razones de por qué debes ahorrar para el enganche de la casa.

1. **Usar la reserva para el enganche de la casa es menos eficiente.**
    ¿Puedes controlar las enfermedades, los despidos, los eventos catastróficos, los percances con suficiente anticipación para prepararte? La respuesta es no. Por eso es que necesitamos tener una reserva de emergencia, y ese dinero tiene que estar disponible de forma inmediata, que el principal no pierda

su valor y que el costo de mantener ese dinero sea cercano a cero (muy, muy bajo). La mejor opción para eso son las cuentas bancarias que cumplen esa función.

"Bueno, puedo usar una línea de crédito sobre el patrimonio de la casa. El dinero que pongo de enganche lo uso como respaldo para una línea de crédito" es otro argumento que muchos usaban durante la "euforia hipotecaria". Utilizaban sus únicos ahorros para adquirir la casa y poder lograr su sueño rápidamente. En caso de problemas —se decía para apuntalar la euforia— abrirían una línea de crédito sobre la propiedad. Pero descubrieron que retirar el dinero no es un trámite tan expedito como se creería, las casas pierden valor (lo cual hace que el enganche se esfume), la línea de crédito tiene un costo de financiamiento y el banco puede cerrarte la línea en cualquier momento, como le pasó a muchos cuando más lo necesitaban. Aquellos que tenían su reserva de emergencia en cuentas líquidas pudieron usarla sin problema alguno.

¿Crees que es buena idea utilizar la reserva de emergencia para obtener la propiedad? Yo no lo creo así.

2. **Financiar el enganche o financiar 100% es más costoso a la larga.** Ya sea que obtengas un 80/20 —financiar el 80% del valor con un préstamo y el 20% restante con un segundo préstamo— o que obtengas un préstamo que financie el 100% del valor de la casa, a la larga sales perdiendo. ¿Por qué? Entre mayor sea el financiamiento, más costoso será. O sea, el 80% del primer préstamo tiene un costo, y el de 20% va a tener un costo más alto debido al riesgo. Ya sea que te cobren más en el de 80% o en el de 20%, el financiamiento total del préstamo será más alto. Lo mismo pasa con los préstamos donde financian el 100%. Los prestamistas se protegen cargando un interés mayor. O sea, el costo de financiar la propiedad

en una persona que pone de entrada el 20%, y financia el 80%, es menor que aquel que no pone nada y financia el 100%. Esto tiene como consecuencia un sobreprecio en el financiamiento(risk premium), el cual se explica porque, según las estadísticas, una persona que financia el 100% del préstamo tiene mayor probabilidad de fallar en sus pagos, y perder la casa, que una que pone dinero en la compra. Por eso, las instituciones de préstamo se protegen incluyendo ese riesgo en el costo de interés, y, por tanto, el costo del financiamiento es mayor.

Estudio tras estudio de los préstamos muestran que los que han financiado el 100% tienen más probabilidad de fallar en sus pagos y perder la propiedad. ¿Por qué? Por varias razones: *a)* al no contar con fondos para un enganche se tiende a comprar algo más grande; *b)* al no anticipar dinero, la compra se ve como si fuera un alquiler; *c)* no hay incentivo para proteger la inversión cuando una situación económica adversa nos toca a la puerta. Si pierdes el trabajo o la propiedad pierde valor, tienes menos incentivo por proteger la inversión que alguien que haya invertido en la propiedad. ¿Crees que una persona que no haya invertido nada va a tener la misma responsabilidad, disciplina y habilidad de planificar que aquel que que haya puesto "su piel en el asador"? El que pone dinero tiene más motivo para preocuparse que aquel que no pone nada.

Si es así, ¿por qué las instituciones de préstamo otorgan este tipo de préstamo? La razón principal es el cobro por el financiamiento. Aunque no creo que estos préstamos volverán a ser tan populares como lo fueron durante la "euforia hipotecaria" de 2004 a 2007, es posible que te encuentres con algún intermediario que sea más "flexible" y te ofrezca estos préstamos.

3. **Retirar dinero del retiro es más costoso.** Existen muchas opciones para sacar dinero de las cuentas de retiro:

- Si tu empleador lo permite puedes sacar un préstamo de tu plan 401(k). Generalmente te permiten sacar hasta el 50% del dinero que has acumulado hasta un tope de 50 mil dólares, y te dan cinco años o más para pagar el préstamo. El costo de retirar dinero es relativamente bajo, el interés tiende a ser menor que el del mercado y el interés te lo estás pagando a ti mismo porque va a tu cuenta.

- Si tu cuenta es un fideicomiso individual (IRA) puedes retirar hasta 10 mil dólares de tu IRA/Roth, si cumples con los requisitos de cada cuenta. Esto significa que si tienes dinero en estos planes, puedes retirar esa cantidad o menos para comprar tu primera casa.

Pero el diablo está en el detalle. En el caso del 401(k), aunque es cierto que tienes esos beneficios, debes tomar en cuenta dos cosas: que a la larga es posible que cuentes con menos dinero, y que corres el riesgo de pagar impuestos innecesariamente.

Menos dinero a la larga. Digamos que tienes treinta y cinco años de edad, tus ingresos ascienden a 50 mil dólares al año y ya has acumulado 40 mil dólares en el 401(k). Supongamos que actualmente aportas tres mil dólares al plan de retiro, o sea un 6% de tu salario anual. Asimismo tu empleador aporta mil quinientos dólares adicionales a tu plan. Supongamos que obtengas un retorno anual bruto de 7.93% los primeros veintidós años, y que luego baje hasta 3.40% los últimos dos años antes del retiro. Si continúas ahorrando a ese ritmo ininterrumpidamente hasta que cumplas sesenta y cinco años, tu fondo de retiro sería de 721,664 dólares. Supongamos que el empleador te permite sacar préstamos de tu plan de retiro. El préstamo es a diez años y cuesta un

6%, que te lo pagas a ti mismo. Digamos que quieres 20 mil dólares para el enganche de la casa de tus sueños. ¿Cuánto tendrías en tu cuenta al cumplir sesenta y cinco años de edad? Habrías acumulado 336,927 dólares.

Esto representa una diferencia de 384,737 dólares menos en el retiro. ¿Por qué? Durante diez años, tu contribución disminuye porque tienes que amortizar la deuda (¿podrías aportar los tres mil dólares cuando tienes que pagar 2,664 dólares por el préstamo?). Al dejar de aportar al plan para pagar la deuda, el empleador automáticamente deja de aportar su parte (con esto pierdes 15 mil dólares). Además, el potencial de rendimiento de la inversión disminuye. Esto podría representar 1,622 dólares mensuales de pérdida potencial, si creciera a un 3% después de inflación, desde que te retiras a los sesenta y cinco años de edad hasta que cumplas noventa y cinco (menos años en el retiro representaría más dinero en pérdida potencial). Es mucho dinero. Además, toma en cuenta que el dinero que estás utilizando para pagar el préstamo no lo puedes deducir de tu ingreso, como sí se puede hacer con el dinero que aportas al plan de retiro (lo cual haría que el beneficio impositivo baje).

Corres el riesgo de pagar impuestos innecesariamente. Supongamos que sacaste el dinero y estás pagando tu nueva casa y tu préstamo. Todo va bien hasta que te despiden (o decides renunciar porque encontraste un nuevo trabajo). ¿Qué pasa con el préstamo de los 20 mil dólares del ejemplo anterior? Tienes que pagarlos de forma inmediata (quizá te den hasta sesenta días tras tu despido). Si no puedes pagar el dinero del préstamo, se considera como distribución temprana de tu plan. ¿Qué quiere decir eso? Que sacaste el dinero antes de tiempo y tienes que pagar impuestos sobre la aportación y/o sobre la ganancia generada. Además tendrías que pagar un 10% de penalidad por haber sacado el dinero antes de cumplir cincuenta y nueve años y seis meses de edad. Tienes la opción de retirar del 401(k), siempre y cuando el plan lo permita. Pero implica mucho riesgo. Incluso un pequeño préstamo puede representar una pérdida potencial en el futuro.

En el caso del IRA tradicional, aunque te puedes librar del 10% de penalidad (suponiendo que tienes menos de cincuenta y nueve años y seis meses de edad, y cumples con los requisitos), no te libras de pagar impuestos sobre el dinero que retires, suponiendo que no hay aportación no deducible. El retiro que haces se considera como distribución y lo tendrías que declarar como ingreso ordinario en el año en que lo retiras.

Por estas razones soy de la idea de buscar el ahorro y la acumulación para la compra de la casa. A fin de cuentas es tu dinero, y tú decides qué haces con él. Es cierto que los números que te suministro suponen muchas variables que quizá no se den. Pero toma en cuenta todos estos factores para tomar una decisión. Te sugiero que hables con tu contable para que te muestre las ramificaciones impositivas de cualquier medida que vayas a tomar sobre los planes de retiro. Como siempre digo: al final tú decides.

¿Por qué el interés fijo
es la mejor opción?

Estamos buscando financiamiento y tenemos varias opciones. Tú dices que las hipotecas con interés fijo deben ser la mejor opción cuando estamos construyendo nuestro edificio de la riqueza. ¿Por qué?

En finanzas personales, cada producto tiene una razón de ser y se aplica a diversas circunstancias. Mi sugerencia es que, cuando estamos construyendo nuestro edificio de cuatro pisos[1] en cuestiones de préstamos hipotecarios, el de interés fijo durante <u>todo el tiempo</u> que dure el préstamo es el más aconsejable. La razón es muy sencilla y se resume en la siguiente regla, tan vieja como el frío: cuando tienes dos opciones que compiten entre sí y que pueden llevarte a obtener el mismo fin, escoge la más simple. Pongámoslo de otra forma. Si te dan a escoger entre dos opciones que te ayudan a conseguir el mismo fin y la única diferencia entre ambas es que una de ellas es más predecible y simple, ¿cuál es escogerías? La simple, por supuesto. La he denominado "regla vainilla".

¿Cuál sería en este caso la regla vainilla? Aquella que sabemos que el pago y el interés son predecibles y el financiamiento es simple. La hipoteca con tasa de interés fija durante toda la duración del préstamo es la "vainilla simple". Son tantos los facto-

---

[1]   Ver *La riqueza en cu4tro pisos.* Xavier Serbiá. Aguilar. 2009. Estados Unidos.

res que tenemos que atender que entre menos compleja, mejor. La tasa de interés fija da la tranquilidad de saber que el interés y el pago no cambiarán mientras dure el préstamo y que, al ser un préstamo amortizable, aportamos al principal cada vez que realizamos un pago. Esto no significa que las otras opciones no sirvan, si no que son más complejas. Y en nuestro camino de acumulación para construir la paz financiera, la hipoteca de tasa fija amortizable cumple la función de simplificar las cosas y proveer estabilidad.

A manera de ilustración, tomemos la tasa de interés variable para mostrar cómo complica el panorama. ¿Por qué cambia el interés variable? Por su composición. El interés variable se compone de un índice y un margen. El índice cambia porque se rige por un índice que también cambia (hay varios, pero el más popular es el índice *prime rate* reportado por *The Wall Street Journal* y que se basa en la tasa de interés que los treinta bancos más grandes de Estados Unidos le cargan a sus mejores clientes). El margen, que queda fijo, es un sobreprecio o prima *(premium)* que se paga por el riesgo y costo en que incurre la institución de préstamo.

El índice y el margen son como el mar y una embarcación. Si la marea sube, también sube la embarcación, y viceversa. El mar es el índice; la embarcación es el margen. Si, por ejemplo, se tiene un margen de 4% y un índice de 4.5%, el interés sería del 8.5%. Si en el mes siguiente el índice sube a 5%, el interés subiría a 9%. El índice cambia, pero no el margen.

Veamos el ejemplo en la **Gráfica 6**. Obtenemos un préstamo de 175 mil dólares al 7% de interés fijo. El pago sería cerca de 1,164 dólares. Supongamos que tenemos un interés variable en el que el pago varía anualmente de acuerdo con un índice más un margen de 2.5%.

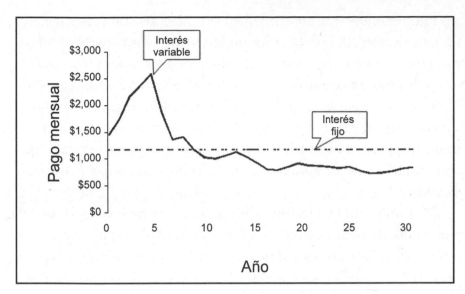

Gráfica 6. Interés variable vs. interés fijo.

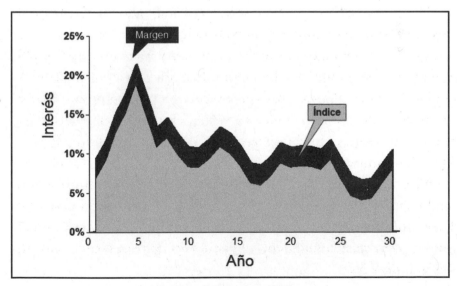

Gráfica 7. Pago vs. índice.

Observa que, dependiendo del índice, el pago mensual del préstamo con interés variable puede ser mayor o menor que el del préstamo con interés fijo. Entre más suba el índice, más alto será el pago, y viceversa.

Con una tasa fija esto no sucede. Es cierto que también el interés puede bajar, como muestra la gráfica, en cuyo caso el pago del préstamo con interés variable puede ser menor al pago del préstamo con interés fijo debido a que el índice baja. Pero la incertidumbre en cuanto a la variación del interés en el futuro y los cambios en el pago complica las cosas, y nos alejaríamos del principio "vainilla simple".

Es cierto que existen préstamos híbridos que combinan periodos de interés fijo con otros de interés variable. Pero nos estaríamos saliendo del principio "vainilla simple". Lo mismo pasa con los préstamos exóticos: complican el panorama.

Observa el siguiente ejemplo. Imagina que viste la casa de tus sueños y necesitas un préstamo de 290 mil dólares para adquirirla. Supongamos que te cobran 7.3% de interés por un préstamo de tasa fija a treinta años. El pago mensual de la hipoteca quedaría en 1,988 dólares mensuales. Si tu ingreso neto fuera de cinco mil dólares al mes, esto representaría cerca del 40%, antes de sumarle los impuestos, el seguro y el mantenimiento de la casa. No podrías afrontar los pagos que este préstamo conlleva, además de que el banco te lo negaría. Pero la esperanza de cumplir tu sueño americano se reaviva cuando escuchas en la televisión que hay préstamos que te dan la opción de escoger el pago que más te convenga. Entusiasmado, decides acudir a otro banco para conseguir un préstamo con opciones de pago que se acomoden a tus ingresos. Este otro banco te da a escoger entre cuatro opciones de pago mensual, como muestra la **Tabla 10**.

El agente de bienes raíces no sólo te confirma que tienes distintas opciones de pago, sino que también te ayudará a conseguir el préstamo. ¿Te imaginas tener la casa de tus sueños, de 290 mil dólares, pagando sólo $1,222.65 al mes? Esto representaría el 24% de tu ingreso neto y, por tanto, un pago menor al de la tasa fija. Semanas después cierras el negocio y tienes la casa de tus sueños.

Interés mínimo 3%	$1,222.65
Pagar el interés solamente (7.3%)	$1,764.17
Amortizable a 30 años fijo (7.3%)	$1,988.16
Amortizable a 15 años fijo (7.3%)	$2,655.48

Tabla 10. Ejemplo de opciones de pago.

Ahora hagamos un viaje al futuro, a tres años de la compra. Tienes la presión alta, sientes calor y estás de mal humor. ¿La razón? El banco te exige el pago mensual de 2,307 dólares. ¡Tendrás que pagar 1,084 dólares más por mes! Y no sólo eso: si no haces el pago en la fecha acordada, estás en falta (*default*). Acto seguido recibirás una notificación por escrito exigiendo el pago completo del préstamo y el interés acumulado. Si no pagas, te reposeerán la propiedad. ¿Qué haces? Tomas la medida típica: refinanciar. Pero ahora te encuentras con otro problema: los precios de las casas en tu área caen en picada. El banco no te puede refinanciar porque no tienes patrimonio en la casa y debes más de lo que vale. ¿Vender? Puede que te lleve seis meses y el precio de la casa está por debajo de lo que debes al banco. Entonces entras a formar parte del mundo "opción ARM". En inglés se conoce como *Option Adjusted Rate Mortgage,* o simplemente *Option ARM*.

¿Qué es la "opción ARM"? Es un tipo de préstamo hipotecario en el que el interés se ajusta mensualmente, y el pago, anualmente. Asimismo ofrece la "opción" de escoger diferentes formas de pago. Las opciones son hacer un pago mínimo o hacer pagos que cubran el interés (se conocen como *interest only payments*).

¿Qué es el *minimum payment* o pago mínimo? El pago mínimo es básicamente el que aplica un interés menor. O sea que cuando haces el pago mínimo no estás pagando el total del interés que debes (margen e índice) ni el principal (como en un préstamo convencional). Basado en este interés mínimo, el acreedor estima el pago mensual que harás.

En el ejemplo ilustrado más arriba estimé un 3% de interés para calcular el mínimo. Por eso el pago es menor. Pero no es el interés real del préstamo. Y esto es lo que entusiasma tanto al deudor como al acreedor. Al primero le permite hacer pagos bajos al comienzo del préstamo y comprar con poco dinero. Además, atrae a las personas que quieren adquirir casas costosas o usar la diferencia del pago mensual para hacer mejoras a la casa, e incluso invertir en otras propiedades o en la bolsa. A los acreedores también les beneficia porque generan más dinero, aumentan el volumen de venta y, por tanto, incrementa su comisión.

Pero el riesgo de estos préstamos es que crean una amortización negativa (recuerda que el pago mínimo utiliza un interés menor). Al pagar menos interés, la diferencia se suma al principal, haciendo que el principal al mes siguiente sea mayor. El préstamo en vez de bajar cada mes, sube. Por tanto, la deuda también. Y si la deuda sube, el pago por interés también (anuncio: la cosa se complica si estás en un ambiente en el que los intereses en el mercado se disparan haciendo que el índice suba también… vaya combinación).

Durante la crisis económica, muchos vivieron el efecto negativo de este tipo de préstamo en que el principal pasa de una determinada cantidad establecida por escrito (entre 110% a 125% del principal). Esto, automáticamente y por contrato, permite al acreedor exigir que se le pague el interés y el principal. Y es ésta la causa de que el pago mensual se dispare, como mencioné anteriormente.

La misma complicación se da con los préstamos globo *(balloon)*. En este tipo de préstamo se hace una serie de pagos, con interés fijo o variable, por un tiempo determinado en el contrato, y al cabo de finalizado el periodo tienes que pagar la deuda en su totalidad. Por ejemplo: obtengo un préstamo globo de 150 mil dólares. El interés es de 7% por siete años amortizable en treinta años. El pago sería de 997.95 dólares mensuales por ochenta y cuatro meses (siete años). En el mes número ochenta y cinco tendría que pagar 137,519 dólares para vencer el préstamo si quiero evitarme serios problemas. "Ahhh… bueno, pero en ese momento financio o vendo la casa", podrías argumentar. Es una posibilidad. Pero toma en cuenta que no necesariamente podremos refinanciar o vender la casa cuando queramos y al precio que pensamos. La crisis hipotecaria enseñó a muchos que a veces la casa no se puede refinanciar cuando uno quiere ni venderse al precio que uno quiere.

Estos préstamos no son buenos ni malos: son complicados. Es cierto que los préstamos fijos tienden a ser más caros que los préstamos con interés variable. Y que en periodos de alto interés, es posible que el financiamiento salga más caro. Otra crítica que se puede hacer a los préstamos con tasa fija es que, si quieres sacar ventaja de una baja de la tasa de interés —suponiendo que el interés sea muy alto— , tengas que refinanciar e incurras en otros costos.

A pesar de todo, prefiero la regla simple; la repito: cuando tienes a tu disposición dos opciones que compiten entre sí y que pueden llevarte a obtener el mismo fin, escoge la más simple, la vainilla.

¿Cómo sé si estoy comprando caro?

Estamos buscando casa. Ya tenemos el segundo piso cubierto, hicimos nuestros cálculos, tenemos el enganche y sabemos lo que podemos afrontar de préstamo: 160 mil dólares. Pero cómo podemos saber si el precio de la casa que estamos pagando es justificable o no. ¿Hay alguna manera de saberlo?

Has tocado un punto sumamente importante y fascinante. ¿Cómo saber si lo que estoy comprando vale lo que indica su precio? Me cuestiono si los que compraron durante la "euforia hipotecaria" de 2004 a 2007 se hicieron la misma pregunta.

Mucha gente compró cuando los precios estaban en la cresta de la ola. Cuando éstos se desinflaron, el precio de las propiedades descendió hasta 30% menos de lo que se había pagado originalmente por ellas. ¿La razón? Compraron a un precio artificialmente alto.

Observa el siguiente ejemplo en el que usamos la variación de precios en Miami, uno de los epicentros de la euforia hipotecaria. Entre 1987 y 2000, el precio promedio de una propiedad en Miami aumentó cerca de un 3% anual. Digamos que si yo hubiese comprado una casa de cien mil dólares en 1987, y siguiendo esa apreciación anual, la propiedad hubiese costado aproximadamente 178,174 dólares en el punto más alto de la euforia (finales de 2006). Según los precios en el área para esa época, el precio estaría en alrededor de 408,767 dólares. Una vez que la burbuja explotó, los precios tenían que caer para volver a su nivel histórico.

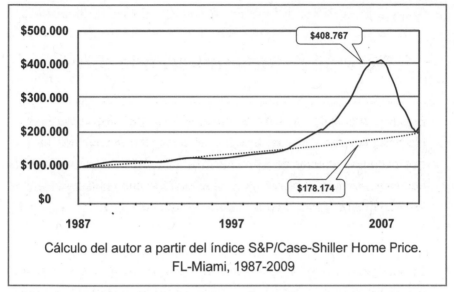

Gráfica 8. Si hubiera comprado a $100.000 en Miami (1987)

El que compró cuando los precios oscilaban alrededor de su nivel histórico —antes de la cresta— y vendió durante la cresta está brincando en una pierna de alegría. Pero el que compró durante esa subida —que fueron muchos—, "no está bailando y se quedó sin piernas". También está sufriendo el que se endeudó sacando más dinero de la casa para remodelar la propiedad.

Esto es un ejemplo claro de que valor y precio no siempre van de la mano, de que el precio del mercado no necesariamente representa el valor de la propiedad. El precio de algo está determinado por la oferta y la demanda. El exceso de dinero en la economía, combinado con la flexibilidad de préstamos hizo que la demanda floreciera aumentando así los precios. Los precios aumentaban por la presión de la demanda. Una vez que se cerró la llave del crédito, la demanda se redujo y los precios cayeron en picada. El precio estaba artificialmente sostenido sobre una oferta de dinero creada artificialmente.

Es cierto que el mercado ayuda a determinar el precio de las mercancías, y no necesariamente es siempre en beneficio de los consumidores. Aunque los eventos de la "euforia hipotecaria" son una excepción de la regla, nos recuerda que no podemos entrar al mercado de bienes raíces dándole la espalda a estas realidades. Cuando digo que tenemos que preguntarnos "¿es negocio?", una de las investigaciones que debemos hacer es si el precio de la propiedad está por encima de su valor. ¿Cómo saber si la propiedad que estamos comprando vale realmente lo que dice el mercado que vale? Ponerle precio a una propiedad es más arte que ciencia. Y con esto quiero decir que hay mucha subjetividad al adjudicarle el precio.

Teniendo en cuenta lo anterior, tenemos que manejarnos con parámetros y márgenes. Los tasadores usan básicamente tres métodos: precio de "ventas comparativas" en el área, el de "costo" —cuánto costaría construir la casa con los precios actuales de los materiales restando cualquier depreciación— y el método de "ingreso" —cuánto debe producir la propiedad como mínimo para justificar la compra. Este último se usa mucho en la compra y venta de propiedades comerciales y de inversión que van a generar ingresos.

El más popular y más fácil de aplicar es el precio de "ventas comparativas" en el área. Básicamente consiste en hacer una comparación de los precios (de venta, ya vendidas, por metro o pie cuadrado) de casas similares (número de cuartos, baños, tamaño, etcétera) en un área específica durante un periodo determinado (semanas, meses o años). Aunque algunos usan métodos más sofisticados que otros —estadísticas, por ejemplo—, básicamente el principio es determinar el precio de la propiedad a partir del precio de otras casas similares.

Supongamos que María desea comprar una casa y que ha calculado que el precio máximo que puede afrontar es 170 mil dólares. Tiene hijos menores de edad y debe tomar en cuenta la distancia al trabajo, la cercanía a la escuela, el supermercado, los restaurantes, las tiendas y las compañías que generen empleo en el área. Supongamos ha identificado una casa a su gusto. El precio de lista —lo que el vendedor pide— es 168 mil dólares. Busca casas en el área con las mismas características y construye una tabla como la siguiente.

Dirección	Cuartos	Baños	Pies^2	Garaje	Precio de lista	Precio de venta	Diferencia	Precio por pie^2
Calle 7 XZ 50	4	2	1800	Sí	$169,000			$93.33
Calle 9 AB 51	4	2	1779	No	$152,000	$149,000	1.97%	$85.44
Calle 5 RT 52	4	2	1699	No	$150,000	$148,500	1.00%	$88.29
Calle 15 YU 53	4	2	1750	Sí	$149,000	$147,000	1.34%	$85.14
Calle 22 UO 54	4	2 1/2	1850	Sí	$160,000	$156,000	2.50%	$86.49
Calle 30 QW 55	4	2	1799	Sí	$140,000	$138,000	1.43%	$77.82
MARGEN			151		$28,000	$18,000		$78 $89
PROMEDIO			1775		$153,167	$147,700		$86.64

Tabla 11. Cómo comparar precios de casas.

Observa que el precio de 168 mil dólares está por encima del precio promedio de lista. Incluso si lo comparas con el precio por pie cuadrado, es mayor. Incluso el pie cuadrado está por encima del promedio y del margen de 78 a 89 dólares por pie cuadrado. Esto representa una señal de alerta. Incluso observa que la casa de la calle 22 tiene más pies cuadrados, garaje, medio baño más y el precio es menor. Claro que María tendrá que ver las casas que puso en la lista y revisarlas. Así podrá tener una idea más clara de la comparación. María no se enamora de la nueva cocina o una puerta francesa. Con libreta en mano, compara e incluso lleva a otra persona para revisar y hacer apuntes. Con esta información María tiene una idea más clara de dónde está el precio de la casa que le gusta. Conociendo la apreciación anual de las propiedades en el área (al menos un mínimo de diez años y tomando en cuenta los periodos anormales), más la información que obtenga de un agente de bienes raíces (que esté familiarizado con el área) y la del tasador (que sea honesto y profesional), ella tendrá un panorama más claro de si el precio de 168 mil dólares está en la mira o no.

Es importante que este análisis se ponga en contexto histórico. Hay que analizar los precios históricos de las propiedades en el área. Retroceder diez años o más —en el caso de casas que tienen más tiempo de construidas— si es posible. Si hubo una subida en el precio, investigar el porqué y si es razonable. Hay que cuestionar el precio.

El secreto es no pagar de más. Aunque este análisis no sustituye el trabajo de un tasador, al menos te da parámetros reales para comenzar a determinar si el precio de la propiedad es razonable.

¿Cómo acorto el préstamo en menor tiempo?

Hace cinco años saqué un préstamo hipotecario de 250 mil dólares. El préstamo es a treinta años y un interés fijo de 8%. Me gustaría pagar la casa en quince años para ser dueña en menos tiempo. Pero no sé cuánto debería aportar mensualmente, cuánto me ahorraría en interés al final del préstamo y si es una buena estrategia.

Primero analicemos los números. Si estás pagando cerca de 1,834 dólares por la hipoteca a treinta años, ya has pagado cinco años. Si quieres terminar de pagar en quince años, tendrías que enviar religiosamente cerca de 447 dólares mensuales adicionales para lograr tu meta.

	30 años	15 años	Diferencia
Pago mensual	$1,834	$2,271	$437
Interés total	$410,240	$256,581	$153,659
Pago total	$660,240	$506,581	

Si aumentas el pago mensual a 2,241 dólares, suponiendo que el contrato te permita aportar dinero al principal, podrás pagar la hipoteca en quince años. Reducir el principal de una hipoteca de treinta a quince años se refleja a la larga en menos gastos y, consecuentemente, en mayor ahorro. Observa que tu plan reduciría el préstamo en diez años, ahorrándote miles de dólares en intereses.

No es mucha ciencia saber que entre más dinero aportes al principal, menos interés pagas. Pero, ¿es necesariamente la mejor opción? Aquí es donde está el quid del problema. Considera las siguientes preguntas. ¿Dispones de 437 dólares para ese fin, sin arriesgar otras áreas de tu economía personal? Puede que tengas el dinero disponible sin problema alguno, pero, ¿es prioritario dedicar ese dinero al pago de la hipoteca y dejar de cubrir otras áreas más importantes? Puede que sea prioritario, pero, ¿conviene invertir ese dinero de esa forma o conviene buscar otras áreas donde genere más o diversifique? Analicemos las preguntas una por una.

¿Dispones de ese dinero? Supongamos que tienes las prioridades cubiertas. ¿Dispones de esa cantidad mensualmente para terminar de pagar más temprano? Si no cuentas con ese dinero, podrías conseguirlo aumentando tus ingresos, ahorrando y/o cortando gastos. Pero hay que hacerlo siempre y cuando no pongas en riesgo tu salud económica. ¿Acaso conviene buscar 437 dólares mensuales a costa de no satisfacer necesidades básicas en el hogar, trabajando dieciséis estresantes horas al día y afectando a la familia? La respuesta es no.

¿Es prioritario? Supongamos que, después de hacer los cálculos necesarios, dispones del dinero para hacerlo. Pero, ¿es prioritario? Te presento el siguiente caso. Quiero pagar la casa para liberarme de la responsabilidad. Pero tengo sólo mil dólares en la cuenta de ahorro, con tres hijos pequeños, un trabajo, no tengo seguro de vida ni de salud ni de incapacidad y las deudas rebasan el 36%. ¿Crees que sea prioritario terminar de pagar la casa en un plazo menor? Es importante… pero, ¿es urgente? ¿Qué pasa si mañana tienes un accidente y quedas incapacitado? ¿Cómo te proteges si no tienes dinero en efectivo? Bueno, dirás que sacando dinero de la casa. Cierto. Pero, ¿crees que te otorgarán un préstamo si no tienes ingreso? Digamos que sí. ¿Cuánto tiempo pasará? ¿Cómo cubrirás los gastos médicos, los gastos de los hijos, etcétera? ¿Tienes dinero suficiente en la casa para cubrir todo eso? ¿Y si falleces? ¿Cómo cubrirán tus hijos el costo de la casa, la escuela y las otras responsabilidades hasta que sean independientes?

He conocido casos de personas que pagan la casa, pero no tienen una buena reserva de emergencia, ni el portafolio de seguros al día y las deudas fuera de control —exceptuando la casa. Por eso, antes de pensar en reducir el préstamo de la casa, debemos ver si nuestra reserva de emergencia está completa, si el portafolio de seguros está al día y revisado y si las deudas están bajo control.

¿Conviene? Digamos que tus necesidades están cubiertas y tienes el dinero disponible, ¿debes hacerlo? Digamos que dispones de los 437 dólares. Tu empleador te ofrece un plan de retiro en el que aporta el 50% de lo que tú aportes hasta un máximo de 5% de tu ingreso en efectivo. Esto representa casi 219 dólares mensuales que te estarías ganando con sólo ahorrar. Con un 7.93% de rendimiento bruto, esto representa casi 155 mil dólares. A esto súmale el beneficio impositivo de la deducción de tu salario. ¿No crees que sería más conveniente destinar ese dinero al plan de retiro?

Si respondes afirmativamente las tres preguntas (¿dispones de ese dinero?, ¿es prioritario? y ¿conviene?), te sugiero que aportes la cantidad que pagas en un mes dividida en doce partes iguales y lo envíes con el pago mensual. Es como hacer un décimotercer pago, pero dividido en doce meses. En tu caso, si el pago actual es de 1,834 dólares, envía 152.83 dólares adicionales mensualmente para aportar al principal. Esto ayudaría a reducir cerca de siete años de pagos. Además, usarías una parte del dinero que dispones para esto y a la vez puedes seguir aportando al plan de retiro o crear otras inversiones, diversificando el portafolio.

Amortiguar el préstamo para reducir el costo de financiamiento es una buena estrategia si se dispone de los ingresos para ello, si se cumple con las prioridades y si el beneficio de invertir el dinero en otro producto es menos rentable.

¿Qué es un "reverse mortgage"?

Mis padres han vivido en su casa por treinta años y está pagada. Tiene un valor de 300 mil dólares y quieren sacar este tipo de hipoteca, pero realmente no entendemos. Quisiera saber qué es un "reverse mortgage".

Veamos un ejemplo. Digamos que tengo sesenta y dos años de edad. Estoy viviendo en una casa tasada en 200 mil dólares. Mis ingresos en el retiro provienen del seguro social y de una pequeña pensión. Quiero sacar dinero de mi casa para aumentar mis ingresos mensuales. Tengo dos opciones para usar dinero de la casa: venderla o hipotecarla.

La primera opción es buena pero tendría que vender y es posible que no pueda adquirir otra casa con ese dinero, o con las comodidades que tengo, o que simplemente no pueda encontrar un comprador que me pague lo que quiero. La segunda opción no es la mejor porque tendría que aumentar mis gastos para pagar el préstamo. Es en esta situación en que es útil el *reverse mortgage* (existen varias traducciones de este concepto: hipoteca reversible, hipoteca invertida, hipoteca reversa, hipoteca revertida). La institución de préstamo (banco o gobierno) me ofrece una cantidad de dinero sobre el valor de la casa a cambio de que le pague cuando venda la casa, me mude permanentemente o fallezca. Claro que la cantidad va a estar condicionada al valor de la casa —la cantidad depende de la edad, el interés en el mercado y el valor de la casa según la tasación o el límite máximo permitido. Y es sobre esa cantidad límite que se decide la forma en que recibiré el dinero: de una vez, en forma de pagos periódicos (mensuales) o en una combinación de ambos.

Supongamos, a manera de ejemplo, que para la casa de 200 mil dólares, el préstamo límite es de 115 mil dólares. Los costos de comisión al prestamista, el seguro de hipoteca, otros costos de cierre y un monto para cubrir los costos de servicio podrían sumar 14 mil dólares. Quiere decir que podría disponer de 101 mil dólares (puede ser más o menos, dependiendo del tipo de financiamiento). ¿Cómo recibiría esta cantidad? A lo mejor me toca recibir un pago mensual por un periodo determinado de años o hasta que muera. Puedo tener la opción de que me abran una línea de crédito o me den una cantidad de un golpe. O que me den una parte ahora y otras en varios pagos. El punto es que hay diferentes formas de recibir el dinero.

Aunque no haya que hacer pagos, hay una deuda pendiente y aumenta según el interés acordado en el contrato, que puede ser fijo o variable. Si vendo la casa, me mudo permanentemente, me quedo más de doce meses fuera de la propiedad, por una enfermedad o porque fallezco y soy único dueño, los acreedores van a exigir su principal más los intereses acumulados. Los herederos, si quieren la casa, tendrán que pagar la cantidad que se adeuda o la casa tendría que venderse para que el acreedor cobre su parte.

Si es un préstamo *recourse* y la deuda es mayor que el valor de la casa, los acreedores podrían solicitar la intervención de los activos dejados a los herederos.

Si, en cambio, escogí el pago mensual de 600 dólares y me pagarán hasta que fallezca, ¿está el pago seguro? Depende. Si es un préstamo que está asegurado por el gobierno, es el gobierno quien respalda el pago en caso de que el banco no cumpla con su función. A este tipo de hipotecas se le conoce como *Home Equity Conversion Mortgages* (HECM) y las garantiza el Departamento de Vivienda y Desarrollo Urbano (HUD, según su sigla en inglés). Si es un préstamo *proprietary reverse mortgages*, el responsable final es el banco. Como la mayoría de los préstamos reversibles no están asegurados por el gobierno y sólo dependen de la capacidad de pago del banco, en el caso de querer un pago estable y constante para generar un flujo de ingreso, es mejor considerar como primera opción los que están respaldados por el gobierno.

Éste es un ejemplo sencillo en el que el límite, los costos del préstamo y la forma de pago dependen de muchos factores como la edad (a mayor edad, más se recibe), otros préstamos de la casa, precio de la propiedad, el interés, etcétera. Como dicen por ahí, "el diablo está en el detalle".

Veamos otro ejemplo. Los préstamos HECM tienen un interés menor, pero el límite del préstamo también lo es, y por tanto hay menos dinero disponible. Existen préstamos respaldados por Fannie Mae que cubren un monto mayor, pero el interés es más alto. Y debes saber una cosa más: antes de solicitar una hipoteca reversible debes acudir a un asesor especializado en este tipo de producto financiero. El prestamista podría proveerte un asesor de una agencia aprobada en tu área. Hay una lista de asesores aprobados en Estados Unidos por el HUD. La labor del asesor es que sepas en qué consiste la hipoteca reversible para que conozcas tus opciones y asistirte en determinar cuál de éstas te conviene más. Lo importante es que investiguen antes de tomar una decisión. En primer lugar, no des información cuando no hayas hecho solicitud alguna. En segundo lugar, aprende acerca del tema lo más que puedas, y debes estar alerta porque hay lobos vestidos de cordero.

Ahora imagina que aún debes 70 mil dólares del préstamo de tu casa. Te ofrecen una hipoteca reversible para sacar dinero de la casa sin perderla ni tener que venderla. Te convencen y haces el acuerdo. A cambio recibes 94 mil dólares. De esa cantidad, una parte la destinas a pagar el monto de la hipoteca y los 24 mil restantes los gastas como desees. Tiempo después recibes la noticia de que tu antiguo banco reclama el pago inmediato de 70 mil dólares o te embargan la casa. ¿Qué pasó? El que te tramitó la hipoteca reversible, en vez de cancelar la deuda de los 70 mil, se robó el dinero. Éste es un caso real dado a conocer por los medios a propósito del incremento de los fraudes en las hipotecas reversibles. Dichos fraudes son perpetrados por los llamados "ingenieros del fraude". Con esa cantidad de "oro en cemento", los profesionales con permiso legal para operar en la industria hipotecaria, servicios financieros y otras entidades buscan sacar el patrimonio de aquellos ciudadanos de sesenta y dos años de edad o mayores que creen que todos los profesionales son honestos. Estos individuos hacen uso de medios legítimos como iglesias y ofrecen seminarios gratuitos y "educativos". También utilizan los medios de comunicación y vallas publicitarias o publicidad directa para persuadir a los propietarios de casas. Según el FBI, en muchos de los esquemas de fraude reportados, les ofrecen a las personas mayores casas gratuitas, inversiones en otras propiedades, oportunidades de inversiones, asistencia para refinanciar o evitar el embargo. Las siguientes son algunas formas comunes de fraude.

La creación de **bultos financieros** en los que se ofrece al dueño de la casa sacar dinero de una vez con una hipoteca reversible y usarlo para comprar productos de inversión con supuestos altos rendimientos o productos de seguro que no son recomendables para la persona y que incluso ponen en riesgo el patrimonio.

Hacer **mejoras innecesarias**. Los agentes hipotecarios, en contubernio con contratistas o diseñadores de interiores, seducen a los dueños para que adquieran una hipoteca reversible para hacer mejoras a la casa, que no son recomendables desde el punto de vista financiero. Los argumentos son muchos: "arréglala para después venderla", "tú te mereces un retiro mejor", "la casa sube de valor", etcétera. Dichos individuos ganan en la construcción, además de obtener una jugosa comisión en la venta de la hipoteca, mientras que el dueño no recupera todo el dinero que pone.

Recomendar sacar dinero usando una hipoteca reversible por una supuesta estrategia de **plan de herencia**.

¿Se puede concluir que las hipotecas reversibles son un producto que no conviene? No. Como todo tipo de producto financiero, en algunos casos se justifica, y hasta podría ser la mejor opción. En otros casos es la peor opción. Depende de cada caso. El problema está en que los cantinflas financieros no buscan satisfacer las necesidades de los consumidores sino saciar su ansia de sacar el oro sin importar la catástrofe financiera que dejan en su camino. Es por eso que hay que ser meticulosos. En la tabla siguiente encontrará una lista de preguntas comunes al respecto.

Preguntas comunes sobre las hipotecas reversibles

¿Quién cumple con los requisitos?

- Tienes que ser dueño de la propiedad.
- Haber cumplido por lo menos sesenta y dos años de edad.
- La hipoteca tiene que estar pagada o casi completamente pagada.

¿En qué casos no conviene?

- Cuando deseas dejar tu propiedad libre de gravámenes para tus herederos.
- Cuando tienes otros recursos menos costosos para alcanzar tus metas financieras.
- Cuando sea una costosa forma de pedir prestado.

¿Cuáles son las ventajas?

- Puede ayudarte a aumentar los ingresos e incluso mejorar tu estándar de vida.
- Permite que permanezcas en tu casa y retengas los derechos de propiedad.
- El dinero que recibas de tu hipoteca reversible está libre de impuestos.

¿Cuáles son las desventajas?

- Es confuso, complejo y muchas veces se necesita consejería.
- Podría resultar más costoso que otro tipo de préstamos.
- Aunque el ingreso recibido se considera como un préstamo y no como ingreso (por tanto no afecta seguro social y está exento de impuestos), puede afectar la elegibilidad para obtener beneficios como Medicaid, SSI y Medicare. Como siempre, se recomienda que consultes con tu consejero de impuestos para más detalles.

¿Qué tipo de planes de pago existen?

- **Pago mensual:** recibes un cheque mensual por el tiempo que habites en la casa.
- **Líneas de crédito:** puedes obtener dinero a medida que lo necesites y la cantidad que necesites.
- **Adelanto total en un solo pago:** una cantidad única que se suministra al cierre.
- **Modificado:** combinación de las modalidades arriba mencionadas.

¿Qué preguntas hacer si decido pedir la hipoteca reversible?

- ¿Cuánto dinero necesito?
- ¿Hay alguna forma de cubrir mis necesidades sin tener que usar esta hipoteca?
- ¿Afectará de alguna forma la elegibilidad y los beneficios recibidos del gobierno?
- ¿Cumplo con los requisitos?
- ¿Cuánto puedo pedir prestado con una hipoteca reversible?
- ¿Cuánto me costará en gastos e intereses, incluso si no dispongo de dinero para cubrir los gastos de cierre?
- ¿Tengo que vender mi casa antes de morir para pagar una hipoteca reversible?
- ¿Qué pasa si yo muero y mi socio está aún vivo y viviendo en la casa? ¿Tendrá que dejar la casa o tendrá que pagar el préstamo en su totalidad?
- ¿Qué pasaría si tengo que mudarme a una casa de cuidado de ancianos? ¿Se vence el préstamo o tengo que pagarlo?
- ¿Cuánto le queda a mis herederos en caso de que fallezca?
- ¿Hay alguna penalidad por pago adelantado del préstamo?
- ¿Cuáles son mis obligaciones si adquiero una hipoteca reversible en cuanto al mantenimiento de la casa, el pago de impuestos a la propiedad y seguros?

Cosas esenciales que debes conocer

- Determinar si realmente necesitas una hipoteca reversible o si otro tipo de préstamo sería mejor para ti. Dependiendo de tu situación financiera, podrías ser elegible para alcanzar tus metas con otro préstamo menos costoso que le diera solución a tus necesidades.
- Consultar con un consejero aprobado por HUD para que te ayude a decidir si este tipo de hipoteca es para ti.
- Ver si el proveedor del préstamo está aprobado por HUD.
- Busca y compara: no todas las hipotecas son iguales.
- Considera si puede hacer que no cumplas con los requisitos para obtener beneficios del gobierno.

Retiro

Todos queremos vivir cómodamente durante el retiro. ¿Y qué significa *cómodamente*? Bueno, depende de muchos factores: preferencias, responsabilidad económica durante el retiro, activos acumulados, edad, nivel de ingreso, nivel de precios, impuestos en el futuro, etcétera. Como parámetro general de una familia promedio en Estados Unidos podemos decir que necesitaremos como mínimo ahorrar un 16% de nuestro salario para mantener el mismo nivel de vida que gozábamos antes de la jubilación. Si esto es correcto, ¿de dónde crees que saldrá el dinero para vivir cómodamente durante el retiro? La mayoría quiere que ese dinero salga de los bolsillo de otro, ya sea del gobierno o de la empresa privada. Esos bolsillos son: Seguro Social, fondo de pensión público, empleador. Es muy cómodo que otro pague, pero la idea no es viable para la mayoría de nosotros. ¿Por qué? Porque ellos tienen el bolsillo quebrado.

Seguro Social. ¿Crees que pagamos lo suficiente para justificar el dinero que recibiremos en el retiro por el seguro social? No lo creo, por tres razones: *1)* el modelo que se usa paga más de lo que debería; *2)* pagan por más años de lo que realmente trabajamos;

y *3)* nos retiramos antes de la fecha oficial. En general, recibimos más de lo que aportamos. Además, no olvides que no sólo el asegurado obtiene dinero: también reciben su viuda y sus hijos. Cada vez más y más personas entran en el fondo a recibir beneficios.

Según un informe del administrador del Seguro Social, para 2010 el Gobierno no tiene los aproximadamente 15 billones de dólares que debe pagar en beneficios a quienes se jubilen a partir de entonces. En otras palabras, el Gobierno ha prometido más de lo que puede pagar. La economía norteamericana produce al año cerca de 13 billones de dólares. Esto significa que el Gobierno tiene una deuda mayor de lo que el país produce actualmente. Entonces, ¿podemos confiar en que el gobierno *será* la fuente del retiro? No podemos confiar en eso, por varias razones. En primer lugar porque lo que nosotros pagamos sólo cubrirá una parte del dinero que necesitaremos en el futuro. O sea que si queremos tener el mismo estándar de vida del que gozamos hoy, no debemos confiar en que el Seguro Social cubrirá el total de la factura. En segundo lugar, en las condiciones actuales del seguro social, de seguir existiendo, lo lógico es que los beneficios disminuyan, los impuestos aumenten y/o atrasen la edad oficial del retiro. Y en tercer lugar, nuestra esperanza de vida es casi el doble que la de las generaciones pasadas.

La revista *The Economist* publicó un reportaje acerca del retiro en las naciones más desarrolladas. En el reportaje se revela que quienes se han jubilado viven dos veces la cantidad de años que vivían una o dos generaciones anteriores. Según información que han reunido la revista y la OECD (Organisation for Economic Cooperation and Development), la esperanza de vida después del retiro es mayor que en años anteriores. Por ejemplo, en Francia, donde la edad de retiro es sesenta años, la esperanza de vida después del retiro durante el periodo de 1965 a 1970 era de casi diez años; ahora es de casi veinticinco años. En España, donde la edad de retiro es sesenta y cinco años, la esperanza de vida después del retiro subió de diez a más de veinte años. El caso de Estados Unidos es similar, aunque en este país la edad de retiro es sesenta y seis años de edad.

Este panorama plantea una pregunta inquietante: ¿de dónde saldrán los recursos para mantenernos durante el retiro? Piensa que ahora los años de retiro son más, con la consecuente carga adicional en alimentación, vestimenta, servicios de salud, y la lista sigue... No creo que el Seguro Social pueda hacer frente a esta demanda.

Fondos de pensión estatales y locales. Estos fondos enfrentan el mismo problema que el Seguro Social. El Pew Charitable Trusts, un instituto de investigación confiable, publicó un estudio acerca del desembolso que tienen que realizar los cincuenta estados de la nación en las próximas tres décadas —cerca de tres billones de dólares— en concepto de pensión, cuidados de salud y otros beneficios para empleados públicos. En la actualidad sólo cuentan con ochenta centavos de cada dólar que necesitan. Y hay ocho estados que sólo tienen sesenta y seis centavos de cada dólar.

Algunos dicen que el problema es mayor. Los profesores de finanzas Robert Novy-Marx, de la Universidad de Chicago, y Joshua Rauh, de la Universidad Northwestern, afirman que el monto de las promesas sin respaldo económico puede ser mucho más alto de lo que se presenta debido a que los estados suponen que el fondo de inversión generará un rendimiento más alto de lo que realmente será. El problema es real. Recuerdo haber tenido la oportunidad de dirigirme a un grupo de más de cuatrocientas personas en edad cercana al retiro, y su frustración era obvia al darse cuenta de que no tendrían el dinero suficiente para vivir sin trabajar. En parte porque ellos usaron su dinero para cancelar préstamos. Pero también porque no había dinero suficiente.

Los administradores del fondo de pensión público habían prometido pagar a los presentes y futuros jubilados cerca de diez dólares por cada dólar que tiene actualmente el fondo. Entonces, ¿podemos confiar en que los fondos de pensión públicos *son* la fuente para el retiro? La respuesta es no.

Fondos de pensión de las empresas. ¿Podemos confiar en que los fondos de pensión de las empresas nos cubran en el retiro? No lo creo: ése es otro dinosaurio en peligro de extinción. Watson Wyatt, una firma de consultoría de recursos humanos, informó el año pasado que cien de los planes de pensión corporativos más grandes del país estaban cortos por 217 mil millones de dólares. O sea que tenían 0.79 centavos disponibles por cada dólar que se comprometen a pagar. El problema es tan grave que la Corporación de Garantía de los Fondos de Pensión (The Pension Benefit Guaranty Corp.) —que asegura parte de los fondos en caso de que una compañía se vaya a bancarrota— ya tiene un déficit de más de 11 mil millones de dólares.

¿Podemos confiar en que las empresas proveerán *la* fuente para el retiro? Otra vez la respuesta es no.

A todas estas fuerzas en conjunto se les llama "la tormenta perfecta". La población de la tercera edad es vasta y está en crecimiento, además de que la esperanza de vida ahora es mayor. Se reciben cada vez menos beneficios del seguro social —en comparación con nuestros antepasados— y a la vez el programa público se endeuda más. Asimismo las empresas están trasladando la responsabilidad del retiro a nuestros bolsillos.

La realidad es ésta: no podemos delegar la responsabilidad de nuestro retiro en manos del gobierno ni de las empresas porque están prometiendo más de lo que pueden cumplir. Es tiempo de darnos cuenta de que las fuentes principales de nuestro retiro son lo que ahorremos y acumulemos nosotros mismos. Eso es algo que sí podemos controlar y en lo que sí podemos confiar.

¿Qué es un 401(k) y cómo funciona?

Fuimos con unas compañeras de trabajo a una orientación sobre el plan de retiro que nos ofrece el hotel para el que trabajamos. Le llaman 401(k). Un señor muy serio nos habló durante casi dos horas y nos decía hagan sus preguntas. No entendimos nada de lo que dijo. ¿Nos podrías explicar en español sencillo qué es ese plan y cómo funciona?

Sé a lo que te refieres: muchos de esos expertos hablan para sí mismos, no para los demás. ¿Pero qué es el plan 401(k)? En el código legal de Estados Unidos —las leyes del gobierno federal— existe el código de rentas internas. En éste hay una sección sobre los planes de retiro. En esta parte hay un párrafo con el número 401(k). Es precisamente en este párrafo donde se establecen las reglas de cómo crear este plan de retiro específico —hay otros con otras reglas y en otros párrafos.

En otras palabras, es un plan de retiro, y el que elige la mayoría de los empleadores. En el 401(k) —también se le conoce como CODA, que son las siglas de *cash or deferred arrangement*—, el empleado puede pedir que se le retire de su salario una cantidad de dinero específica (un 5%, por ejemplo) y que se ponga en un fideicomiso *(plan trust)* cuya responsabilidad es administrar ese dinero (ver la **Gráfica 9.** en la página siguiente).

Gráfica 9. Cómo funciona el 401(k).

El plan funciona de la siguiente forma:

1. El empleador puede aportar al plan remitiendo el dinero al fideicomiso.

2. La contribución del empleador se puede deducir del pago de impuestos.

3. El empleado tiene la opción de deducir un porcentaje de su salario o bono y remitirlo al fideicomiso.

4. Esa cantidad es deducible del pago de impuestos, excepto que está sujeto a pago de nómina y seguro social;

5. El dinero se invierte en instrumentos financieros y la ganancia que genere está libre de impuestos durante la acumulación.

6. La distribución se declara como ingreso ordinario (paga impuestos) y puede transferir el dinero a otra cuenta calificada IRA, por ejemplo.

Ventajas

- La cantidad que se aporta al 401(k) se deduce de impuestos.

- El empleador puede que aporte a la cuenta, en cuyo caso recibes dinero "gratis".

- No pagas impuestos sobre el dinero que aporte el empleador.

- Es posible acumular más que en los planes definidos.

- Existe protección de bancarrota por parte de la empresa y de los acreedores.

Desventajas

- El riesgo de la inversión recae sobre el participante.

- No hay garantía de beneficios a futuro.

- El empleador no tiene obligación de aportar, y es posible que no lo haga.

- Si aporta, es posible que no te pertenezca.

- Los costos de inversión y mantenimiento pueden ser altos.

¿Es una buena opción participar en el 401(k) de mi trabajo?

En el lugar que trabajo hay un plan de retiro llamado 401(k). Me dicen que califico para participar en él. Pero no sé. Tengo miedo y no sé si es buena idea y que me garantice que ese dinero estará ahí cuando me retire. ¿Vale la pena participar en un plan que me ofrece la compañía?

Me recuerdas un caso muy similar. Llamémosle Letty. Hace tres años, Letty, de 34 años de edad y residente del estado de Massachusetts, fue a una reunión organizada por su empleador en la que se explicaría en qué consiste el plan de retiro conocido como 401(k). El expositor explicó las opciones para preparar un fondo de ahorro para la jubilación y las opciones de inversión. Sin embargo a ella le daba miedo colocar su dinero en esto fondos.

Como Letty, hay millones de trabajadores que temen sacar dinero de su salario, abrir una cuenta de retiro e invertir el ahorro. Es probable que el bajo nivel de participantes en los planes de retiro se deba en parte a este miedo. Existen estudios que muestran que muchos empleados no se registran en los planes de retiro de forma voluntaria. Pero también pueden existir otras razones: falta de claridad en la información, ineptitud de los administradores del fondo una vez que venden el plan, falta de información, desconfianza, desinformación, etcétera.

El miedo de Letty era normal: cuando se trata de nuestro dinero, tenemos que ser cautelosos. Pero, ¿es una decisión económicamente razonable participar en un plan de retiro? La respuesta es simple: sí, si estás en condiciones.

Los hispanos en Estados Unidos ahorran muy poco para el retiro. Una encuesta reciente muestra que siete de cada diez hispanos tiene menos de cinco mil dólares ahorrados para el retiro. El ingreso promedio para una familia hispana en Estados Unidos es aproximadamente 40 mil dólares, y se estima que una persona necesitará entre el 50% y el 100% de su ingreso para vivir cómodamente cuando se jubile; con cinco mil dólares no cubriría ni sus medicinas. El mensaje es claro: hay que comenzar a ahorrar desde ahora.

Aunque no siempre es ésta la mejor opción: toda regla tiene sus excepciones. Si el dinero que contribuyes al plan lo piensas usar en algo que no sea el retiro, entonces no lo hagas. Claro que no sabes lo que puede pasar en el futuro y puede que tengas que usarlo para otra cosa que no sea el retiro. Pero, salvo esos extremos, el objetivo principal es que el dinero que destines a ese fondo sea para el retiro. No es la mejor opción utilizar el plan 401(k) como reserva de emergencia o como ahorro para viajar o comprar una casa, etcétera. Veamos el siguiente ejemplo. Supongamos que dos personas invierten la misma cantidad de dinero (diez mil dólares) anualmente durante el mismo periodo, en un mismo portafolio hipotético que genera un promedio de 8% de rendimiento bruto. La única variable distinte es que uno comienza a los treinta y cuatro años de edad y el otro a los cuarenta. Esta diferencia de edad hace que el que comenzó más joven genere un valor final de 68% por encima del otro. El tiempo es clave.

Otro argumento a favor de participar en el 401(k) es el de las aportaciones que hace el empleador en beneficio del empleado. Aunque las especificaciones pueden ser distintas para cada plan, generalmente un empleador puede aportar hasta el 50% del 6% del ingreso total que el empleado ahorra en la cuenta (aquí hay unas reglas de excepción pero las omito para hacer el ejemplo más sencillo). Tomemos como ejemplo a un empleado que gana 40 mil dólares anuales y destina el 6% este ingreso (2,400 dólares) al plan de retiro. El empleador, según el plan, podría aportar 1,200 dólares adicionales en la cuenta. Esto representa 1,200 dólares adicionales al año "sin riesgo" —suponiendo que la aportación es en efectivo—. O sea, el 50% en rendimiento sólo por ahorrar. Aunque los empleadores no están obligados a hacer contribuciones —no hay ley que los obligue—, el hecho que lo hagan es una una razón más de por qué sí debemos participar.

En este punto muchos tienen sus reservas porque argumentan que el empleador podría quedarse con el dinero. Aunque la inquietud es justificada, la ley es muy clara en cuanto a esto. Las contribuciones a planes de retiro 401(k) tienen que ser depositadas en la cuenta a más tardar quince días laborales después del final del mes. La compañía que no lo hace recibe duras penalidades. El Departamento del Trabajo es el organismo que impone las regulaciones a los planes de pensiones basado en el Employee Retirement Income Security Act (ERISA: 29 U.S.C. § 1001 y siguiente), que es la ley que establece las reglas del juego de los planes de retiros.

Otro reto que enfrentan muchos como Letty es saber dónde colocar el dinero. Y esto a muchos los lleva a poner el dinero en lugares que no generarían el rendimiento potencial necesario para lograr la meta en el retiro. Algunos estudios indican que muchos planes 401(k) tienden a asignar el dinero que los participantes ahorran en instrumentos de poco riesgo, sacrificando el potencial beneficio de generar mayor rendimiento al invertir en otros instrumentos de inversión. En simple español, muchos planes invierten el dinero directamente en fondos mutuales de mercado de dinero o de renta fija, que históricamente han generado menor rendimiento que fondos mutuales de acciones.

Los motivos de preocupación son justificados, y se deben evaluar uno por uno. Pero esto no disminuye la importancia de un plan de retiro como el 401(k). ¿Es una decisión inteligente participar en el 401(k)? Si estás en condiciones, mi respuesta es dos veces sí.

¿Qué es *vesting*?

Estoy participando en un plan de retiro con mi empleador y me dicen que no todo el dinero es mío. La gente de recursos humanos me dice que si renuncio mañana no obtendría todo el dinero que tengo en mi cuenta actualmente. ¿Por qué? He puesto mi dinero, y mi empleador también.

Es lo que se conoce en inglés como *vesting rule*. En español se podría traducir como "regla de adquisición de derecho". No es otra cosa que el tiempo que debe pasar antes de que un empleado adquiera el derecho irrevocable de obtener lo que aportó el empleador. En otras palabras, tienes que cumplir con ciertos requisitos antes de tomar posesión del dinero que tu empleador aportó. Esta regla se aplica a lo que contribuye el empleador solamente. Lo que tú aportaste es tuyo 100% y de forma inmediata.

Por ejemplo, digamos que llevo cinco años trabajando para la misma empresa. Tengo acumulado en mi plan de retiro treinta mil dólares de los cuales diez mil han sido aportados por mi empleador. Sé que lo que he aportado, veinte mil dólares, son míos inmediatamente. Pero, ¿los otros diez mil dólares? Para saber la respuesta solicito el SPD (siglas del término en inglés *summary plan description*) en Recursos Humanos. Este documento, que resume lo que contiene el plan, aclara lo referente al *vesting rule*. El documento contiene la siguiente información:

Años de servicio	Porcentaje de posesión
3	20%
4	40%
5	60%
6	80%
7	100%

Tabla 12. Adqusición gradual

En mi plan lo que tengo es un *vesting* gradual. Esto significa que el porcentaje de posesión que tengo sobre el dinero aportado por mi empleador aumenta conforme pasa el tiempo que trabajo en la empresa. Como llevo cinco años trabajando en ésta, ya soy dueño del 60% de los diez mil dólares que ha aportado mi empleador. O sea que si renuncio hoy, pierdo el derecho al 40% restante (cuatro mil dólares) aportado por mi empleador. Si quiero tener el derecho a todo, tengo que trabajar en la empresa siete años o más.

Esto es lo que le llaman *vesting* gradual. O sea, que entre más tiempo pase en la compañía, mayor el derecho que tengo sobre lo aportado por mi empleador. Claro que hay diferentes tipos de *vesting*. Algunos dan el derecho a la posesión del dinero de forma inmediata; otros te exigen tres años como mínimo para poder tomar posesión del dinero. A eso le llaman *cliff vesting*. Busca el SPD de tu empresa y estudia la parte de *vesting rule*.

¿Qué hay en el SPD?

Escuché en la televisión que decías que teníamos que leer el SPD. Estoy por registrarme en el plan de retiro de mi empleador. Me entregaron los documentos de registro, pero no el SPD que dices. ¿Es importante? ¿Qué contiene?

Por ley te tienen que dar el SPD. Si participas en el plan de pensión, tienes —observa que digo "tienes", no "debes"— que recibir el resumen que describe el plan o "SPD" (*Summary Plan Description*), que se podría traducir como descripción sumaria del plan. La ley ERISA, que establece las reglas de juego de los planes calificados dice que todos los empleados que participan en el plan deben recibir el SPD.

Sé que muchos participantes reciben el documento y lo tiran a la basura pensando que son más papeles sin sentido o que es puro derroche de dinero de la empresa. No se dan cuenta de que es una ley que exige que se les informe a ellos lo que tiene el plan. Después se quejan porque no les explican lo que tiene el plan.

El quid del asunto es que el SPD es importante, lo debes pedir y lo debes leer, al menos para saber dónde buscar la información cuando la necesites.

¿En qué consiste el SPD? Como indica su nombre, es un resumen del plan que te muestra sus elementos más relevantes. Claro que si quieres conocer el plan en su totalidad, lo que se conoce como *plan document,* tienes que pedir una copia porque es tan extenso que, por razones prácticas, no lo distribuyen. Además, si ni siquiera leen el SPD, ¿crees que van a leer el documento completo? Este resumen, que tiene entre doce y veinte páginas, incluye información relevante como la siguiente:

- ¿Cumples con los requisitos? ¿A partir de cuándo?

- ¿Cuándo y cuánto contribuye tu empleador? (Si lo hace.)

- El calendario de cuándo tienes derecho a lo que contribuyó el empleador (*vesting schedule*).

- ¿Qué requisitos, cómo se aplica y se recibe el retiro de dinero por emergencia (*hardship withdrawal* si se aplica)?

- ¿Qué requisitos, cómo se aplica el interés y cuándo se puede sacar dinero en forma de préstamo (si se aplica)?

- Procedimiento de retiro del dinero, sea en caso de retiro o de transferencia. Incluso lo que tienen que hacer tus beneficiarios en caso de que mueras.

- Lo que puede contribuir el empleado.

- Tus derechos según ERISA (Employee Retirement Income Security Act).

- Información para contactar a los encargados del fondo en la empresa que te emplea, de los administradores y el fideicomiso.

- Proceso de apelación si las reglas no se están aplicando y el contacto en caso de que quieras demandar al plan.

No es que vayas a hacer una tesis sobre el SPD, pero es importante conozcas su contenido y tenerlo a mano cuando necesites consultarlo.

¿Qué hago con mi 401(k) cuando renuncie?

Después de muchos años decidí renunciar a mi trabajo y me voy con uno nuevo. Tengo mi plan de retiro de años donde guardé dinero junto a mi empleador. ¿Qué opciones tengo con el dinero y cuál es la mejor?

Vamos a suponer tres cosas:

1. que tienes derecho de posesión *(vested)*;

2. que no son acciones de la compañía (éste es otro proceso);

3. que no hay préstamos o retiros prematuros.

Tienes tres opciones:

1.	Trasladar todo el dinero a otro plan de retiro calificado (transferencia directa).
2.	Recibir el dinero y después depositarlo en un plan de retiro calificado (transferencia o transferencia parcial).
3.	Recibir el dinero y quedarte con él (distribución).

Fíjate en este ejemplo: Tengo 225,000 dólares ahorrados en mi cuenta de retiro 401(k). Decido renunciar y tengo estas tres opciones. ¿Qué pasaría? Observa la **Gráfica 10.** que sigue.

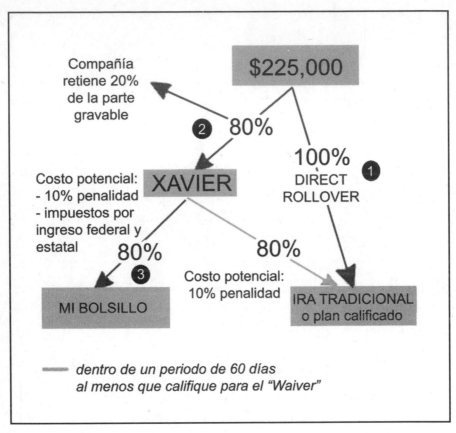

Gráfica 10. Costos del retiro de la pensión al renunciar.

Veamos las opciones una por una.

1. **Hacer transferencia directa.** En vez de darme el cheque, le indico a mi patrono que el dinero lo envíe directamente a una cuenta con características similares: un IRA tradicional u otro plan calificado. Vamos a suponer que la opción es transferir el dinero a un IRA tradicional (no a un Roth porque la situación es distinta y de connotaciones gravables diferentes). En este caso el dinero va directamente a la cuenta sin pasar por mis manos. El patrono no tiene que retenerme el 20% por

pagos de impuestos y debe transferir el 100% de los fondos. Por tanto, la transferencia sería de 225 mil dólares. Y como el dinero se está transfiriendo a una cuenta calificada, no hay retención. El dinero depositado en la cuenta IRA tradicional sigue gozando del beneficio de no pagar impuestos mientras no lo retire.

Si un trabajador consigue empleo en otra compañía que tenga un plan de retiro similar, podría transferir sus fondos del 401(k) al nuevo plan siempre y cuando el plan del nuevo empleador lo permita. Ésta es también una transferencia directa, ya que los fondos pasan directamente y no te retienen dinero alguno.

2. **Recibir el dinero y depositar todo o parte de éste en una cuenta calificada antes del término de los sesenta días.** Digamos que quiero tomar posesión del dinero. En este caso mi empleador me tiene que retener el 20% (45 mil dólares) como posible pago de impuestos. Ahora tengo una ventana de sesenta días para depositar el total o parte del dinero en una cuenta calificada. Si abro una IRA tradicional durante este periodo y deposito todo, debo reportar la retención del 20% al declarar mis impuestos, y vuelve a mí porque no se considera una distribución (= no me quedé con él). En cambio, si me quedo con una parte, no sólo tengo que declarar el dinero que puse que son las aportaciones y la ganancia generada como ingreso; también tengo que pagar un 10 por ciento de penalidad si tengo menos de cincuenta y nueve años y seis meses.

Para algunos esta es una oportunidad de hacerse uno mismo un préstamo por sesenta días libre de impuestos. En realidad puede que sea un préstamo libre de impuestos, pero no está libre de riesgos. Aunque es tentador, hay contingencias que conviene tomar en cuenta. ¿Qué pasa si te despiden del trabajo y te exigen que pagues ese monto en un máximo de sesenta días? ¿Qué pasa si te atrasas? ¿Qué pasa si no tienes dinero disponible para pagar el préstamo?

3. **Recibir el dinero y quedarse con él (distribución).** Esto no es bueno porque se considera una distribución. ¿Qué quiere decir? Que estás tomando posesión de tu dinero y, por tanto, el gobierno cobrará su parte. No sólo se aplica la retención del 20% (45 mil dólares), sino también es posible que tengas una factura mayor si al hacer la declaración de impuestos el 20% no cubre el total de impuestos.

La mejor opción de las tres es hacer una transferencia directa y así evitar que te retengan el 20%.

Esto es un ejemplo sencillo que no toma en consideración la aplicación de leyes estatales y locales, distribución parcial previa, tiempo de estar en el plan, etcétera. Antes de firmar los papeles habla con el IRS, busca un contador profesional y calificado para que te asesore.

¿Está seguro mi dinero del 401(k) de pérdida de inversión y bancarrota?

Con el cierre de empresas, tengo miedo de que la compañía para la que trabajo se vaya a quiebra y que mi dinero del 401(k) no esté asegurado. ¿Está asegurado mi dinero?

¿Asegurado? Depende de cómo entendamos esta palabra. Si se trata de proteger la inversión en caso de pérdida, el dinero no está asegurado. Cuando un plan de retiro es por contribución *(defined contribution)*, como el 401(k), la responsabilidad de la inversión recae en el empleado. Salvo que el plan de inversiones no esté lo suficientemente diversificado para no minimizar grandes pérdidas o que los fondos no hayan sido invertidos prudentemente, toda pérdida está bajo la responsabilidad del empleado. Dependiendo del tipo de inversión que hagas, el riesgo de pérdida es mayor o menor. Eso recae sobre tus hombros.

No obstante, si una compañía se declara en bancarrota, la situación es distinta en cuanto a la seguridad del dinero.

Si el 401(k) fue realizado correctamente como exige ERISA, el dinero aportado y la ganancia generada son tuyos automáticamente, incluido el dinero que aportó tu empleador, siempre y cuando haya sido *vested.* Para que tengas una idea más clara, cuando la compañía se declara en bancarrota, independientemente de que sea a través del Capítulo 7 o del Capítulo 11, el dinero puesto en un plan de retiro sujeto a la ley de ERISA queda excluido de la bancarrota. Por tanto, está protegido y los acreedores no pueden proceder contra ese dinero.

Esto quiere decir que, en la medida en que el plan de retiro esté sujeto a las regulaciones de ERISA, ni tu empleador ni los acreedores de la compañía tienen derecho a disponer de tu dinero. El 401(k) es uno de los planes que están bajo la regulación de ERISA. Según la ley de ERISA, cuando se crea un plan de retiro, las contribuciones hechas por el empleado y el empleador se depositan en un fideicomiso *(trust)* con el *único* propósito de beneficiar a los empleados y sus beneficiarios. Tu empleador no puede meter la mano en el fondo y sacar dinero porque no es suyo. Tu dinero está separado en una cuenta a tu nombre, lo cual significa que es de tu propiedad.

El empleador no puede pedir prestado ni usarlo como colateral ni pagar cuentas con ese dinero que tú contribuyes. Sin embargo, esto no rige para el dinero que él aportó. Esto va a depender si éste fue concedido legalmente (el término en inglés es *vesting*).

Por otra parte, una vez que el dinero ha sido concedido como lo establece el programa y la ley, tienes el derecho de recibir la porción que te pertenece y está protegido de bancarrota. Como dice la canción, "lo que está pa' ti, nadie te lo quita".

¿Roth IRA o Tradicional IRA?

¿Me podrías explicar en forma simple, sin tanto tecnicismo, cuál es la diferencia fundamental entre el IRA y el Roth IRA?

Las cuentas de retiro individual, conocidas como IRA, siguen dominando el mundo de las cuentas de retiro. De los cerca de 14,400 millones de dólares que hay en cuentas de retiro en Estados Unidos, una de cada cuatro es IRA. Ya sea Roth, Tradicional o Keogh (para empleados por cuenta propia), las cuentas IRA siguen dominando el castillo y la colina. Los fondos de estas cuentas ascienden a cerca de 3.7 billones de dólares.

¿Cuál es la diferencia entre el IRA tradicional y el Roth? Las diferencias son varias, y necesitaríamos un libro completo para hablar de ellas. Toma en cuenta que la publicación del gobierno federal dedica ciento diez páginas para explicar estos conceptos desde el punto de vista impositivo. Pero una de las diferencias más notorias y conocidas es el trato impositivo a la contribución del dinero, la ganancia (pérdida) que genere el dinero, la distribución del dinero aportado y la ganancia generada. Si el IRA es deducible —también se conoce como IRA tradicional—, ofrece dos beneficios importantes:

- No pagas impuestos sobre el dinero calificado que contribuyes hasta que lo saques.

- Cualquier interés, dividendo o ganancia de capital que se haya acumulado en la cuenta no paga impuestos hasta que se retire.

O sea, el dinero que deposites (suponiendo que cumples con las regulaciones para poder deducir el 100%) sería deducido de tu ingreso bruto, lo cual reduce el ingreso reportado, lo que a su vez disminuye la factura de impuestos de ese año.

Pero durante el retiro, cuando comiences a sacar el dinero, tienes que pagar impuestos por esa cantidad más las ganancias que haya generado la inversión (suponiendo que no lo saques antes porque hay posibles penalidades). O sea, no pagaste a la entrada pero sí a la salida (la puerta y el botones).

En el caso del Roth IRA es al revés. La cantidad que aportes no es deducible de tu declaración de impuestos y por tanto no disminuye el ingreso que reportas. Pero, contrario al IRA deducible, la ganancia generada por la inversión la sacas libre de impuestos:

- Si dejas el dinero en la cuenta al menos cinco años después de haber hecho la primera contribución.

- Llegas a la edad de cincuenta y nueve años y seis meses (excepto muerte e incapacidad)

Otra diferencia interesante es que el IRA tradicional requiere que comiences a sacar el dinero cuando tienes setenta años y seis meses, y no puedes hacer más contribuciones (a diferencia del Roth que no tiene ninguna de las dos restricciones).

¿Cuál es mejor? El debate es infinito. Algunos prefieren el IRA tradicional; otros el Roth.

Mi posición, hasta ahora, es la "tercera vía". ¿Cuál es? Una sola talla no sirve para todos los tamaños. Hay muchos factores que hay que considerar cuando se selecciona un IRA. Hay que tomar en cuenta la edad de la persona, la tasa marginal de impuestos actuales y futura (uff... difícil de saber con exactitud), la necesidad de deducir ingresos, si la persona recibe o no seguro social, el portafolio elegido y el rendimiento potencial de la inversión.

Así, a pesar de que sigo defendiendo mi posición —la tercera vía—, no he podido conciliar el sueño. Tengo muchas pesadillas cada vez que afirmo "la tercera vía". Ésta es la más reciente.

Por un lado, vi a "Roth IRA" en la cárcel pidiendo ser liberado por ser inocente argumentando tener las pruebas de que él es el rey genuino, mientras "IRA Tradicional" está afuera burlándose y gritando "déjenlo adentro". Ahí estoy, en medio de ambos: uno gritando su inocencia y el otro riendo a carcajadas. De momento aparece un señor con corbata parado detrás de un podio diciendo: "Tenemos que sacrificarnos... tenemos que sacrificarnos". En medio de este espectáculo se me acerca un niño de cinco años con un sombrero de la bandera norteamericana, barba blanca y arrastrando una bola de metal. Me jala el pantalón y me entrega un papelito. Lo abro y lo que leo... ¡BAAM! Me ahogo y me obliga a despertar.

Noche tras noche se repetía la misma pesadilla. Cuando llego al papel y leo... ¡baam! Me quedo sin aire y tengo que levantarme. ¿Qué tiene que ver el señor de corbata, el niño con el sombrero y la barba blanca, la bola de metal y el mensaje del papelito?

Así pasaba el tiempo y no encontraba respuesta.

Un día, al investigar sobre la tasa de impuestos histórica, encontré una tabla que me hizo girar la cabeza. La tabla describía la tasa marginal histórica de 1913 a 2008 aplicada a los casados con mayor ingreso (ver la **Gráfica 11.**).

Cierto que se aplica a los más ricos, pero al observar detenidamente empecé a armar el rompecabezas y a darle sentido a la pesadilla y al mensaje del papelito.

El debate entre el IRA tradicional y el Roth IRA se centra en que, con el IRA tradicional, el dinero que deposites sería deducido de tu ingreso bruto, reduciendo el ingreso reportado y disminuyendo, por tanto, la factura de impuestos de ese año.

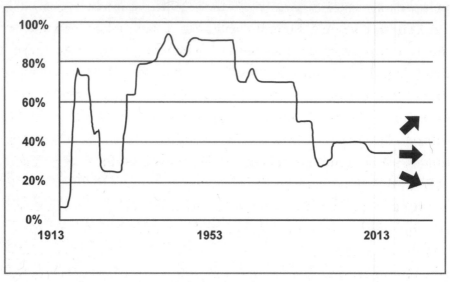

Gráfica 11. Tasa aplicada a parejas con ingreso más alto.
Fuente: Tax Foundation.

Pero cuando retires el dinero después de la fecha estipulada por ley, tienes que pagar impuestos por esa cantidad y sobre la ganancia que haya generado la inversión. O sea, no pagaste a la entrada pero sí a la salida.

En el caso del Roth IRA es al revés. La cantidad que aportes no es deducible y por tanto no disminuye el ingreso que reportas. Pero la ganancia generada por la inversión está libre de impuestos cuando lo retiras después de la fecha estipulada por ley. O sea, pagas a la entrada, pero no a la salida.

Los defensores del IRA tradicional argumentan que, como tendremos una tasa menor de impuestos en el futuro, pagaremos menos impuestos. Y es cierto. Suponiendo que se obtiene el mismo rendimiento en la inversión y el margen impositivo después del retiro es menor que antes del retiro (ejemplo: 28%

ahora y 15% después), el IRA tradicional ofrece más dinero después de impuestos durante el periodo de distribución.

Pero lo contrario también se aplicaría. Si se considera que el margen impositivo después del retiro es mayor que antes del retiro (ejemplo: 15% ahora y 28% después), el Roth IRA ofrece más dinero después de impuestos durante el periodo de distribución. O sea que si la tasa de impuestos de una persona es menor en el futuro, suponiendo que todo se queda igual, el IRA tradicional es una mejor opción. Pero si la tasa de impuestos es mayor, entonces el Roth IRA tiene más sentido.

¿Qué tiene que ver todo esto con el papelito? Bueno, que parece que en un ambiente donde está aumentando el déficit fiscal federal y la deuda del gobierno y se crean mayores gastos públicos, el gobierno va a necesitar más dinero para sostenerse. ¿De dónde van a sacar dinero? Posiblemente del impuesto personal. Si es así, podemos ver un aumento de impuestos en el futuro. Por eso el niño con el sombrero, la barba y la bola de metal sufriendo el sacrificio de seguir el pedido del gobierno que no deja de ser pesado.

Piensa en la siguiente pregunta. Ante una subida de impuestos en el futuro, ¿no debería ser mejor el Roth IRA, en el cual no tienes que pagar impuestos sobre la ganancia? Por eso es que "Roth IRA" se siente preso y reclama su inocencia. A menos que a los políticos les dé por cambiar las reglas del juego, si suben los impuestos es mejor un Roth IRA que un IRA tradicional. Por eso, el "Roth IRA" está en la cárcel pidiendo ser liberado, reclamando ser el rey genuino, mientras "IRA Tradicional" está afuera burlándose.

El señor con corbata parado detrás de un podio representa a los políticos pidiendo más dinero. El niño de cinco años con sombrero de la bandera norteamericana, barba blanca y arrastrando una bola de metal, que me jala el pantalón y me entrega el papelito es el futuro que cargará más impuestos porque el gobierno lo pide.

¿Qué dice el papelito? "La historia no se repite en sí misma, pero sí sus ritmos" —Mark Twain.

Si me dejo llevar por la gráfica, ¿crees que se quedará igual o bajará? Ese ritmo de subidas y bajadas muestra claramente que es más probable que la tasa de impuestos personal aumente en el futuro. Aunque la posible subida de impuestos no va a terminar el debate sobre si el IRA tradicional o el Roth IRA, es bueno que lo tengamos muy presente.

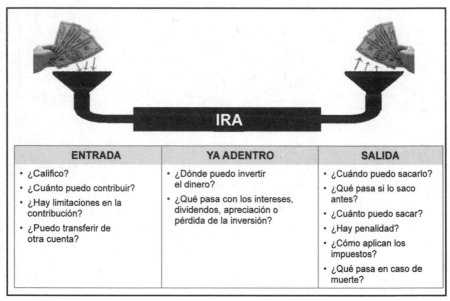

ENTRADA	YA ADENTRO	SALIDA
• ¿Califico?	• ¿Dónde puedo invertir el dinero?	• ¿Cuándo puedo sacarlo?
• ¿Cuánto puedo contribuir?	• ¿Qué pasa con los intereses, dividendos, apreciación o pérdida de la inversión?	• ¿Qué pasa si lo saco antes?
• ¿Hay limitaciones en la contribución?		• ¿Cuánto puedo sacar?
• ¿Puedo transferir de otra cuenta?		• ¿Hay penalidad?
		• ¿Cómo aplican los impuestos?
		• ¿Qué pasa en caso de muerte?

Tabla 13. Preguntas para escoger el IRA que más te conviene.

Inversiones

Vamos a imaginar que te contratan para manejar un portafolio de un millón de dólares. Cada pregunta es una nueva selección de inversión que tiene un valor, y un costo distinto. Entre más difícil la pregunta, más se incrementa la pérdida o la ganancia (que en inversiones se conoce como *volatility*). Si la contestas correctamente, suma la ganancia. Si fallas, réstale la pérdida.

Vamos con la primera pregunta. Por una ganancia de 30 mil dólares y una pérdida de 20 mil dólares.

1. **¿Cuál de los siguientes instrumentos financieros es emitido por el gobierno de Estados Unidos?**

    a. *Commercial Paper*
    b. *IRA*
    c. *Treasury Bill*
    d. *Common Stock*

Opción correcta: *c. Treasury Bill* es lo que en español se conoce como letra del Tesoro y es emitido por el Tesoro del Gobierno de Estados Unidos para financiar sus gastos a corto plazo. El IRA no es un instrumento financiero, sino una cuenta. El *Commercial Paper* es una promesa de pago emitida por las compañías, para financiar generalmente sus operaciones a corto plazo. El *Common Stock* es emitido por compañías.

Por una ganancia de 50 mil dólares y una pérdida de 30 mil dólares.

2.   ¿Dónde es mejor invertir la reserva de emergencia?

 a. En una propiedad

 b. Cuenta de ahorro

 c. En acciones comunes

 d. En el negocio de la familia

Opción correcta: *b.* La cuenta de ahorro está disponible de forma inmediata, al menor costo de pérdida y su valor no fluctúa con el mercado. Recuerda que es una reserva de emergencia.

¿Cómo va el portafolio? Sigamos con la tercera.

Por 110 mil dólares si aciertas. Resta 200 mil dólares si te equivocas.

3.   Tienes 100 mil dólares para invertir en tu retiro, ¿qué estrategia utilizarías para invertir?

 a. Invertir todo en una sola compañía que ha generado un rendimiento promedio de 15% en los últimos cinco años.

 b. Tomar una posición contraria a la apreciación del dólar.

 c. Asignar la inversión entre diferentes clases de activos.

 d. Comprar una póliza tipo variable con opción de inversiones en fondos mutuales.

Opción correcta: *c.* Me refería a una estrategia, no a un vehículo de inversión. Es lo que se conoce como *asset allocation*. Casi el 90% del rendimiento de una inversión proviene de esta estrategia. Es como decir "no pongas todos los huevos en la misma canasta".

Ahora vamos por el premio mayor. Si aciertas ganas 250 mil dólares, y si te equivocas pierdes 400 mil dólares.

4. **Paco sólo vive de cheque en cheque, tiene unos cuantos centavos en el banco y acaba de recibir la noticia de que recibirá 5 millones de dólares después de pagados los impuestos, ¿Qué decisión prudente le aconsejarías?**

    a. Hacer lo que dice un corredor de bolsa: invertir el 60% en una acción con un beta de 2 o abrir una cuenta de inversiones donde te cargan 0.50% de los activos invertidos.

    b. Financiar la compra de una propiedad de 2 millones de dólares que está en construcción en un área con crecimiento potencial.

    c. Comprar 10 mil instrumentos de renta fija del gobierno de Estados Unidos con diferentes tipos de duración de entre uno y treinta años.

    d. Entrar en el club exclusivo de tu amigo invirtiendo el 50% en un fondo de riesgo.

    e. Depositarlo en un money market, darte a la tarea de aprender sobre finanzas e inversiones, establecer una estrategia y luego escoger a los asesores para la ejecución del plan.

Opción correcta: *e.* La palabra clave en la administración del dinero es prudencia. Si no sabes administrar un dólar, menos sabrás administrar millones. He visto a más de uno perder mucho dinero por creer que el tenerlo es sinónimo de inteligencia financiera. Descarta las primeras cuatro opciones porque no debes lanzar la flecha sin saber antes cuál es el blanco y sus consecuencias. En inversiones no actúas sin primero tener un plan. Por eso, la última alternativa es la más prudente.

¿Cómo está el portafolio? ¿Positivo? Si el resultado va por encima del millón, vamos bien. Pero si el portafolio quedó por debajo del millón... ¡Estás despedido!

¿Qué son los instrumentos financieros?

Cuando te escucho en la televisión veo que hablas mucho sobre los instrumentos financieros. ¿Qué son los instrumentos financieros y por qué se llaman así?

Recuerdo una entrevista en un programa de televisión de corte político. Cuando el entrevistado mencionó algo acerca de los instrumentos financieros, la conductora del programa lo interrumpió: "¿Qué es un instrumento financiero? Lo único que conozco son los instrumentos para hacer música? ¿Acaso ahora Wall Street es un conservatorio?"

Aunque suena confuso, los instrumentos musicales son como los financieros. Ambos son instrumentos para lograr un fin. El primero produce sonidos; el segundo representa un valor. De la misma forma que con el primero se pueden hacer ricos y pobres sonidos según su construcción y quien lo ejecuta; lo mismo pasa con los segundos porque depende de su construcción contractual y de a quién representan. De la misma forma que los músicos usan los instrumentos musicales para hacer música, las compañías, gobiernos y entes productivos usan los instrumentos financieros para recolectar dinero que les ayudará a aumentar la producción. Los primeros están hechos de madera, cuerda, aluminio, plástico o cuero; los segundos están hechos en papel o son electrónicos. Y de la misma forma que hay instrumentos musicales —flauta, violín, tambor—, existen los instrumentos financieros —acciones, bonos, garantías, interés en sociedades, etcétera—.

¿Qué es un instrumento financiero? Básicamente es un contrato de inversiones que le da al poseedor la evidencia de una deuda o participación en un negocio. En inglés se conoce como *security* —título, valor, certificado o garantía. Según la ley que regula los instrumentos financieros, la *Security Act* de 1933, hay más de veinte diferentes tipos de instrumentos financieros. Cada uno con sus características. Hay instrumentos que están exentos y otros que no lo están. ¿Qué quiere decir exento? Que dependiendo del tipo de instrumento, la ley exige que se registre o no con el estado. En otras palabras, si alguien te ofrece comprar un instrumento financiero lo primero que hay que averiguar con la ley es si ese instrumento financiero está exento de registrarse antes de ser vendido al público. Es ilegal vender un instrumento financiero que no está exento sin previa registración. También puede pasar que el instrumento esté exento, pero la transacción no. ¿Por qué? Porque hay ciertos instrumentos que no deben venderse a ciertas personas. Por eso, no sólo el instrumento tiene que estar legalmente constituido, también la transacción.

Explico todo esto porque he visto muchos casos de personas que compraron instrumentos financieros que eran ilegales y la venta también lo fue. Terminaron perdiendo mucho dinero por no saber estos detalles de las reglas de juego de los instrumentos financieros. Si ni el instrumento financiero ni la transacción están exentas, el instrumento tiene que ir a un proceso de registro antes de venderse. Aquí entra el ente regulador que supervisa que el instrumento está bien construido antes de salir al mercado.

Veamos un ejemplo de cómo un instrumento financiero se "manufactura". Todo comienza con la necesidad de una compañía que quiere dinero para construir una nueva factoría, un puente o más servicios públicos. Digamos que una compañía necesita recolectar (capital) 50 millones de dólares. Para eso, la compañía manufactura (imprime) certificados con valor de 50 millones de dólares. Estos certificados pueden ser bonos o acciones.

La compañía busca en el sector financiero a una empresa especializada en vender esos certificados a clientes a cambio de un porcentaje de la venta. Esta empresa financiera, que tiene a unos especialistas llamados banqueros de inversión, se encargan de ponerle valor a los certificados, hacer el análisis, escribir los registros necesarios con el gobierno y vender los certificados a los inversionistas potenciales (individuos, otros bancos, fondos mutuos, fondos de pensión, etcétera).

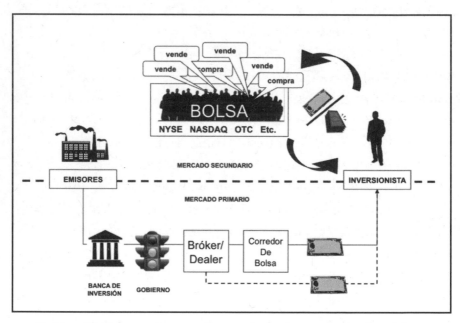

Gráfica 12. Proceso de manufactura de los instrumentos financieros

El gobierno, representado por el Security and Exchange Comission (SEC), dará la luz verde a la venta una vez que se haya hecho el registro pertinente. Para llevar estos certificados a los compradores se necesita una división de vendedores, llamados corredores de bolsa, que trabajan para compañías conocidas como bróker/*dealers* (corredores: negociantes como los concesionarios de auto) que tienen la función de ofrecer los certificados a cambio de una comisión. Siguen vendiendo hasta que los 50 millones en certificados se agoten. Todo esto pasa en lo que se conoce como mercado primario.

Por otro lado, es posible que posteriormente quieras vender o quieras comprar. Entonces te vas al mercado secundario a comprar y vender esos certificados, donde habrá otros como tú haciendo lo mismo. Este mercado secundario, conocido también como bolsa, es el lugar donde se cambian los certificados entre compradores y vendedores.

Un ejemplo de estos mercados secundarios es el New York Stock Exchange, el NASDAQ y tantos otros en diferentes partes del mundo. Es como un supermercado en donde en vez de comprar comida compras certificados (con la diferencia que puedes ser comprador y vendedor a la vez).

Es en este punto donde entran en acción los vendedores de acciones o fondos mutuales, quienes tienen que vender lo que está en inventario. De la misma forma que vas a un supermercado, a una ferretería o a un concesionario y están vaciando el inventario, los corredores de bolsa se encargan de bajarlo. Si hoy hay que vender el automóvil de cuatro puertas porque eso es lo que hay que vender, ellos se encargarán de ofrecértelo. Pues lo mismo pasa con los corredores de bolsa, y también pasa con los agentes de seguros. Además, sus ingresos están sujetos a la comisión que ganan sobre la venta de los instrumentos financieros.

De la decena de instrumentos financieros existentes, los dos más comunes son los bonos y las acciones comunes. Las diferencias entre ambos son muchas, pero nombraremos las más generales. Supongamos que la compañía XYZ necesita 20 millones de dólares. Para recolectar ese dinero XYZ usará los bonos y/o las acciones como certificados.

Dependiendo de qué certificado utilice —bono o acción— las características de uno varían sobre otro.

Bonos	Acciones
Bankers Acceptances	Comunes
Bonos de préstamo puente	Preferentes
Certificados de Depósito	Convertibles
Pagarés de empresa (*Commercial Paper*)	
Letras del Tesoro	
Bonos municipales	
Deuda convertible	**Derivados**
Bonos sin cupones	Intercambios (*Swaps*)
Bonos basura	Opciones
Bonos indexados	Contratos a futuro
Bonos de tasa flotante	Contratos a término
Bonos de eurodólares	

Tabla 14. Instrumentos financieros comunes.

¿QUÉ PUEDE HACER XYZ?		
Si emite BONOS	**La compañía tiene:**	**Si emite ACCIONES**
SÍ	¿Que pagar interés o dividendos?	NO
SÍ	¿Que pagar el capital invertido?	NO
PUEDE SER	¿Que garantizar con algún activo?	NO
NO	¿Que dar control del negocio?	SÍ

Tabla 15. ¿Bonos o acciones?

¿Es importante hacer una asignación de activos?

En una de tus columnas hablaste de "no poner todos los huevos en la misma canasta". ¿Por qué es tan importante?

Es importante porque si no eres cuidadoso en localizar bien tu capital corres el riesgo de perderlo. Una mala inversión de tus activos y gastar en exceso son dos actos nefastos para terminar con nuestra riqueza más rápido de lo que pensamos. El segundo se explica por sí mismo; aunque para muchos las emociones terminan nublando el sentido común. En cuanto al primero, toma en cuenta dos cosas: *a)* nunca, nunca pongas tu dinero en *una* sola aventura; *b)* diversifica tu dinero en diferentes activos. Si después de una *minuciosa* investigación decides que vale la pena realizar determinada inversión, invierte sólo un pequeño porcentaje (5%, 10%, 15%). No pongas todos los huevos en la misma canasta porque es una locura. En segundo lugar, diversifica el resto del dinero en diferentes activos que tengan poca relación entre sí, o con tu carrera o negocio. La diversificación de las inversiones, que mitiga el riesgo de una caída estrepitosa o de un riesgo de negocio, no es otra cosa que determinar qué proporción del dinero asignado va a ser invertido en diferentes clases de activos. Éste es el primer paso de cualquier administración de inversión.

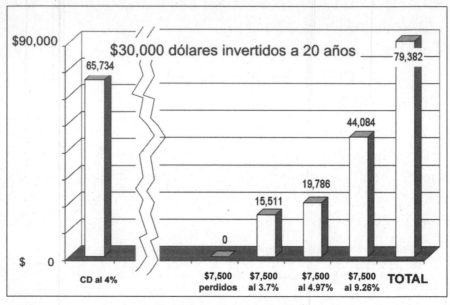

Gráfica 13. Inversión a 20 años.

Supongamos que tienes 30 mil dólares disponibles para invertir. Quieres invertirlo a un plazo de veinte años y te dan dos opciones.

Opción 1 Un CD que paga 4% renovado anualmente con el que acumularías al final del periodo 65,734 dólares antes de impuestos (ignoremos impuestos y otros gastos para no complicar el ejemplo).

Opción 2 Aquí divides el dinero entre cuatro canastas:

- En la primera canasta decides apostar 7,500 dólares entre casino y lotería. Pierdes unas veces; ganas otras. Pero, al cabo de los veinte años no te queda nada.

- En la segunda pones otros 7,500 dólares en un CD que paga 3.7%.

- En la tercera canasta pones 7,500 dólares en bonos del tesoro de Estados Unidos que pagan 4.97%.

- En la cuarta canasta pones 7,500 dólares en el mercado accionario de Estados Unidos, que paga 9.26%.

- Gran total: 79,382 dólares

La diferencia es lo que produciría la diversificación. El combinar inversiones de menos riesgo con aquellas de mayor riesgo te permite abrir la oportunidad a mejor rendimiento de tu dinero. La diversificación lo que hace es permitirte maximizar dos cosas: el límite de la pérdida al mínimo y obtener la mayor ganancia potencial.

Aunque el pensamiento de "no poner todos los huevos en la misma canasta" es más viejo que el frío, la aplicación en inversiones es reciente. Fue el economista Harry Markowitz, ganador del Premio Nóbel de Economía, quien sugirió usar este mismo principio en las finanzas. Tienes por un lado el rendimiento de una inversión y por otro lado tienes el riesgo de la inversión (volatilidad). Busca aquella inversión que maximiza el rendimiento y minimiza el riesgo. Si tienes varias canastas de inversión con características distintas, mientras unas suben, las otras bajan y viceversa. Para eso combinas inversiones que tienen diferentes rendimiento, volatilidad y relación entre sí.

En un periodo histórico (de 1928 al 2009), la inversión en acciones de compañías grandes y sólidas han producido, antes de restar los impuestos y otros costos, un 9.26%, en comparación a un bono (4.97%) o la letra del Tesoro (3.7%).

Pero también está la otra cara de la moneda: el riesgo. De las tres clases de inversión, generalmente, las acciones son las que hacen perder más dinero. El dinero en efectivo es el de menos riesgo. O sea, si usamos la analogía de un parque de diversiones, las acciones representan la montaña rusa, los bonos son los carros locos y el efectivo es el carrusel. Mayor el beneficio potencial, mayor el potencial de pérdida de nuestro ahorro.

¿Cómo balancear entre beneficio y riesgo? Es aquí que entra el arte de dividir para imperar (en el léxico técnico le llaman asignación de activos o *asset allocation* en inglés). El arte está en distribuir el dinero por lo menos entre estas tres clases de activos: efectivo o equivalente, instrumentos de renta fija (bonos) y acciones. Esto permite balancear la subida (beneficio) con las caídas (pérdida). La asignación de activos es la herramienta de inversión más importante que tenemos. Eso de poner todo el dinero en una acción o en un solo tipo de instrumento es de locos ya que se cuenta con esta herramienta de inversiones. Y esto es clave porque cerca del 90% del resultado de las inversiones realizadas por los inversionistas institucionales proviene de la asignación de activos.

¿Cómo distribuir el dinero entre diferentes clases de activos para maximizar la ganancia y minimizar el riesgo relativo a la inversión? No hay una respuesta única ni una fórmula para todos. La asignación de activos depende de varios factores:

- Edad
- Estado económico y financiero
- Objetivos
- Circunstancias de la persona
- Necesidad de liquidez
- Tolerancia al riesgo
- Tiempo
- Requerimiento legal

Hagamos un simple ejemplo ilustrativo usando tres clases de activos financieros. Veamos dos casos.

Caso 1. Empleado con ingreso fijo, tiene su casa paga, un mes de sus gastos mensuales ahorrados, su tolerancia al riesgo es baja, quiere preservar el capital invertido, quiere que el dinero le genere más ingreso que otra cosa, el tiempo de inversión es de cinco años porque se retira, no puede tolerar mucha pérdida, necesita tener cierta liquidez anual y prefiere un rendimiento del 4% al 5%.

Caso 2. Empleado, alquila en donde vive, soltero, su tolerancia al riesgo es alta, quiere generar el mayor crecimiento potencial para aumentar su fondo para el retiro, no tiene necesidad de usar el dinero en veinticinco años, tiene su reserva de emergencia cubierta, está dispuesto a que su portafolio baje un 20% en un año, y busca un rendimiento de entre un 8% y un 10%.

En el Caso 1, el dinero estaría más asignado a bonos (65%) con alto nivel crediticio, una participación menor en acciones (25%) de capitalización mayor que generen dividendos y un porcentaje en efectivo (10%).

En el Caso 2, la situación cambia (ver la **Gráfica 14.** en la página siguiente). La asignación estaría concentrada mayormente en acciones (80%) de compañías de capitalización mayor. El resto se invertiría en acciones de otras compañías foráneas (incluyendo países emergentes) debido a que busca la mayor apreciación posible de su inversión. La participación en bonos (20%) incluiría bonos basura (bonos especulativos).

De la misma forma que el dinero se distribuye entre diferentes clases de activos, también se hace una distribución dentro de cada una, porque dentro de cada clase hay instrumentos de menor o mayor rendimiento y volatilidad. Entre los bonos hay diferencias; entre las acciones y el efectivo también.

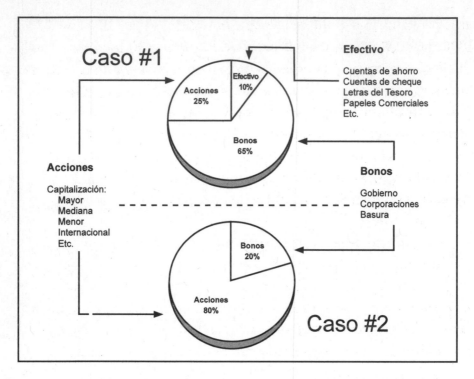

Gráfica 14. Asignación de activos: diferente en cada caso

El mensaje es: no pongas todos los huevos en la misma canasta, diversifica y establece tu asignación de activos de acuerdo a tu perfil económico porque no hay una asignación única para todos. Y no creas que escoger tal o cual acción o decidir cuándo es el momento de entrar o salir del mercado son las mejores estrategias, o sea las más productivas. La asignación de activos es la herramienta más importante que tenemos en inversiones. Sigue el viejo adagio: "divide et impera".

¿Qué debo evitar en las inversiones?

Mi esposo y yo estamos en el tercer piso para comenzar nuestro plan de retiro. Queremos invertir pero no queremos cometer los errores que han hecho que algunos amigos hayan perdido dinero. ¿Qué debemos evitar?

Éstos son los trece errores que comúnmente comete mucha gente y que debemos evitar.

No tener una estrategia de inversiones. ¿Cuántos de ustedes tienen un plan de inversiones donde especifique el rendimiento necesario, el riesgo dispuesto a aceptar en la inversión, el tiempo de la inversión, cuánto poner, necesidad de liquidez, tipo de instrumentos, área geográfica, industria, compañía por tipo de capitalización y estilo, etcétera?

Invertir en acciones individuales a cambio de tener un portafolio de instrumentos financieros diversificados. El Instituto de Inversionistas Profesionales (CFA Institute) dice: "Los inversionistas deben mantener un portafolio de inversiones diversificado que incorpora diferentes clases de activos y estilos de inversiones." No confundas portafolio diversificado con fondos mutuales que están diversificados. He visto portafolios que aparentan ser diversificados, pero, si analizas el inventario de industrias y compañías en cada fondo, te das cuentas que se está invirtiendo en industrias y compañías similares.

Invertir en acciones en vez de compañías. Cuando se compran acciones de compañías hay que analizar los fundamentos y la industria con una mentalidad de largo plazo. Pero comprar por la moda de quién sube o baja o por los vaivenes del mercado es un juego muy esotérico que pone en riesgo la misma inversión.

Compran muy alto. Hay inversionistas que van detrás de aquella compañía o industria que están en las listas de las "diez populares" por sus buenos rendimientos. Concluyen, erróneamente, que éstos continuarán en el futuro. Lo que sucedió en el pasado no necesariamente sucederá en el futuro.

Venden muy bajo. Muchos inversionistas se aferran a vender una acción que se está yendo a pique. Siempre es importante tener una estrategia de *stop-loss*. Si pasa de la marca establecida, es mejor tomar una pérdida menor y redirigir los activos a lugares con mayor potencial en el futuro.

Mucha venta y compra. Un estudio realizado por dos profesores de la Universidad de California examinó 64,615 portafolios de inversionistas individuales de una compañía de corretaje durante el periodo comprendido entre 1991 y 1996. Antes del costo de transacción, el rendimiento promedio era de 17.7% anual (0.6% por encima del promedio del mercado). Cuando le restaron los costos de transacción por la compra y venta, el rendimiento bajó a 15.3% por año (1.8% por debajo del promedio del mercado).

Actuar sobre "me dijeron" o "escuché". Mucha gente cree que la información que reciben en los medios sobre una compañía, industria o sector es nueva. La realidad es que si tú la escuchaste, también la escucharon miles más. Muchas veces es noticia vieja, que ya el mercado la ha asimilado. La determinación de la inversión debe estar basada en análisis, no en "tips".

Pagan muchos honorarios y comisiones. Al abrir una cuenta debes estar seguro de que conoces los costos relacionados con la inversión. No olvides que el rendimiento que te presenten o estimes también hay que ajustarlo a los gastos en que incurres en la inversión.

Tomar decisiones basado en evitar el pago de impuestos. El sólo hecho de evitar el pago de impuestos no debe ser la única razón que determine la forma de invertir. Algunos prefieren mantener su inversión por más tiempo con el solo objetivo de no pagar una ganancia de capital alta. Para eso, es mejor buscarse un buen contable.

Expectativas no realistas. Según Ibbotson Associates, el rendimiento anual compuesto de una acción en el periodo comprendido entre 1926 y 2001 fue 10.7% antes de impuestos y 4.7% después de impuestos e inflación. En el caso de los bonos el rendimiento fue de 5.3% y 0.6% después de impuestos e inflación. Por eso, si te creas una expectativa de rendimiento de un 20% o más anualmente, te vas a llevar una decepción.

Negligencia. Sea por falta de conocimiento en las inversiones, malas experiencias o en espera del buen momento, muchos inversionistas posponen la hora de comenzar a invertir. Una vez que estás en condiciones de hacerlo y tienes un plan establecido, debes establecer un calendario de contribuciones regulares y revisar constantemente el progreso de la inversión para saber que va de acuerdo a lo planeado.

No saber la verdadera tolerancia al riesgo. Determinar tu apetito al riesgo implica medir el impacto potencial de la pérdida real en dólares de los activos invertidos. También hay que medir el impacto psicológico que pueda tener cualquier pérdida potencial. Nos alegramos cuando hay ganancias, pero a muchos les afectan las pérdidas. Eso también hay que tomarlo en cuenta.

No invertir tiempo y dinero en aprender. Muchos no quieren tomar un rol activo en el manejo de sus finanzas. Todas las responsabilidades financieras se las dejan a otros. Como resultado, las finanzas sufren considerablemente debido a la falta atención, pobres inversiones, altos pagos de impuestos, la inflación y la pérdida. A esto súmale que la falta de conocimiento los lleva a escoger negocios de alto riesgo o dejar el dinero en las manos menos indicadas. ¿Cómo vas a saber lo que pasa con tus finanzas si no entiendes dónde está invertido tu dinero? Aprender a invertir no es imposible, pero requiere tiempo y dedicación. Es tiempo de comenzar a evitar estos errores comunes con nuestras inversiones y nuestro dinero.

¿Qué es un bono?

Estamos aprendiendo a invertir para ver cómo manejamos nuestro dinero para el retiro y nos han hablado de los bonos. Nos dicen que los bonos son seguros. Otros dicen que los bonos no pagan mucho. Al final estamos más perdidos. ¿Qué son los bonos?

Los bonos no son seguros ni inseguros, ni pagan mucho ni poco. Una cosa es el instrumento que conocemos como bono —que también se conocen como instrumentos de renta fija— y otra cosa es aquellos que usan este instrumento financiero para recolectar dinero. El primero es el instrumento legal; el segundo se conoce como el emisor que usa el instrumento legal como intercambio por dinero. Es este último el que nos debe interesar porque es quien respalda el valor y da garantía al instrumento.

En la forma más simple, podemos definir un bono como una obligación financiera de un emisor que promete —esto es clave— pagar una suma específica de dinero en un futuro específico. Observa que hay tres elementos claves: un emisor, que es el que promete pagar; un instrumento o certificado, que indica lo que este promete pagar; y un inversionista, que es quien intercambia dinero por el certificado que promete el pago de dinero. El bono es un "te debo".

Gráfica 15. Cómo se emite un bono.

Por ejemplo, supongamos que la compañía de manufactura XYZ necesita 30 millones de dólares para llevar a cabo sus planes de expansión. El banquero de inversiones le sugiere que emita 30 mil bonos individuales por mil dólares cada uno, pagando un 5% de interés por un periodo de diez años. Los inversionistas escuchan la propuesta —en realidad la leen en un documento extenso llamado *prospectus*— y determinan si comprar el bono es un negocio para ellos. Si el mercado determina que sí es negocio comprar, entonces la compañía XYZ recibe los 30 millones de dólares, menos lo que cobran los banqueros por vender.

Gráfica 16. Ejemplo de oferta de bonos.

Lo mismo puede pasar con el gobierno. Digamos que tiene que construir un puente, y necesita dinero. Entonces emite bonos. Estos son cruciales para obtener los fondos necesarios para construir puentes, reparar carreteras, construir factorías y proveer servicios esenciales a la sociedad. El gobierno es el emisor del bono —certificado legal— que promete pagar una cantidad de dinero a quien lo compre. Ellos lo que hacen es pedir dinero y emiten a cambio una obligación en la que se comprometen a pagar esa suma de dinero y algo más para motivar a que el público le preste el dinero.

A diferencia de las acciones, el que posee los bonos es un prestamista porque ha prestado dinero al emisor. O sea, no es dueño en parte.

En los bonos hay riesgo:

- Riesgo de in.terés: los cambios de la tasa de interés en el mercado afectan el valor del bono.

- Riesgo inflacionario: el ingreso de un bono es fijo; si sube la inflación, el poder de compra es menor.

- Riesgo de que el que pide prestado no pague —riesgo de *default*.

- Riesgo de un evento no esperado que afecta a la compañía, y por tanto el valor del bono; riesgo de impuestos —el gobierno sube el cobro por la ganancia.

- Riesgo de liquidez: el que pide prestado no tiene dinero para pagar el interés que prometió.

Veamos un ejemplo. La compañía XYZ recibe los 30 millones de dólares, y a cambio promete pagar 5%. Además se compromete a pagar los 30 millones de dólares en diez años. Digamos que la compañía vende medicamentos y necesita dinero para respaldar su compleja y costosa operación. ¿Qué pasa si la compañía, debido a que el gobierno no le aprobó la patente de un medicamento que era su producto principal se declara en bancarrota para protegerse de los acreedores? ¿Qué pasa si la compañía enfrenta una pesadilla mediática debido a que tres personas se envenenaron con un medicamento que ellos producen, lo cual afecta sus ventas? ¿Qué pasa si el gobierno aprueba que se cobren más impuestos a los ingresos por bonos corporativos? ¿Que pasa si un bono con las mismas características paga un 8.5% por ciento afectando el valor de tu bono?

Estos son riesgos que se enfrentan cuando se compra un bono. Por ejemplo, veamos el riesgo de interés. Supongamos que Débora fue una de las inversionistas y compró 10 mil dólares en bonos de la compañía XYZ recién salidos del horno —para no complicar el caso, vamos a suponer que no hay costos de transacción. El bono tiene la siguiente apariencia.

Nombre del emisor	Tasa nominal o tasa cupón	Madurez del bono	Frecuencia de pago	Valor par o nominal	*Rating*
					Moody's/ S&P/ Fitch
XYZ	5.00%	10 años	Semi anual	100.00	A1/A/A+

Tabla 16. Descripción de un bono.

O sea que si Débora quiere transformar sus 10 mil dólares en dinero por 10 mil dólares en bonos respaldados por la compañía XYZ, ella compraría diez bonos de mil dólares cada uno. Como cada bono paga 5%, ella recibiría 500 dólares anuales por diez años en forma de dos pagos anuales. Mientras la compañía esté viva y tenga las condiciones económicas cumplirá con su compromiso de pagarle a Deborah sus 500 dólares anuales. Al final de los diez años, es probable que Débora reciba sus 10 mil dólares por parte del deudor, la compañía XYZ.

Pero, ¿qué pasa si Débora quisiera vender parte o el total de sus bonos? ¿Le devuelven el valor original nominal de mil dólares por bono? No. Es posible que le paguen más o que le paguen menos de los mil dólares por bono. ¿Por qué? Por el movimiento en la tasa de interés en el mercado. Dependiendo del nivel de la tasa de interés, el bono vale más o vale menos. Si el interés en el mercado sube, el valor del bono de Débora baja, y viceversa.

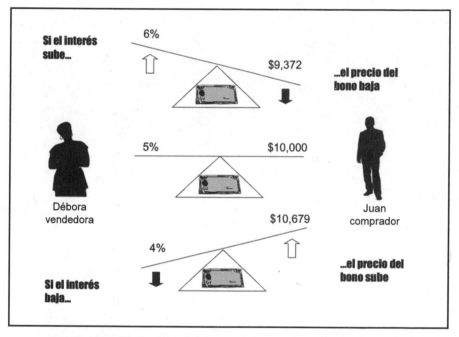

Gráfica 17. Variaciones del precio del bono según el interés.

Este fenómeno es el riesgo por los cambios en la tasa de interés. Miles de millones se pierden y se ganan diariamente según el movimiento de la tasa de interés. Por eso hay muchos inversionistas que les interesa saber qué está pasando con la tasa de interés en el mercado. Es muy importante anotar que Débora no pierde ni gana si conserva el bono hasta su vencimiento.

El bono de nuestro ejemplo tiene la misma fecha de vencimiento. ¿Qué pasa si los bonos de Débora tuvieran otro tipo de vencimiento? Entre más lejos esté la fecha de vencimiento del bono (madurez), más sensible es el cambio en el precio del bono.

O sea que un bono a treinta años fluctúa más que un bono que tiene una fecha de madurez de un año.

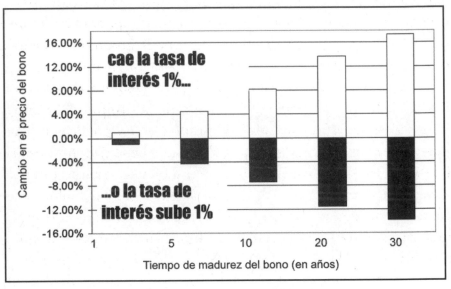

Gráfica 18. Madurez y cambio de precio del bono.

Y si el bono tiene un interés más bajo, es más volátil que uno con la misma madurez pero un interés mayor. Si el bono de Débora pagara un 8% en vez de un 5%, sería menos sensible al momento que cambia el interés. No sólo el interés afecta el valor del bono, también influye lo que llaman *call provision* (cláusula de amortización). ¿Qué es? Hay bonos que cuando el emisor los emite establece una cláusula que en caso de que el interés baje cierta cantidad, ellos tienen derecho de "llamar" los bonos y pagar antes de su vencimiento. Por ejemplo, supongamos que el bono de Débora tiene una cláusula que estipula que si el interés en el mercado baja a un 4.5% o menos, la compañía XYZ tiene el derecho de pagar el bono a Débora antes de tiempo.

Aunque para el inversionista es bueno mantener un bono que pague un interés más alto del que está en el mercado, a los que piden dinero prestado no les conviene estar pagando un interés alto. La razón es simple: si pedimos prestado a un interés del 10% y tiempo después éste baja a 7%, vamos a querer tener el poder de pagar la deuda o financiarla al 7%. Esto no le gustaría a los bancos, pero a nosotros sí: cuando tomas la posición de inversionista, te gustaría que te pagaran alto, pero a los que piden prestado no. Esa cláusula es establecida al momento de la compra del bono, lo que significa que estás advertido que tu bono puede ser "llamado". Para compensar al inversor de esta posibilidad, los bonos rescatables (*bond callable*) usualmente pagan altas tasas de interés más que los no rescatables (*non callable*), con similar madurez y calificación. Algunos bonos ofrecen la cláusula *call protection* por una cantidad de años —usualmente entre cinco y diez—, lo que significa que el bono no puede ser "llamado" durante ese periodo.

Otro riesgo que afecta el valor del bono es el riesgo de que el emisor no pague lo que promete pagar. En inglés esto se conoce como *default risk*.

Cuando compramos un bono, ¿cómo podemos estar seguros de que recibiremos el interés y el principal? ¿Cuál es el riesgo de que la organización que emitió el bono no pague? Hay compañías que se dedican a analizar y determinar cuán probable es que el emisor —ya sea del sector privado o del gobierno— no pague. Las dos compañías más conocidas que dan este tipo de servicio se llaman Standard & Poor s y Moody s. Para diagnosticar la salud financiera del emisor éstas utilizan un sistema de clasificación en el que reflejan la probabilidad de que el bono sea pagado por el emisor. Ellos basan los criterios en análisis cuantitativos y cualitativos. Utilizando el sistema de letras, ambas compañías identifican los bonos en dos grandes categorías: los de clasificación de bonos de grados de inversión y los bonos especulativos (con alta probabilidad de insolvencia).

Entre más alta la calificación, menos riesgo implica el bono. Eso hace que los inversionistas estén dispuestos a recibir un interés más bajo a cambio de garantías. Pueden ofrecer un rendimiento más bajo. Y viceversa: entre más baja la calificación, los inversionistas están menos dispuestos a recibir un interés más bajo a cambio de garantías. Pueden ofrecer un rendimiento más alto.

¿Quiénes son y cómo lo dicen?		¿Qué quiere decir?
S&P	**Moody's**	**Descripción**
AAA	Aaa	Riesgo es casi nulo.
AA+ AA AA-	Aa1 Aa2 Aa3	Inversión segura, bajo riesgo de fallar.
A+ A A-	A1 A2 A3	Capacidad para cumplir con la obligación.
BBB+ BBB BBB-	Baa1 Baa2 Baa3	Inversión menos segura. Los bonos son considerados de mediano riesgo debido a que se afectan cuando existe un evento en la economía o en la industria.
BB+ BB BB-	Ba1 Ba2 Ba3	Débil capacidad de poder cumplir con la obligación. Los bonos son considerados inversión especulativa y es problemático de predecir su futura actuación.
¿Quiénes son y cómo lo dicen?		¿Qué quiere decir?
S&P	**Moody's**	**Descripción**
CCC+ CCC CCC- CC C	Caa1 Caa2 Caa3 Ca C	Alta probabilidad de que se vaya a bancarrota o exista una interrupción negativa.

*(Columna lateral: las primeras filas agrupadas bajo **Grado de Inversión**; las últimas bajo **Grado de Especulación**.)*

Tabla 17. Calificaciones de los bonos de acuerdo al riesgo.

Emisores de bonos

De la misma forma que no todos los seres humanos son iguales, el hecho de que todos los bonos representen una deuda no quiere decir que todos los bonos sean iguales. Existen muchos tipos de bonos; los siguientes son los más conocidos.

Mercado de dinero (*Money Market Securities*). El más conocido por nosotros es el Certificado de Depósito (CD). Pero aquí nos referimos a los CD de larga denominación (cien mil dólares o mayores) y que son negociables en el mercado. Estos son emitidos por las instituciones bancarias.

También existen los *bankers acceptances,* que se utilizan para financiar transacciones internacionales de bienes y servicios. Los *Commercial Papers* son notas promisorias, no aseguradas a corto plazo, emitidas por corporaciones tanto financieras como no financieras.

El gobierno Federal (*The Federal Government*). El mercado de instrumentos del Tesoro de Estados Unidos es el más líquido y grande del mundo. Los bonos del gobierno de EE.UU. son llamados Bonos del Tesoro *(Treasury Bonds)* porque son emitidos por el Departamento del Tesoro del Gobierno Federal. Los *treasuries* tienen diferentes periodos de vencimiento (tres meses a treinta años). Entre los títulos de renta fija están los *Treasury Bills, Treasury Notes, Treasury Bonds, HH/H Savings Bonds, EE/E Savings Bonds, I Savings Bonds* e *inflation-indexed notes.* Todos varían según la madurez y la cantidad del interés a pagar. Los bonos del tesoro están garantizados por el gobierno de Estados Unidos y los intereses que pagan están libres de impuestos estatales y locales.

Government Sponsored Enterprises (GSE). Estas son agencias cuasi gubernamentales que también emiten bonos con el fin de traer mayor liquidez y accesibilidad al mercado de la agricultura, préstamos estudiantiles y las hipotecas. Las agencias más importantes son: el Federal National Mortgage Association (Fannie Mae), el Federal Home Loan Mortgage Corp. (Freddie Mac), el Government National Mortgage Association (Ginnie Mae), el Federal Farm Credit Banks y el Student Loan Marketing Association (Sallie Mae).

El gobierno estatal y local (munis). Comúnmente se conocen como **munis** porque son bonos emitidos por estados, municipalidades y agencias estatales para financiar sus proyectos que no son apoyados por impuestos u otras fuentes de ingresos. Generalmente pagan una tasa fija exenta de impuestos federales (en algunos casos exentos de impuestos estatales y locales).

Los bonos **muni** más comunes son: los bonos de ingreso (*revenue bond*) y los bonos de obligación general (*general obligation bond*). En el primer caso el interés y el principal están asegurados por el ingreso que genere dicho proyecto (peaje, hospital, planta de energía, etcétera). En el segundo caso el pago de interés y el principal están apoyados por impuestos recaudados por el ente emisor.

Aunque la experiencia de Orange County dejó mucho sabor amargo en los tenedores de bonos municipales, generalmente estos bonos se consideran relativamente estables (aunque no deja de existir su riesgo).

Bonos Corporativos (*corporate bonds*). De la misma forma que las compañías financian el negocio con la emisión de acciones comunes, también financian la inversión en capital (bono) o su capital a corto plazo (papeles comerciales) a través de la emisión de títulos de renta fija. En el caso de los bonos corporativos, la tasa de interés es generalmente más alta que los GSE. Esto se debe al mayor riesgo de *default,* es decir, dejar de pagar. Además, a diferencia de los bonos del Tesoro y los GSE, los bonos corporativos no dependen del apoyo implícito del gobierno federal, sino de la salud financiera de la misma compañía.

Los Bonos de alto rendimiento *(high-yield bonds)*, también conocidos como bonos basura, son bonos corporativos emitidos por compañías que están por debajo de la calidad de grado de inversión (alto riesgo crediticio).

Algunos bonos son llamados bonos convertibles *(convertible bonds)* porque, aunque pagan una tasa fija de interés y tienen fecha de vencimiento fija, pueden ser convertidos por una cantidad fija de acciones de la compañía (claro que hay el beneficio, siempre y cuando el precio del convertible esté por debajo del valor total de las acciones).

Bonos de titulación (*securitized bonds*). Estos bonos se componen de una combinación de títulos que producen flujo de dinero. Por ejemplo, si combino un número de préstamos hipotecarios estoy creando un bono de titulación llamado MBS (por las siglas del término en inglés, Mortgage Backed Securities). Si combino un número de tarjetas de crédito o de préstamos estudiantiles o de préstamos de auto o de negocios y lo vendo como un bono, estoy creando un bono de titulación llamado ABS (*Asset Backed Securities*). O sea que estos bonos se crean por títulos de similares características y se venden a los inversionistas.

¿Qué son las acciones?

Estoy escuchando en las noticias que las acciones de una compañía seguían bajando y estaban hablando de las acciones de otras empresas, pero no entendemos de qué se tratan. ¿Podrías explicarnos claramente que son las acciones?

Una acción es básicamente un certificado que te da derecho a beneficiarte de lo que produzca la compañía que emite el certificado. Entre más certificados tengas, mayor es el beneficio o la pérdida para ti.

¿Qué ganamos comprando acciones? Bueno, si la compañía genera ganancias, esas ganancias se distribuyen y se reinvierten, las ganancias futuras crecen y el mercado cree que la compañía subirá; en estos casos ganas más dinero porque el certificado vale más en el mercado. También pasa lo contrario. Si la compañía no genera las ganancias esperadas y el mercado la ve como una pérdida, el certificado vale menos y pierdes dinero si lo compraste a un precio mayor. Con las acciones puedes ganar o perder. Veamos el ejemplo en la **Gráfica 19**.

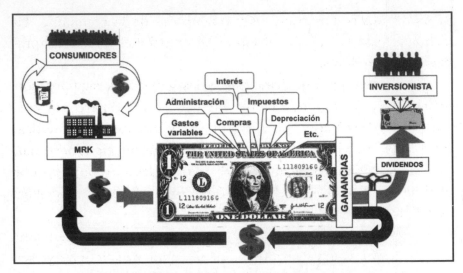

Gráfica 19. Pérdidas y ganancias en las acciones.

Digamos que tenemos la compañía MRK, que produce y distribuye medicamentos. A cambio recibe dinero por parte de los compradores. Como la compañía se comercializa en el mercado público, se pueden comprar acciones de la compañía. MRK tiene 3,120 millones de acciones en el mercado que los inversionistas venden y compran. El precio actual es 33.69 dólares por acción. El valor de la compañía en el mercado sería de $105,110 millones.

¿Qué estaríamos comprando con 33.69 dólares al momento que vemos ese precio? Aunque el precio cambia por día, lo que estamos comprando es la estimación que la acción de la compañía subirá de precio en el futuro y/o nos generará ingresos jugosos en el presente y futuro cercano. Si embargo, aunque paguemos a $33.69 —suponiendo que eso es lo que vale, ya que la acción podría estar sobrevalorada—, no quiere decir que se quedará en ese precio. El valor de ese certificado —como de cualquier acción— va a subir y bajar de acuerdo con tres variables: los dividendos que paga la compañía, el crecimiento de las ganancias de la compañía y la especulación sobre la dirección del valor de la acción. Las primeras dos se basan en los fundamentos de la compañía. La última se basa en la especulación y las emociones de los compradores y vendedores.

Para entender los dividendos y las ganancias, sigamos con MRK. Como MRK vende medicamentos, recibe dinero por eso. Para que la compañía pueda producir y distribuir los medicamentos necesita incurrir en unos costos de producción, personal, maquinaria, administración, interés —pagarles a los bonistas por el dinero prestado—, depreciación de maquinaria, impuestos, etcétera.

O sea que lo más importante es que los costos que incurren para la producción y distribución de las medicinas tienen que ser menor al beneficio que recibe por la venta. Si la compañía genera más en ventas de lo que gasta, obtiene ganancias —lo contrario implica pérdidas. Claro que hay momentos que pueda generar pérdidas. Pero si quiere sostenerse por largo tiempo tiene que generar más beneficio que costo.

¿Qué hace con esa ganancia? La compañía tiene tres opciones: 1) volverla a invertir en la empresa; 2) dársela a los inversionistas que tienen las acciones —se le llama dividendos—; 3) una combinación de ambos. Esos dividendos son una de las características que hacen que una acción tenga más o menor valor. Entre más pague, siempre y cuando no afecte la producción futura, los inversionistas lo consideran positivo.

¿Están las compañías obligadas a pagar dividendos? No. Contrario a los bonos, donde la compañía está obligada a pagar interés —salvo que entre en proceso de bancarrota—, cuando se trata de acciones la compañía no tiene obligación de pagar dividendos.

¿Qué pasa si en el futuro cercano se ve una explosión de mayor cantidad de personas mayores demandando más medicamentos para tener una mejor calidad de vida? ¿Cómo beneficiaría esto en las ventas y las ganancias de la compañía en el futuro? Aquí entra en juego el segundo elemento clave: ¿cómo serán las ganancias de la compañía en el futuro? Recuerda que los dividendos salen de la ganancia. No hay ganancia si no hay dividendos. Por esa razón los inversionistas se preocupan por las futuras ventas y los costos. Recuerda que si las ventas disminuyen y/o los costos aumentan, afectan las ganancias de la compañía. Menos ganancia, menos dinero para los inversionistas.

En este punto entran en juego las estimaciones. Las estimaciones se aplican a nivel macroeconómico, industrial y de la compañía.

Claro que los analistas usan dos conceptos: "de arriba-abajo" y "de abajo-arriba". El primero comienza por la parte económica, sigue con la industrial y termina en el análisis de la compañía. ¿Por qué? Porque le da mayor énfasis a los efectos y ciclos económicos.

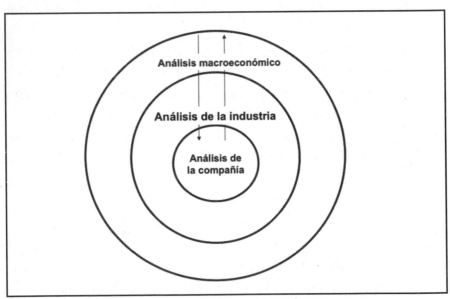

Gráfica 20. Análisis de acciones "de arriba-abajo"
y "de abajo-arriba".

El análisis "de abajo-arriba" le da menos importancia a los factores económicos porque hay compañías que pueden actuar bien o mal independientemente de los asuntos económicos. Por eso se enfocan más en la compañía, sus productos y servicios, posición en el mercado, administración y estado financiero. Por ejemplo, un análisis "de arriba-abajo" comienza estimando la situación económica que afectaría positiva o negativamente las ventas y costos del negocio. Digamos que se estima que habrá un recalentamiento en la economía llevando los precios del petróleo hacia arriba. Como la industria consume mucha energía, esto podría afectar los costos de producción. A nivel industrial se está discutiendo en el Congreso un proyecto de ley —es muy posible que sea aprobado— para exigir a las farmacéuticas incluir más etiquetas en cada medicina que vendan. Esto incrementaría los costos de producción.

¿Cómo afectaría todo esto en el crecimiento anual de las ventas y los costos? Va a depender de cómo está la situación financiera de la compañía, su posición en el mercado y su capacidad de flexibilidad de precios. En la medida que las ventas no aumenten y los costos sí, se estima que las ganancias para la empresa disminuirían. Menos ganancia haría caer el precio de la acción.

En el caso de "de abajo arriba", lo que busca son compañías que están actuando bien independientemente de cómo esté la economía o los ciclos económicos. Puede que MRK esté generando buenas ganancias o que presente un potencial de crecimiento. Puede que la compañía tenga un equipo de administradores excelente. El enfoque es más en la compañía, especialmente los administradores, que en los factores externos. No es que descarta los factores externos, sino que el énfasis está en la compañía, mientras que el otro está en factores externos. Al final ambas buscan el mismo fin: analizar la compañía y estimar sus ganancias en el futuro cercano.

Gráfica 21. Movimiento del precio de MRK (de 1990 al 2010) incluyendo dividendos y *stock splits*. Fuente: Yahoo Finanzas.

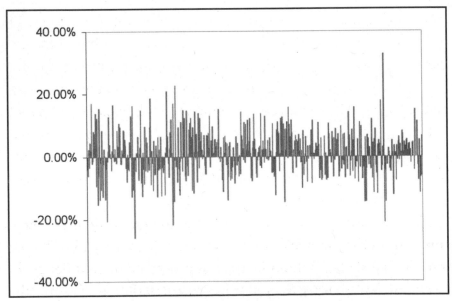

Gráfica 22. Cambio mensual en el precio.

Y el tercer factor que afectaría positiva o negativamente el valor de la acción de MRK —o de cualquier acción— es el ímpetu del mercado. Aquí entramos en la especulación de estimar la psicología del mercado, queriendo adelantarse al sentimiento de los inversionistas. Esta especulación puede llevar el precio de la acción a moverse como una montaña rusa, con periodos cortos —días, semanas o meses— de mucha variación en el precio. En otras palabras, son inversionistas adivinando lo que otros inversionistas están dispuestos a pagar o comprar por la acción.

La combinación de estos tres factores —dividendos, ganancia esperada e ímpetu— es lo que hace que el precio suba y baje. Contrario a los bonos, en los que el precio sube y baja debido a la tasa inicial del bono y los cambios en la tasa de interés en el mercado.

Observa el gráfico X donde se muestra el precio mensual de la acción de MRK entre enero de 1990 y febrero de 2010. Esas subidas y bajadas se deben básicamente a esas tres variables. El precio estuvo por debajo de los quince dólares, subió a más de sesenta, bajó a menos de treinta, y ahora está subiendo y bajando. El cambio en el precio, debido a los tres factores arriba mencionados hace que el certificado cambie de valor. Esto es en el papel porque mientras no se vende no se realiza la ganancia o pérdida. Esas subidas y bajas se ven más claras cuando observamos el cambio en el precio mensual de la acción en el mercado (gráfica que aparece más abajo).

El precio de MRK cambiaba considerablemente de mes a mes, con periodos de subidas y otros de caída; llegó a tener tanto un pico de más de 30% en un mes como una caída de más del 20%. Y esto es clave porque te muestra la volatilidad de un certificado accionario, o sea de los cambios en el precio del certificado en el mercado. A mayor volatilidad, mayor el margen entre el espacio positivo y negativo, y viceversa. Entre más volátil, mayor es el potencial de valoración del certificado, como también la pérdida.

No todos los certificados tienen la misma volatilidad. Hay algunos que tienen más volatilidad que otros (ver las gráficas que siguen). Históricamente no encontrarás la misma volatilidad —movimiento— en un bono emitido por el gobierno de un país estable (EE.UU., por ejemplo) que una acción emitida por una compañía de capitalización mayor (compañía grande y estable).

Observa el movimiento mensual del precio de los bonos intermediarios del gobierno de Estados Unidos (calidad Aaa) en comparación a las compañías más grandes que se comercializan en este país. La volatilidad es clara. El cambio en el precio de los bonos de esa calidad, salvo periodos de cambios pronunciados en la tasa de interés, como sucedió a principio de los años ochenta, muestra una menor volatilidad que los cambios representados en las acciones. *(Por supuesto que un bono basura —que en inglés se conocen como* junk bond— *puede tener la misma volatilidad que una acción común.)*

También hay algo que se puede rescatar de este ejemplo: que las acciones tienden a subir más que los bonos. A nivel histórico ha sido así. Aunque no necesariamente lo que pasó en el pasado se repetirá en el futuro, las acciones han dado un mayor rendimiento. ¿Por qué? Por la apreciación de su valor y la generación de ingreso a través de los dividendos. Además tiene lógica. Si quieres mayores garantías, como generalmente proveen los bonos, debes recibir menos beneficios potenciales que aquel que toma más riesgo al invertir en un negocio que nadie puede garantizar lo que pasará en el futuro.

Por otra parte, si la empresa se va a bancarrota, los accionistas son los últimos en la fila para recolectar migajas, si es que quedan. El inversionista exige más rendimiento potencial por su dinero cuando lo invierte en acciones.

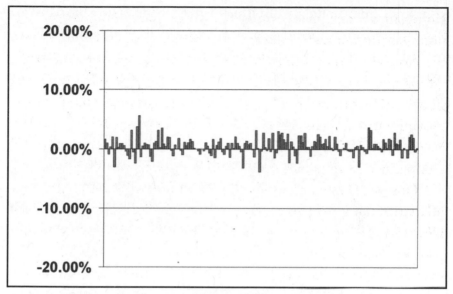

Gráfica 23. La volatilidad de los bonos de alta calidad
vs. la volatilidad de las acciones

¿Qué son los fondos mutuales?

Xavier, veo en mi plan de retiro fondos mutuales. Leo artículos de inversiones y hablan de fondos mutuales. Pero no entiendo. ¿Puedes explicarme que son fondos mutuales?

Cuando pienses en fondos mutuales piensa en un cubo donde un montón de gente está poniendo dinero. El dinero que tú inviertes es puesto en un fondo común con dinero de otros inversionistas como tú. Cuando inviertes, compras una acción (unidad de propiedad) del fondo particular, no en la compañía que maneja el fondo. Por eso, no debemos confundir el fondo mutual con la compañía que maneja el fondo. El dinero invertido por los inversionistas en este fondo común se usa para comercializar con una variedad de acciones, bonos, o una combinación de ambos. En cada acción de un fondo mutual posees una representación proporcional en estos bonos y acciones.

Este concepto es reciente; me refiero a que es un bebé del siglo veinte. El primer fondo mutual fue establecido en Boston, Massachussets, en 1924. Al principio la industria creció pausadamente. A partir de la gran depresión, muchos inversionistas, pequeños y grandes, se alejaron del mercado después de la pérdida que experimentaron. Además el pequeño inversionista tenía poco dinero para comprar diferentes instrumentos de inversión que le permitiera no tener todos los huevos en la misma canasta (diversificación). A esto hay que sumarle la falta de conocimiento en materia de inversiones que ponía en desventaja al inversionista no preparado. Bajo esta premisa surge la idea de crear compañías que ofrecieran la oportunidad de comprar acciones, bonos y otros instrumentos en cantidades para diversificar, y que además proveyeran el conocimiento en el área de inversiones para facilitar a los inversionistas que contaran con poco dinero su participación en el mercado de valores. Asimismo se crean nuevas legislaciones federales para permitir la creación de compañías de inversiones. En 1940 se funda la conocida Investment Company Act, que regula a estas compañías.

A partir de los años setenta el número de fondos mutuales creció y la industria aumentó dramáticamente. Hoy existen más de siete mil compañías que manejan más de 5 trillones de dólares. Claro que la explosión viene aunada a la creación y crecimiento de los planes de retiro calificados.

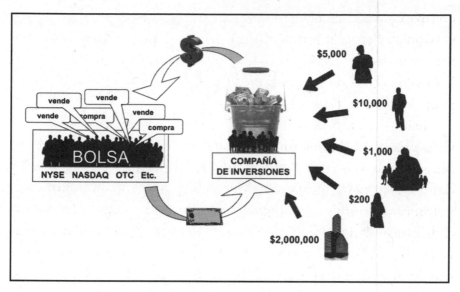

Gráfica 24. La bolsa y las compañías de inversiones.

Básicamente, invertir por medio de compañías de inversiones abiertas —que no son otra cosa que fondos mutuales— te permite comprar y vender certificados de la compañía, que a su vez están respaldados por los títulos financieros que se adquieren con el dinero de los inversionistas. Al comprar certificados de fondos mutuales obtienes los siguientes beneficios:

1. **Accesibilidad.** Sólo considera el hecho de que puedes puedes abrir una cuenta con cien dólares e incrementar tu participación con apenas veinticinco dólares mensuales. Esto te permite invertir en lugares y certificados financieros a los que no tendrías accesdo si los compraras individualmente. También existen ciertas compañías de inversión para las que necesitas tener mucho dinero para participar.

2. **Liquidez.** Es relativamente fácil vender y comprar una participación de la compañía de inversiones. Claro que el precio

fluctúa, y es posible que a veces tengas que vender por mucho menos de lo que compraste.

3. **Diversificación.** Al comprar un certificado de una compañía de inversiones estás comprando la participación en cientos de acciones y bonos emitidos por diferentes entidades.

4. **Administración profesional.** La inversión está dirigida por administradores profesionales que tienen tiempo, conocimiento y dinero para buscar entre las miles de acciones y bonos emitidos por diferentes agentes aquellos que tengan el más alto rendimiento potencial. Aunque no todos los administradores son ganadores, e invertir con ellos no es la mejor opción.

No todos los fondos mutuales son iguales. Hay diferentes tipos de fondos según el objetivo, área geográfica, tipo de instrumento, etcétera. Existen fondos que sólo venden en acciones comunes, otros se centran en bonos y otros ofrecen una combinación de ambas opciones. Dentro de las acciones comunes puedes encontrarte fondos que se concentran en compañías que sólo pagan dividendos, compañías que están saliendo en el mercado o que operan a nivel internacional. La misma variación existe en los bonos.

¿Cómo se compra? Cuando invertimos en fondos mutuales, compramos el "valor neto de los activos del fondo" o, según sus siglas en inglés, NAV. El NAV es igual al valor total de los activos en portafolio del fondo dividido por el número de acciones vigentes.

$$\text{Valor Activo Neto (NAV)} \quad = \quad \frac{\text{Valor de los Activos - Pasivos}}{\text{Certificados en circulación}}$$

Si el valor neto de los activos de un fondo es de 100 millones de dólares, los costos por administración y gastos operacionales asciende a 6 millones y los certificados en circulación a 8 millones, entonces el valor del NAV por acción es 11.75 dólares.

$$\text{Valor Activo Neto (NAV)} \quad = \quad \frac{\$100 \text{ millones} - \$6 \text{ millones}}{8 \text{ millones de certificados}} \quad = \$11.75$$

El valor de un certificado emitido por una compañía de inversiones abierta —fondo mutual— se basa en esas tres variables.

El administrador del fondo calcula diariamente el valor de la acción (NAV). Los activos aumentan o disminuyen de valor debido a tres factores: los dividendos e intereses que se reciben, la ganancia o pérdida de capital y los costos administrativos. Este último es clave porque a la larga podría representar la diferencia. Ahora observa cuán importante son los costos. Un simple ejemplo: un portafolio con un rendimiento promedio de 7.5% en las acciones y 4.5% en bonos, y una distribución de 60/40, produciría un 6.3% antes del costo. Si inviertes inicialmente 100 mil dólares en este portafolio durante un periodo de veinticinco años, la apreciación sería de 360 mil dólares. Pero, si descontamos el costo de 1.5%, el rendimiento sería de 4.70% con una apreciación menor de 216 mil dólares (144 mil dólares menos). Esto muestra que el que tiene el costo más bajo es el mejor. Y aquellos fondos que no tienen comisión de venta muestran que tienen mejor actuación que aquellos que cobran comisión de venta. (Ver tablas en las páginas siguientes.)

Fondos de Mercado de Dinero
Money Market Funds

- Primer objetivo: preservación de capital y liquidez
- Usa un instrumento de renta fija a corto plazo
- El rendimiento está relacionado a la tasa de interés corriente
- No hay fluctuación en el NAV
- Lugar temporal para depositar el efectivo para emergencia o antes de invertir en acciones o bonos

Fondos de Crecimiento
Growth Funds

- Primer objetivo: apreciación del capital
- Usa acciones de potencial crecimiento
- El ingreso no es prioridad
- Recomienda invertir dividendos y ganancia de capital

Fondos de Ingreso
Income Funds

- Primer objetivo: generar ingresos constantes
- Invierte en instrumento de renta fija emitidos por gobiernos, compañías, agencias cuasi-públicas, municipios
- Provee ingreso por interés
- El valor fluctúa con la tasa de interés
- El interés que genera puede que pague o no impuestos
- Los fondos con bonos especulativos (*junk bonds*) son más volátiles

Fondos Agresivos
Agressive Funds

- Primer objetivo: apreciación del capital
- Alto nivel de Beta
- Algunos usan derivados para maximizar rendimiento
- Fondos muy volátiles
- Mayor potencial de rendimiento

Fondos Balanceados
Growth/Income and Balance Funds

- Primer objetivo: ingreso corriente y apreciación de capital
- Usa acciones de potencial crecimiento e instrumentos de renta fija para generar ingreso
- Generalmente se usa para generar ingreso y protección contra la inflación

Fondos por Sector
Sector Funds

- Invierte en una industria específica o área de negocios (ej.: industria financiera, energía, tecnología, etc.)
- Permite especulación a través de toda la industria
- Se invierte en estos fondos debido a los ciclos económicos
- Usado para maximizar crecimiento a largo plazo con gran volatilidad

Fondos de Índice
Index Funds

- Primer objetivo: seguir al mercadoen general con bajo costo
- No invierte en acciones o instrumentos de renta fija individual
- Es más diversificado
- Son efectivos en la administración de costos

Fondos Internacionales Globales
International Global Funds

- Primer objetivo: invertir en otros mercados para sacar ventajas de la economía global
- Puede comprar acciones, instrumentos de renta fija de empresas y/o gobiernos

Tabla 18. Distintos tipos de fondos.

No todos los fondos mutuales son iguales

Año	Cantidad	Cargos de venta	Inversión neta	Tasa de rendimiento	Costos	Valor final	Cargo por cancelación (si aplica)
		0%		8.00%	0.50%		
1	$10,000	-	$10,000	$800	$(54)	$10,746	-
2	$10,746	-	$10,746	$860	$(58)	$11,548	-
3	$11,548	-	$11,548	$924	$(62)	$12,409	-
4	$12,409	-	$12,409	$993	$(67)	$13,335	-
5	$13,335	-	$13,335	$1,067	$(72)	$14,330	-
6	$14,330	-	$14,330	$1,146	$(77)	$15,399	-
7	$15,399	-	$15,399	$1,232	$(83)	$16,547	-
8	$16,547	-	$16,547	$1,324	$(89)	$17,782	-
9	$17,782	-	$17,782	$1,423	$(96)	$19,108	-
10	$19,108	-	$19,108	$1,529	$(103)	$20,534	-

Tabla 19. No hay cargo

Año	Cantidad	Cargos de venta	Inversión neta	Tasa de rendimiento	Costos	Valor final	Cargo por cancelación (si aplica)
		5.75%		8.00%	1.25%		
1	$10,000	575.00	$9,425	$754	$(127)	$10,052	-
2	$10,052	-	$10,052	$804	$(136)	$10,720	-
3	$10,720	-	$10,720	$858	$(145)	$11,433	-
4	$11,433	-	$11,433	$915	$(154)	$12,193	-
5	$12,193	-	$12,193	$975	$(165)	$13,004	-
6	$13,004	-	$13,004	$1,040	$(176)	$13,869	-
7	$13,869	-	$13,869	$1,110	$(187)	$14,791	-
8	$14,791	-	$14,791	$1,183	$(200)	$15,775	-
9	$15,775	-	$15,775	$1,262	$(213)	$16,824	-
10	$16,824	-	$16,824	$1,346	$(227)	$17,943	-

Tabla 20. Cargo de venta al principio

Año	Cantidad	Cargos de venta	Inversión neta	Tasa de rendimiento	Costos	Valor final	Cargo por cancelación (si aplica)
		0%		8.00%	2.00%		
1	$10,000	-	$10,000	$800	$(216)	$10,584	(600.00)
2	$10,584	-	$10,584	$847	$(229)	$11,202	(529.20)
3	$11,202	-	$11,202	$896	$(242)	$11,856	(448.08)
4	$11,856	-	$11,856	$949	$(256)	$12,549	(355.69)
5	$12,549	-	$12,549	$1,004	$(271)	$13,282	(250.97)
6	$13,282	-	$13,282	$1,063	$(179)	$14,165	(132.82)
7	$14,165	-	$14,165	$1,133	$(191)	$15,107	-
8	$15,107	-	$15,107	$1,209	$(204)	$16,111	-
9	$16,111	-	$16,111	$1,289	$(218)	$17,183	-
10	$17,183	-	$17,183	$1,375	$(232)	$18,325	-

Tabla 21. Cargos de venta al final

Año	Cantidad	Cargos de venta	Inversión neta	Tasa de rendimiento	Costos	Valor final	Cargo por cancelación (si aplica)
		0%		8.00%	2.00%		
1	$10,000	-	$10,000	$800	$(216)	$10,584	(100.00)
2	$10,584	-	$10,584	$847	$(229)	$11,202	-
3	$11,202	-	$11,202	$896	$(242)	$11,856	-
4	$11,856	-	$11,856	$949	$(256)	$12,549	-
5	$12,549	-	$12,549	$1,004	$(271)	$13,282	-
6	$13,282	-	$13,282	$1,063	$(287)	$14,057	-
7	$14,057	-	$14,057	$1,125	$(304)	$14,878	-
8	$14,878	-	$14,878	$1,190	$(321)	$15,747	-
9	$15,747	-	$15,747	$1,260	$(340)	$16,667	-
10	$16,667	-	$16,667	$1,333	$(360)	$17,640	-

Tabla 22. Gastos por nivel

Bueno, diría el distribuidor de fondos mutuales, si es así, ¿por qué la mayoría de los fondos mutuales que se venden en el país son con comisión de venta (*load funds*)? Éste es buen punto. El argumento de los corredores de bolsa, que venden fondos mutuales, es que la comisión de venta se justifica porque al final estos fondos tienen mejor rendimiento. ¿Por qué? Se supone que al pagar una comisión al vendedor estás pagando el trabajo de ellos por buscar el mejor fondo. Es como comprar el boleto de avión directamente a la aerolínea o comprarlo a través de un agente de viajes. En el primer caso, pagas menos porque no tienes intermediarios. El argumento es que el costo se justifica porque el intermediario va a buscar el mejor negocio. Es cierto que un agente puede ayudarte a buscar mejores rutas, lidiar con la reservación, el hotel y tantas otros trámites que pueda justificar pagar por eso. ¿Pero puede el agente de viajes garantizarte que la calidad del viaje sea de primera? No. De la misma forma que el agente no puede, tampoco el corredores de bolsa, el asesor o planificador financiero que gana comisión por la venta del fondo. La compañía les paga por distribuir el producto y el comprador del fondo le paga una compensación por ayudarte a establecer metas racionales, discutir el riesgo potencial y otros servicios, pero no estás pagando para que el fondo te genere más ganancias.

No sólo es importante analizar los costos. También hay que saber quién está administrando el fondo, el estilo de inversión, que el tipo de fondo vaya a acorde a la tolerancia al riesgo del inversionista, la actuación del fondo en comparación a su índice respectivo y los componentes del fondo —las compañías y gobiernos detrás de los emisores de los títulos financieros. Ésta no es tarea fácil. El gran número de fondos mutuales —existen más siete mil— dificultan la tarea de elegir el mejor fondo que satisfaga nuestras necesidades.

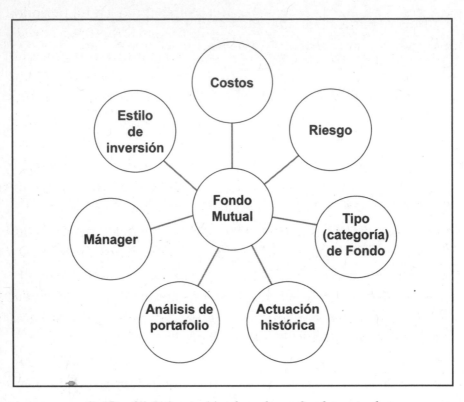

Gráfica 25. Información clave de un fondo mutual.

¿Por dónde empezar? Bueno, si eres de los que cree que el estilo activo de inversión a través de fondos mutuales es lo mejor, lamento decirte que la mayoría de los fondos mutuales no vencen al mercado ni a sus propios índices. La mayoría de ellos tienen altos costos, pobre administración y selección de inversiones que es peor que si siguiéramos un estilo pasivo de inversión siguiendo los índices. De esto hablo en el libro *La riqueza en cu4tro pisos.*

Aquellos pocos que logran vencer al índice, no son consistentes en su actuación.

Un estudio de Standard & Poor publicado en 2006 da a conocer que sólo unos cuantos administradores de portafolio logran repetir sus buenas actuaciones del pasado y mantenerse en el grupo de los mejores en su categoría. Por ejemplo, en un periodo de cinco años sólo 71 (13.2%) *"large-cap" funds,* 16 (19.9%) *"mid-cap" funds* y 24 (10%) *"small-cap" funds* se mantuvieron entre el primer 50% del grupo durante doce meses consecutivos. Y un total de 8 (3%) *"large-cap" funds,* 2 (2.5%) *"mid-cap" funds* y 0 (0%) *"small-cap" funds* se mantuvieron en el primer 25% de su categoría durante el mismo periodo. Incluso tomando en cuenta el peripodo completo de cinco años, sólo el 17.3% de los *"large-caps" funds* se mantuvo en el *top* 25%, y sólo 10.4% de los *"mid-cap" funds* y 17.7% de los *"small-cap" funds.*

¿Cuáles son las características comunes de los fondos con mejor actuación? Según la investigación, las características son similares: administradores con mayor experiencia, bajos costos en relación a su competencia y se centran en disminuir la pérdida durante caídas en la economía. Por eso es complicado escoger con éxito entre miles de fondos mutuales.

Por otra parte, si eres del bando de los que creen que los fondos mutuales son el mejor vehículo para vencer al mercado o estás en tu plan de retiro y tu empleador no ofrece fondos mutuales de índices, es importante que escojas fondos de bajo costo y en relación a tu tolerancia al riesgo. ¿Dónde ver todo esto? Empezaría con el *prospectus* más reciente. El *prospectus* no es otra cosa que un folleto donde por ley las compañías de inversiones tienen que describir los objetivos de la inversión, discusión del plan de inversión, los riesgos que enfrenta la inversión y una descripción detallada de los costos que se incurre al invertir en el fondo. También incluye la lista de los títulos financieros que componen el fondo como los estados financieros de la compañía.

Aunque navegar por el mar de páginas de esos folletos no es fácil. Entre el *prospectus,* el SAI —*Statement of Additional Information* (Estado de Información Adicional)— y los informes periódicos suman por lo menos más de 120 páginas. Incluso he visto folletos y sus adendas que llegan a las 236 páginas. La realidad es que al no dedicar el tiempo y la energía necesaria para sacar beneficio del contenido importante de estos folletos se pierde información válida.

¿Qué es un *Index Fund*?

Tú hablas de los fondos mutuales de índice (*Index funds*). ¿Me podrías explicar qué son?

Para entender los fondos mutuales de índice primero debemos entender qué son los índices. Vamos a tomar un mercado: el accionario. Vamos a suponer que el mercado accionario en Estados Unidos se compone de aproximadamente cinco mil compañías que se comercializan públicamente —que podemos comprar títulos en el mercado. Claro que esta cantidad aumenta y disminuye porque entran nuevas y salen otras por la puerta de la bancarrota o la adquisición (M&A). Estas miles de compañías son las que producen y generan la mayor cantidad de bienes y servicios que nosotros recibimos.

¿Cuánto sería el valor total del mercado? Si decidimos tomar el valor de cada acción de cada compañía y multiplicarlo por las acciones en circulación respectivas, diríamos que el valor total del mercado llega a 12 billones de dólares. O sea, tomamos el precio de la acción en el mercado de la compañía uno, lo multiplicamos por la cantidad de acciones que están circulando en el mercado; esto lo hacemos con la compañía número dos, la tres y así sucesivamente hasta llegar a la última. Sumamos todas las cantidades y decimos que el valor de capitalización total del mercado de EE. UU. estaría cerca de esta cantidad. Este valor total sube y baja de acuerdo al comportamiento de cada compañía.

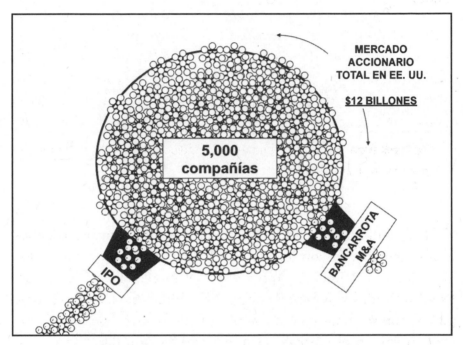

Gráfica 26. Mercado accionario en Estados Unidos.

Pero no todas las compañías tienen el mismo valor. Y entre más grande el valor de una compañía, más afecta el comportamiento del valor total y viceversa. Hay compañías que están entrando, son pequeñas y más volátiles que aquellas que son las más adultas y menos volátiles.

¿Qué pasa si nos ponemos a crear un portafolio hipotético basado en estas cinco mil compañías? Si tomamos una representación por valor de cada compañía, estaríamos creando un índice 5,000. Y si invertimos en un fondo mutual que imite al índice

5,000, nuestra inversión haría lo que el mercado hace en su totalidad. Si generara 10% de rendimiento, nuestra inversión generaría algo similar. Si pierde 5%, lo mismo sucedería con nuestra inversión.

¿Qué pasa si descubrimos que aproximadamente quinientas de las cinco mil compañías representan cerca del 75% de los 12 billones de dólares? O sea que si queremos crear un índice basado en el valor de capitalización con sólo tomar las quinientas más grandes, tendríamos cuatro quintas partes del mercado. Pues podríamos llamarle índice 500. Y si invertimos en un fondo mutual que imite al índice 500, nuestra inversión haría lo que esas quinientas compañías generan. Si crecen un 10%, nuestra inversión haría lo mismo. Si pierde 5 por ciento, lo mismo ocurriría con nuestra inversión.

¿Qué pasa si descubrimos que aproximadamente mil de las cinco mil compañías representan cerca del 90% de los $12 billones? ¿Qué pasa si queremos crear un portafolio que represente las compañías más pequeñas por valor? Bueno, descubrimos que cerca de dos mil compañías representan cerca del 8% del mercado. Pasaría lo mismo con la inversión que siga este índice.

Si elegimos a las compañías que se comercializan en los mercados basados en un criterio (las más grandes, las más pequeñas, el total), estaríamos creando un portafolio hipotético de acciones. Este portafolio hipotético de acciones sería un índice, que no es otra cosa que una herramienta para medir la actuación de parte o de todo el mercado de acuerdo a un criterio — el más común es el valor por capitalización.

Y un fondo de índice no es otra cosa que una compañía de inversiones que compra acciones y las mantiene tratando de imitar al índice correspondiente (lo mismo se hace en bonos, con acciones y bonos de mercados internacionales, etcétera.) Un índice es un indicador. Un fondo de índice imita al indicador. En el primero no se puede invertir, pero sí en el segundo. Hay compañías que se dedican a crear índices y hay compañías de inversiones que se dedican a crear fondos mutuales que imitan los índices. Compañías como Standard & Poor's o Wilshire Associates son creadores de índices accionarios. Compañías como Vanguard o Fidelity se dedican a crear fondos mutuales que asemejan a los índices. Por ejemplo, Standard & Poor's creó un índice llamado S&P 500 que se compone de 500 compañías que representan el 75% del valor total de las compañías que se comercializan en Estados Unidos. Entonces la compañía de inversiones Vanguard crea Vanguard 500 Index Fund Investor Shares (VFINX), que imita el índice S&P 500.

No se debe suponer que la actuación del fondo mutual que sigue al índice va a actuar exactamente igual. ¿Por qué no? Por dos razones: *1)* el costo por administrar el fondo; *2)* la flexibilidad por parte de los administradores en cuanto a representar exactamente al índice.

He aquí una importante cita acerca de fondos de índice de William Sharpe, ganador del Premio Nóbel de Economía: "¿Deberías tener parte de tu portafolio en *index funds*? Es una decisión tuya. Sólo sugiero que consideres la opción. A largo plazo, esta estrategia aburrida puede darte más tiempo para dedicarte a otras cosas más interesantes como la música, el arte, la literatura, el deporte, etcétera. Y es muy posible que te deje mucho dinero también".

¿Por qué los fondos de índice? Porque hay un argumento sólido: es mejor seguir a la representación del mercado que tratar de ser mejor que éste. Aquí entramos en el debate de si es mejor un estilo pasivo de inversión o uno activo.

Tienes estas dos opciones: analizar cada una de las más de cinco mil que existen y escoger las que sean mejores para invertir o invertir en el 80% del valor total del mercado comprando una representación de las 500 compañías más grandes. Si te vas con la primera, tu estilo de inversión es activo; la segunda es pasiva.

El estilo activo considera que una buena administración que sepa elegir los sectores, las industrias, compañías dentro o fuera de Estados Unidos puede tener mayor rendimiento en la inversión de lo que un índice puede generar. Ellos pueden ganarle al mercado. O sea que si el índice S&P 500 tiene un rendimiento de 8%, ellos pueden conseguir más que eso. ¿Cómo? Con un equipo de administradores de portafolio, analistas, estrategas, etcétera. ellos se dan a la tarea de buscar en cualquier rincón del mundo la posibilidad de un mejor rendimiento para sus inversiones. Ya sea buscando compañías en crecimiento *(growth)* o aquellas por debajo de su valor intrínseco *(value),* todos ellos compran activamente lo que estiman que va a crecer y venden lo que puede bajar.

El estilo pasivo argumenta que la mayoría de los administradores no pueden ganarle al mercado (índice). La primera ventaja de los índices sobre los fondos administrados de forma activa son los costos. En promedio el costo de un administrador activo puede estar entre 1% y 1.5% o más que lo que cobran los pasivos (0.30%). Esto sin incluir la comisión que ganan los vendedores del fondo o plan de inversión. La segunda ventaja es que la mayoría no puede vencer al índice debido a que fallan en la elección de compañías, al alto nivel de compra y venta generando más costos y están en el lugar equivocado en el momento equivocado. Aunque, es cierto también que no todos los que dicen llamarse pasivos lo son. Muchos lo que hacen es sacar una muestra representativa, contrario a seleccionar una representación exacta de todas las acciones en el mercado, y otros cargan costos tan altos que igualan o sobrepasan a los administradores de estilo activo.

Invertir en índices es una estrategia creada para seguir al mercado, no para vencerlo. Aunque no es beneficioso que *todos* invirtamos en índices, para la mayoría de nosotros, si se hace correctamente, es el mejor vehículo. Por el bajo costo y la pobre selección del promedio de administradores activos, salimos mejor si invertimos en índices que estar en el promedio de los fondos mutuales que tratan de ganarle al mercado y no pueden.

¿Qué son las anualidades?

Tengo un dinero disponible para invertir. Nos hablaron de varias opciones, entre ellas las anualidades. ¿Nos puedes explicar?

Las anualidades son más viejas que el frío. Sin embargo, si es un producto que lleva mucho tiempo en la vida económica, ¿por qué hay mucha confusión al respecto? Las razones pueden ser muchas: desde falta de conocimiento de los consumidores hasta que los vendedores lo hacen difícil de entender (muchas veces porque ellos mismos ni lo entienden), o una combinación de ambos. Esto hace que para muchos de nosotros el producto no sea "amigable" ante nuestros ojos.

Definamos el concepto de anualidad: es un vehículo para liquidar una suma de dinero. Ejemplo: supongamos que tengo 100 mil dólares. Al comienzo de cada año quiero recibir un pago anual de dinero y que me sigan pagando por los próximos veinte años. Si anualizo el pago por año, serían cinco mil dólares.

Pero, ¿qué pasa si hay alguien que, a cambio de un pago, me promete pagar un 3% por arriba de la inflación? ¿Qué pasa si puedo tener la posibilidad de buscar un mayor rendimiento de dinero, aunque sin garantías? ¿Qué pasa si quiero recibir el dinero en diez años? ¿Qué pasa si quiero recibir dinero de por vida o que mis herederos también lo reciban? Para satisfacer estas necesidades existen entidades que ofreces este servicio: las compañías de seguros.

El *annuity* es un contrato que venden las compañías de seguro en el cual se comprometen a realizar uno o varios pagos al dueño o dueños del contrato. La anualidad es como un fondo donde hay que llenarlo y de donde saldrán los pagos. El dinero que se pone en el fondo proviene generalmente de nosotros, más el dinero que se genera por la inversión —ya sea que provenga de la garantía de la compañía de seguro o de la selección de nuestras inversiones. Esto es lo que se conoce como periodo de acumulación en una anualidad.

Además está el periodo de distribución, que es cuando, por contrato, la compañía de seguro comienza a sacar dinero de ese fondo para realizar los pagos a los clientes —nosotros— y a los beneficiarios. O sea, uno pone el dinero y ellos ofrecen diferentes opciones para liquidar el dinero.

Por otra parte, son ellos los que se comprometen a cumplir el contrato. El pago está seguro de acuerdo al bienestar de la compañía. Si la compañía está bien, el contrato está bien. Cierto que hay protección en los estados en el caso de que la compañía se declare insolvente —cada estado regula las compañías de seguro y sus prácticas—, pero tienen un límite —generalmente de 100 mil dólares— y no para todas las anualidades. Lo interesante de las anualidades —desde el punto de vista de ingeniería financiera— es que se pueden crear muchas versiones de ella, pero usan bases estructurales básicas:

1. El método de contribuir al fondo
2. La inversión de la contribución
3. El día que comenzará el pago (líquidación)
4. Cómo se realizará la distribución
5. El tiempo que durará la distribución
6. Y si existe alguna garantía

Dos ejemplos de anualidades: fija y variable

Anualidades fijas (fixed annuities). Cuando uno compra una anualidad fija lo que está haciendo es adquiriendo un contrato en el cual la compañía garantiza el pago y rendimiento durante un periodo.

Cuando el inversionista decide comenzar a recibir el ingreso "llamado" —periodo de distribución—, recibe un pago fijo según el valor de la cuenta y la expectativa de vida del inversionista, basado en tablas actuariales.

Como la compañía de seguros garantiza el retorno de la inversión, el riesgo de la inversión recae en la compañía y no en ti. Aunque virtualmente no existe riesgo con el principal y el interés, sí existe el riesgo de la inflación y de negocio. ¿Por qué? Bueno, no se compra lo mismo con, digamos, quinientos dólares mensuales hoy que con quinientos dólares en diez o veinte años. Al ser pago fijo, éste no sube con la inflación. Al subir los precios y el pago no, sale más caro comprar. Por tanto, hay menos dinero disponible.

Otro punto de riesgo es que la compañía se declare en quiebra y pierdas todo. Como es la compañía la que te garantiza el pago, ellos toman el dinero y lo ponen en la cuenta general de activos de la compañía —no está en una cuenta separada. Si la compañía se declara en bancarrota, es muy probable que tu dinero se pierda. Aunque existe la protección del estado, ésta es limitada. No obstante son más los casos de personas protegidas.

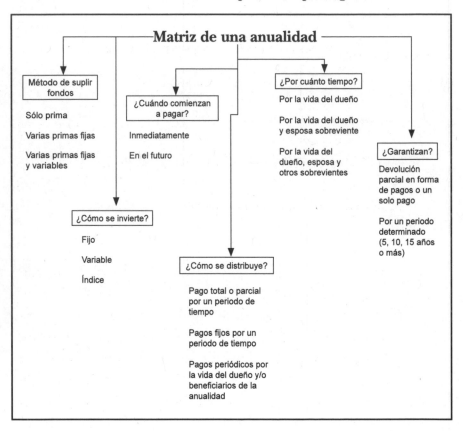

¿Cuánto tiempo puede durar el pago? Va a depender de cómo se realizó el contrato. Puede ser por un periodo de tiempo que puede terminar antes o después de la muerte del dueño. Entre más largo sea el periodo, menor será el pago. ¿Hay costos? Sí. Está el de mortalidad —ganancia para la compañía por el riesgo—, administrativos y costo de cancelación de contrato.

Fija	Variable
Pagos fijos garantizados	Pagos variables
Interés fijo garantizado	Tasa de retorno variable
Costos más bajos	Costos más altos
Riesgo de inversión asumido por compañía	Riesgo de inversión asumido por inversionista
Portafolio de bonos	Portafolio que incluye acciones
Vulnerable a la inflación	Resistente a la inflación
Sujeto a regulación de seguros	Sujeto a regulación de seguro e inversiones

Tabla 23. Comparación de anualidad fija y variable

Anualidad variable (variable annuities). Contrario a la fija —que mantiene su rendimiento y pago fijo—, las anualidades variables varían porque el rendimiento de la inversión puede cambiar. También, contrario a la fija, el dinero se establece en una cuenta separada y no se combina con los activos generales de la compañía aseguradora. En esta cuenta separada el dinero sube y baja de acuerdo a los instrumentos en el portafolio. Si están en acciones, bonos o efectivo, se moverá hacia arriba o hacia abajo. Esto te permite tener un rendimiento potencial mayor que lo que te puede dar una anualidad fija. Pero si pierdes dinero, es tu responsabilidad. Además el costo tiende a ser mayor debido a que hay costos administrativos y de inversión.

• Costo de mortalidad: generalmente entre 0.25% y 2% anual para compensar a la compañía.

- Honorario por contrato anual que varía entre treinta y setenta y cinco dólares por año, dependiendo del tamaño del contrato, como también puede ser por porcentaje.

- Costo anual por administrar cuenta separada: 0.10% a 0.35%.

- Costo de manejo de inversiones: al ser una cuenta separada, está manejada por compañías de inversión donde pagas costos; estos pueden ser desde 0.2% hasta 12%. Aunque en la mayoría de los casos estos costos varían entre 1.5% y 2.5%.

- Costo por cancelar contrato antes de tiempo: éste puede ser de 2% el primer año y 0.10% los años siguientes; puede ser 2% durante cinco años; como también puedes ver casos donde el primer año te quitan un 8% o un 7% el segundo, 6% el tercero, hasta llegar a 0%. Incluso he visto casos de hasta un 15% y que además no puedes sacar dinero por doce años sin tener que pagar penalidad. Cada contrato es distinto.

Es cierto que las anualidades variables, a cambio de un costo y dependiendo del contrato, pueden garantizarte la mayor parte del principal durante un periodo determinado. Digamos que si pongo 100 mil dólares y hay una caída en el mercado, puede que en el contrato se haya establecido una garantía que la compañía me paga el 90% depende de cada contrato cómo se establecen las garantías.

Soy de la idea de que si estás muy lejos del retiro o no requieres de un ingreso constante, no consideres las anualidades como primera opción. Uno de los puntos sensibles de las anualidades son los costos. Como cada compañía establece la forma en que cobra, cada contrato varía.

Las anualidades no se justifican a corto plazo. Y hay que ser muy cuidadoso a largo plazo. He visto caso de cantinflas financieros que les han vendido anualidades a personas para que pongan su reserva de emergencia. Cuando necesitaron el dinero, el costo de cancelación se comió gran parte de su dinero. Es cierto que el capital puesto en una anualidad no paga impuestos durante su acumulación. Pero si no se controlan los costos, ¿pregúntate si se justifica tener ese beneficio?

Similar a lo que sucede con los IRA, retirar el dinero de una anualidad antes de los cincuenta y nueve años y seis meses tiene una penalidad de 10% que se impone tanto al interés ganado como a la cantidad retirada. Pero, a diferencia de los IRA, en la anualidad no tienes excepciones a la regla del 10% de penalidad. Claro que algunos argumentan que la aplicación de la Sección 72(q) (2)(D) haría obviar el pago del 10%. Pero asegúrate de que se aplica la Sección 72 en tu caso porque es posible que no cumplas con los requisitos y termines pagando la penalidad. Asimismo toma en cuenta el posible *surrender charge*. No se justifica crear una anualidad dentro de un IRA porque no recibes beneficios impositivos adicionales, pero sí los costos adicionales.

El otro caso es que los contratos de anualidades no son asegurados por el FDIC (incluso si son vendidos por un banco). Las anualidades son respaldadas por la capacidad y buena voluntad de la compañía que emite el contrato. Por esta razón, es importante que investigues la salud financiera de la compañía. Una buena forma es revisar la clasificación con las compañías que dan este tipo de servicio *(rating companies)* como Moody, A.M. Best, Fitch, Standard & Poor y Weiss. Y aunque lo encuentres aburrido, lee el prospecto. Es ahí donde está todo lo que tienes que saber.

Las anualidades no son para todo el mundo. Pero, bien aplicadas y con costos controlados, pueden ser un excelente vehículo.

¿Invertir diariamente haciendo un análisis técnico?

Mi esposa quiere que invirtamos en la bolsa comprando y vendiendo acciones de forma diaria. Ella tiene amigas que se pasan pegadas a un monitor comprando y vendiendo. Es una especie de club. Dicen que se puede hacer dinero analizando gráficos. ¿Es eso una forma de invertir?

Cierto que es una forma de invertir. De que sea efectiva, eso es otra cosa. Antes hay que aclarar que, si estamos construyendo nuestro edificio de la riqueza, no creo que debamos especular en la compra y venta a corto plazo. No es económicamente prudente poner el dinero de la reserva de emergencia en ese juego. Tampoco poner en última fila el portafolio de seguros, el exceso de deudas, el retiro. No pongo ni un centavo de mi casa, retiro, el dinero para la educación de los hijos ni nada que sea dinero utilizado para la construcción del edificio de nuestra paz financiera.

¿Por qué mucha gente cree que cada compra y venta de una acción en el mercado es una garantía segura de ganancia? No lo es. Aquellos que se dedican al negocio de compra y venta de acciones toman mucho riesgo para tener ganancia (no ganancia asegurada).

Otro punto clave en todo esto: comercializar diariamente en la bolsa no es inversión, sino especulación. El primero es más una actividad relacionada con estimar en un margen de tiempo largo la actuación comercial de una empresa y cómo éste se refleja en el valor de la acción, suponiendo que se mantenga un determinado estado económico. El otro es predecir el estado psicológico del mercado y estimar si la acción subirá o bajará. Es tratar de predecir cualquier noticia de una compañía o evento económico y cómo afectará el valor de la acción. ¿Subirá o bajará? "Compra… Vende… Espera".

Muchos entran al mercado a especular pensando que sólo con un método de *trading* y unos cuantos gráficos llamativos se tendrá éxito en el mundo de la compra y venta de títulos financieros. No es así. La razón es que los gráficos no dicen toda la verdad del asunto, y si tratas de seguir el sentimiento del mercado terminas con un quiebre emocional.

¿Puedes decirlo todo con una foto? ¿Puedes resumir lo que sucede en la vida con una foto? Sabiendo eso, ¿crees que con un gráfico podemos decir no sólo lo que pasa con una compañía en particular, sino lo que está pasando en la mente de los compradores y vendedores en ese momento y en el futuro?; ¿lo que puede pasar en otras áreas de la economía nacional e internacional que pueden cambiarte la imagen de la foto en un abrir y cerrar de ojos?

Los siguientes son los principios de la escuela de los *traders* (también se conoce como escuela de análisis técnico).

1. El valor de mercado de cualquier título financiero está determinado por la interacción de compradores y vendedores.

2. Las fuerzas de oferta y demanda están gobernadas por varios factores (racionales e irracionales). Incluyen factores como variables económicas, opiniones, estimaciones, sentimientos. El mercado pesa estos factores continuamente y automáticamente.

3. El precio de cualquier título financiero y el valor general del mercado se mueven en tendencias. Y estas tendencias persisten por tiempos relativamente largos. Se puede predecir la conducta del mercado con respecto a estos cambios.

4. En otras palabras, el *trader* toma decisiones sobre información histórica basada en los movimientos y volúmenes de comercialización para determinar patrones. O sea, reacciona o intenta anticipar los resultados en el mercado basado en una conducta pasada. Hay consenso en el segundo punto. En el primero existe el consenso de que parte del valor de un título o certificado financiero puede provenir de la interacción de los compradores y vendedores en el mercado. Pero el tercer y cuarto son debatibles. La mejor forma de ver esto es con la **Gráfica X.** en la página que sigue.

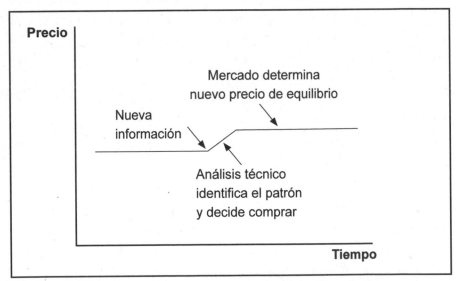

Gráfica 27. Ajuste de precio según el analista técnico.

La línea del centro representa la tendencia del precio de cualquier acción. Claro que la gráfica es una forma simple de representar la realidad de los precios en el mercado porque estos no se mueven en forma líneal, sino como una montaña rusa (en forma aleatoria).

Esa tendencia se observa al estudiar la información histórica del precio de la acción. Supongamos que entra información nueva y relevante al mercado (por ejemplo, la compañía sacará una nueva droga para el cáncer). El analista técnico estima (análisis de la información pasada) si esa nueva información llevará el precio hacia arriba. Con esa nueva información (se supone que otros no la saben), el *trader* toma posición en la acción (compra) apostando que el precio subirá hasta encontrar ese nuevo equilibrio. El mercado reacciona (se supone que es más lento que los analistas o compradores astutos) comprando más acciones de la misma, llevando el precio hacia arriba. Esta dinámica sigue hasta que se llega al nuevo equilibrio. La subida es la ganancia bruta del inversionista. El mismo principio se aplica en el caso de la caída del precio del título

Lo debatible de esta escuela es que el analista técnico considera que el cambio en el precio no será tan rápido (entre el último y nuevo punto de equilibrio), lo cual les permite sacar ventaja al adelantarse al movimiento del mercado en general. Pero la realidad es que cuando sale una noticia nueva, el mercado reacciona tan rápidamente que no da mucho tiempo para sacar el beneficio. Y si existiera esa oportunidad (hay casos en los que el conocimiento, la experiencia, el respaldo de dinero y un poco de suerte podría identificarla), los costos de transacción e impuestos podrían comerte la ganancia.

Veamos un ejemplo. Una técnica muy popular es la "regla del filtro". El filtro es como una barrera. Esta puede ser de 5% o de 50%. El inversionista establece ese nivel de subida y bajada.

Cuando el precio de la acción rompe la barrera establecida, sugiere que la acción debe comprarse (si sube) o venderse (si baja), estableciendo un nuevo periodo sin cambios marcados. Un estudio realizado por Eugen Fama y Marshall Blume indica que esta estrategia no funciona cuando se toman en consideración los costos por transacción (en la compra y venta generas costos de transacción y comisión para el bróker) e impuestos.

Existe otro problema. La detención temprana a través de información histórica (utilizando gráficos y modelos subjetivos y matemáticos) requiere de un grado muy alto de subjetividad (dos analistas técnicos mirando el mismo gráfico pueden llegar a diferentes conclusiones). Aparte de que la técnica que se utilice es conocida por tanta gente que lo poco que puedes obtener de ganancia se neutraliza. Esto no significa que el análisis técnico se use, especialmente cuando se va a realizar la compra y venta de un título o certificado financiero, especialmente en acciones. Tampoco el análisis técnico (me refiero a los serios) descarta la información fundamental de la compañía y los factores económicos. Ellos creen que usando las tendencias y los eventos no esperados o irracionales en el mercado se puede sacar ventaja al momento de comprar y vender.

El problema está cuando creemos, o nos hacen creer, que ésta es la panacea para hacer dinero. Ver gráficos y descifrar tendencias o comprar ante la primera o mala noticia no es suficiente para hacer dinero, y podría llegar a ser un juego peligroso.

Para incrementar la probabilidad de éxito en *trading* necesitas dominar tres áreas: *1)* el método de *trading*; *2)* la administración de dinero; y *3)* tu psicología como *trader*. El análisis técnico sólo cubre una parte de la primer área. Pero no las otras dos.

El primero es determinar cómo el mercado será analizado y qué método de *trading* se utilizará. En el segundo caso es la evaluación del riesgo y del rendimiento de cada transacción y el cálculo de si el capital se está utilizando de forma eficiente. La tercera área, sicológica, se refiere al estado mental del *trader*. La mayoría de las personas no hace ninguna de las tres.

"Pero, Xavier, perdiendo se aprende". Cierto que al emplear el método de prueba y error se aprende. Para responder tomo prestadas algunas ideas de un inversionista experimentado que me enseñó que es cierto que el dinero es un costo que se paga por aprender el negocio de comercializar en el mercado. Pero, no infieras que a mayor el costo de la pérdida, mayor el aprendizaje.

Comercialización diaria: A tu propio riesgo

Estás preparado a enfrentar pérdidas grandes y severas. Los que comercializan diariamente suelen sufrir graves pérdidas económicas en sus primeros meses de negociación, y muchos no se gradúan como para decir que generan ganancia. Está claro: el que comercializa diariamente sólo debe arriesgar el dinero que pueda permitirse perder. Nunca se debe usar el dinero que necesitará para gastos diarios ni la jubilación; tampoco se debe sacar una segunda hipoteca ni utilizar dinero de préstamos estudiantiles.

Esto no es invertir. Cuando se hace comercialización diaria se pasa uno sentado frente a pantallas de la computadora para buscar la acción que está moviéndose hacia arriba o hacia abajo de su valor. Los que tienen esta práctica no saben a ciencia cierta cómo se va mover la acción o el mercado. Sólo esperan que se mueva en alguna dirección, ya sea hacia arriba o hacia abajo. Por eso no poseen la inversión por mucho tiempo porque sólo están especulando sobre la conducta del mercado. Además compran mucho al margen y pidiendo dinero prestado, lo cual aumenta el riesgo de pérdida.

Es una práctica extremadamente estresante y costosa ya que te obliga a trabajar tiempo completo. Debido a su naturaleza especulativa, tienen que mirar el mercado diariamente para aprovechar cualquier oportunidad. Es extremadamente difícil y exigirá un gran esfuerzo de concentración para seguir las fluctuaciones de precios de las acciones para detectar las tendencias del mercado. Esto conlleva también un alto costo de tiempo, transacción y pérdida.

No creas en las afirmaciones de los beneficios fáciles. No creas en anuncios publicitarios que prometan rápidas y seguras ganancias de transacciones diarias. Antes de comenzar a negociar con una empresa, asegúrate de saber cuántos clientes han perdido dinero y cuántos han obtenido beneficios. Si la empresa no sabe, o no lo dice, piénsalo dos veces acerca de los riesgos que tomarás si ignoras esa información.

Cuidado con los "consejos calientes", "asesoramiento especializado" de boletines y sitios web, así como con los seminarios "educativos". Algunos sitios web han tratado de sacar provecho ofreciendo consejos calientes y la acción de moda. Ofrecen villas y castillos de los beneficios que recibes cuando comercializas diariamente en el mercado. Los seminarios son la carnada de muchos.

Universidad

En una encuesta realizada por la agencia noticiosa AP y la cadena de televisión Univisión se le preguntó a algunos hispanos si ellos esperaban que su hijo fuera a la universidad. El 94% de los encuestados dijo que sí. Casi tres de cada cuatro dice que quieren que terminen los cuatro años de universidad. Pero cuando les preguntaron cuán preocupados estaban de no tener dinero para pagar la universidad, sólo al 46% le preocupaba considerablemente. O sea, virtualmente todos quieren que sus hijos vayan a la universidad. Tres de cada cuatro quieren que terminen los cuatro años. Pero, sólo a dos de cada cuatro les preocupa cómo cubrir los costos de la universidad. ¿Cómo explicar esto? Muy simple: como pagar la educación con deuda no es malo y tengo opción de préstamos disponible, no es una prioridad preocuparme por eso ahora. El 82% considera que es justificable pedir prestado para pagar la universidad.

Así le pasa a muchos que dejan el tema de la educación para el futuro porque, en última instancia, existe financiamiento para eso. Algunos dicen que para eso tienen la casa. Otros dicen que los hijos tienen opciones de beca y ayuda financiera. La realidad es que la planificación para cubrir los costos de universidad es importante y urgente. Es fundamental que empecemos a crear un *game plan* desde ahora. Es clave darnos cuenta que dejar esto para mañana, porque estamos pensando que podremos financiar, es un error que se paga muy caro.

¿Cuándo debo comenzar a ahorrar para la universidad de mi hija?

Hicimos nuestro primer y segundo piso, como dices en tu libro *La riqueza en cu4tro pisos.* Estamos pagando la casa sin problemas y comenzamos el retiro. Ahora estamos pensando en la educación de nuestra hija de cuatro años. No estamos seguros si esperar un poco o comenzar desde ahora ¿Qué nos sugieres?

Empiecen ya: entre más temprano, mejor. Recuerdo una charla que tuve con padres sobre cómo prepararse para cubrir los costos educativos de sus hijos. Pedí que levantaran la mano para saber cuántos de ellos tenían hijos adolescentes de dieciséis años de edad o más. La mayoría cumplía con ese requisito. Lo que se suponía que era una charla que les ayudaría a saber cuánto tenían que ahorrar, terminó siendo un purgatorio de dudas para ver de dónde sacarían el dinero para pagar la gran cantidad de gastos que se avecinaban.

El costo promedio de matrícula y cuota en una universidad privada, para el año académico 2009-2010 fue de $26,273 (4.4% más que el año anterior). Una universidad pública para el mismo año académico fue de $7,020 (6.5% más que el año anterior). Esto sin incluir costos de estadía, libros, materiales, transporte y otros gastos. Estos números varían por región, tipo de universidad, si el estudiante es residente del estado, tipo de transporte, vivienda, etcétera. Pero los actuales y futuros padres no pueden obviar una realidad para sus bolsillos: los costos de educación van hacia arriba. Considera un incremento anual entre el 5.5% y el 7%.

Cuatro años en universidad privada	$26,273 al año (4.4% más que el año pasado)
Cuatro años en universidad pública	$7,020 al año (6.5% más que el año pasado)
Dos años en universidad pública	$2,544 al año (7.3% más que el año pasado)

Tabla 24. Costos promedio de universidades en 2009-10.

Están los gastos fijos como matrícula, cuota, vivienda (si es dentro de la universidad). Y los variables como libros, alimentación, viajes, gastos personales, etcétera. La suma de todo esto representa un estimado del costo total. Como no sabemos cuáles serán los costos en el futuro (que de seguro no serán los mismos), hay que estimarlos.

Observa por qué es importante comenzar temprano, y por qué los padres de aquella charla se quedaron boquiabiertos. Supongamos que entre gastos de matrícula, créditos, libros, alimentación estadía y gastos personales suman 15 mil dólares anuales actuales —cerca de 70 mil dólares en cuatro años, si suponemos que la inflación será del 6%. ¿Cuánto tendrías que ahorrar para cubrir estos costos en el futuro si empiezas ahora que tu hija tiene cuatro años o si decides comenzar cuando tenga catorce años? (Parto del supuesto de que el rendimiento de la inversión será del 6%). La diferencia es considerable; observa la **Gráfica 28**.

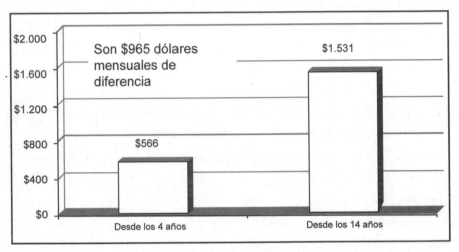

Gráfica 28. ¿Cuánto cuesta esperar?

La gráfica habla más que mil palabras. Entre más tarde empieces a ahorrar, más pesado será para tu economía personal. Esa diferencia —965 dólares— es el costo que se tendría por esperar diez años para ahorrar. Pero esta cantidad varía dependiendo del costo. Puede ser más o puede ser menos.

Sé que alguno pensará: "Xavier, se puede esperar porque no te olvides que hay ayuda financiera y becas por habilidades deportivas o académicas. No tendríamos que pagar el 100% de la factura". No es tan fácil. Ese argumento sería aceptable si tuviéramos garantías de la ayuda financiera y las becas.

Menos de una tercera parte recibe alguna forma de ayuda financiera. Y de ésta, la cantidad que reciben es mucho menos de la mitad. No cuentes con que tu hijo o hija serán una estrella deportiva o académica para lograr conseguir becas. Muchos jóvenes cambian cuando llegan a la pubertad. Sería una locura financiera suponer que no debemos ahorrar basados en una premisa tan débil como ésa. Por eso es que debes empezar desde ahora, si los recursos te lo permiten. Entre más temprano mejor.

Por eso, te sugiero que diseñes primero un plan de ataque. El siguiente es un *game plan* de cómo prepararte. Divídelo en cuatro áreas de trabajo: *1)* ¿cuál es el costo total de la educación hoy y en el futuro?; *2)* ¿de dónde saco el dinero?; *3)* ¿en dónde pongo el dinero?; y *4)* ¿quién va a ser el dueño legal de los fondos?

Otro aspecto clave es determinar si tú pagarás el 100% de la factura. Aquí tienes que sentarte tranquilamente para definirlo, porque el plan estará basado en la decisión que tomes. Si, por ejemplo, decides poner el 50%, entonces ¿de dónde provendrá el otro 50%? ¿Becas, préstamos estudiantiles, ayuda de la familia, regalos de navidad y cumpleaños, trabajos de medio tiempo de tu hijo? (Ayudar a los hijos a que planifiquen y aporten financiera e intelectualmente a su educación es una muy buena inversión para los padres y para ellos.)

También es importante el factor de inversión. ¿Por qué? Hay que definir qué parte del dinero provendrá de tus ingresos y cuánto provendrá del rendimiento producido por la inversión. (Pero no olvides que entre más quieras que el rendimiento pague los costos, también estás incrementando el riesgo de la inversión y menos garantías tendrías. Y viceversa: más garantías, menor el rendimiento, y tendrías que aportar mas dinero que provenga de tus ahorros.)

En cuanto a la tercera parte del plan, toma un tiempo prudencial para definir los programas y cuentas especializadas que utilizarás como vehículo de acumulación. Compara los beneficios y limitaciones de cada uno y escoge el que más te ayude a lograr la meta que tienes establecida. Tienes que tomar en consideración no sólo la parte de inversión, sino también la de impuestos.

La cuarta parte es de carácter legal y de mucha importancia porque define quien será el dueño de la cuenta. Averigua: cuando el niño llegue a la mayoría de edad ¿quién tendrá el control del dinero? ¿Quién va a ser el custodio y responsable de manejar el dinero de forma prudente? ¿Quiénes serán los asesores en la administración de la inversión? ¿Cómo afecta la cuenta para los ojos de *Financial Aid*?

Te advierto que te podrías encontrar con consejeros financieros que usan el miedo como forma de motivarte a empezar ahora y no después. Por ejemplo, en las estimación de los costos para determinar cuánto necesitas ahorrar eligen la universidad más cara de Estados Unidos. No es lo mismo el costo de Harvard que el de la universidad pública del estado. Es posible que su intención sea hacerte reflexionar sobre la importancia de comenzar temprano, pero también podría ser que su único objetivo sea vender un plan de ahorro como si fuera la única opción para pagar la educación de tu hijo, sin determinar tus prioridades financieras y otras opciones.

Es cierto que se necesita un plan de inversión para la universidad, como también que quizá necesites empezar temprano. Pero que la decisión y el producto se condicionen a tu plan financiero y no al revés.

No olvides esto: el mejor resultado financiero de la universidad comienza en casa.

1. Estima los costos directos e indirectos de la educación (considera los estudios de postgrado en la ecuación).

2. Del costo estimado total, evalúa cuánto provendrá de lo que ahorres y el rendimiento que realice la inversión.

3. Explora diferentes opciones en caso de no cubrir con los gastos totales; ejemplo: préstamos, becas, programas de trabajo para estudiantes en la universidad, etcétera.

4. Establece un plan de ahorro para lograr la meta de cubrir los gastos de la educación.

5. Analiza y considera otras opciones para bajar los costos.

6. Recuerda determinar quién será el dueño de la cuenta, los riesgos, beneficios, limitaciones, consideraciones impositivas, etcétera.

7. Comprende la diferencia entre un plan de educación y un plan de inversión.

8. Toma el tiempo prudencial para definir los programas y cuentas especializadas que utilizarás como vehículo de acumulación.

9. Desarrolla un presupuesto para lograr la meta.

10. Involucra a tu hijo(a) para que aporte ideas y dinero en el plan.

Tabla 25. Plan de pago de gastos universitarios.

¿Hipoteco la casa por la escuela de mi hijo?

A mi hijo lo aceptaron en una universidad privada en Estados Unidos, catalogada entre las mejores. Él está muy entusiasmado, pero mi esposo y yo no podemos afrontar tal gasto. Me tiene mal esta situación. ¿Debemos hipotecar la casa para ayudarle con los estudios?

Puedo comprender lo que estás sintiendo, las noches sin dormir pensando cuál es la mejor solución. Pero no me cansaré de repetir a los padres e hijos que no hipotequen el futuro económico ni de ellos ni el de sus hijos por una universidad que conlleva un alto costo financiero. Hay un mito que reza que darle lo mejor a nuestros hijos es pagarle la universidad más cara. ¿A qué costo? ¿Endeudando a los padres a tal punto de que pasarán años pagando una deuda porque pensaron que ésa era la mejor decisión? De ninguna manera.

Observa el siguiente caso y sabrás el porqué no estoy de acuerdo con hipotecar la casa para pagar por los estudios de tu hijo.

Isabel tenía cuarenta y nueve años de edad cuando aceptaron a su hijo Germán en una de las universidades más caras y prestigiosas de Estados Unidos, a finales de los años ochenta. Para ese entonces la matrícula anual estaba en cerca de 15 mil dólares (hoy supera los 40 mil dólares). Si a esto le sumabas libros, vivienda, comida y transporte en una de las ciudades más caras de Estados Unidos, la factura ascendía a 100 mil dólares.

Por esas fechas Isabel pagaba un préstamo hipotecario del cual aún debía 35 mil dólares. Terminaría de pagar justo en la misma fecha que se pensaba retirar. Había comprado la casa a finales de los años setenta, y la pagaba mediante una cuota mensual cómoda. El valor de la casa en el mercado era de 110 mil dólares.

Su hijo insistía que quería ir a esa universidad porque era una oportunidad única. Argumentos a favor: el prestigio de la universidad le garantizaría trabajo, haría contactos importantes, la satisfacción de la madre de saber que su hijo estudiaba en una de las universidades más prestigiosas. Argumentos en contra: ninguno. Los familiares le decían que no lo hiciera, que lo pensara. Nada la persuadió.

Isabel decidió refinanciar la casa y sacar 50 mil dólares para pagar parte de la universidad. Otra parte la sacaría del trabajo para pagar la estadía. El resto lo conseguiría su hijo con préstamos estudiantiles. El nuevo financiamiento de la casa sería de alrededor de 85 mil dólares. El pago mensual se duplicaría y terminaría pagando el total de la deuda en 2020. Actualmente Isabel sigue pagando la hipoteca, con menos ingresos, dependiendo del seguro social y esperando la visita anual de su hijo. En cuanto al hijo, vive en Estados Unidos con esposa y sus hijos, pagando su préstamo y con el ingreso justo para cumplir con las responsabilidades de su nueva familia.

En resumen: ustedes se endeudan y su hijo va a la universidad. Pero tú y tu esposo terminan creando una bomba de tiempo, destrozando su plan de retiro.

Nadie aboga porque los hijos no vayan a la universidad. Está claro que la universidad te abre un mundo de oportunidades intelectuales y económicas y que la educación es muy importante para el desarrollo de nuestros hijos y de la sociedad. Pero, esto no quiere decir que hay que hipotecar el futuro. Con el alto costo de la universidad, combinado con las prioridades de la familia, es mejor que tu hijo busque las opciones de estudiar cerca de casa y a un costo más accesible. Esto les permitiría concentrar sus recursos en otras áreas.

¿Se obtiene beneficio económico al estudiar?… Tú decides

Tasa de desempleo	Grado	Ingreso semanal 25 años + (mediana 2009)
14.6%	Menos que secundaria	$454
9.7%	Diploma de escuela secundaria	$626
6.8%	2 años de universidad	$699
5.2%	4 años de universidad	$761
3.6%	Título de postgrado	$1,025
2.5%	Doctorado	$1,532
2.3%	Grado profesional	$1,529

Tabla 26. Relación entre grado de estudios e ingreso.

Los hijos tienen que participar activamente en su educación. Su responsabilidad no termina en ser sólo estudiantes aplicados y responsables. También deben saber que no pueden poner en riesgo la salud financiera de los padres.

Les sugiero cuatro formas de manejar el tema de los costos:

1. Beneficio = Costo

Los costos tienen que estar unidos a los beneficios que se recibirán de la carrera. No vale la pena gastarse 120 mil dólares en una carrera de maestra cuando el ingreso es de 40 mil dólares al año. No hay nada malo con ser maestra —al contrario, las necesitamos—, pero que no incurra en un costo financiero mayor al beneficio que recibe.

Es un error creer que un estudiante que va a una universidad costosa y de alto prestigio tendrá la garantía de éxito en el futuro. Muchos padres se estresan en pagar este costo en el entendido de que lo que compran es el nombre de la universidad. La educación y los beneficios están más relacionados al ambiente, área de estudio, el nivel del estudiante, los profesores, costos, voluntad del estudiante, posibles estudios de postgrado, demanda y ambiente laboral, y la lista sigue.

2. **Apuesta más dinero en estudios de postgrado o certificaciones profesionales**

A lo mejor la carrera que quiere tu hijo es una de avanzada que requiere postgrado. Es preferible poner menos dinero en la licenciatura y más en los estudios de postgrado. Incluso los certificados profesionales en un área especializada pueden tener más valor.

3. **Involucra a tu hijo**

Aquí hay dos opciones: incluyes a tu hijo 100% involucrándolo en el proceso, análisis y decisión o lo excluyes completamente. Si lo involucras completamente, pídele que te provea no sólo los nombres de las universidades, sino también los costos totales de la escuela a la que piensa asistir. Por costos totales hay que entender no sólo los de la matrícula, sino también libros, alimentación, vivienda, etcétera. Es el momento oportuno para que tu hijo aprenda la realidad económica que vivimos. Esto le enseñará que hay que pensar de donde vendrá el dinero, cómo se pagará, cuánto costará. Si están en el proceso de bajar costos, deja que sea él o ella el que sugiera

una universidad que se apegue al presupuesto. Si no, sugié-
rele opciones.

Si no lo vas a incluir por completo —o él no quiere—, entonces tú decides lo que puedes afrontar. Haces la lista y le dices
que tiene que elegir una universidad que no puede pasarse
de esos márgenes. Y no cometas el error de que, si él escoge
una universidad que se pasa del límite, decirle que él paga
la diferencia. ¿Sabes por qué? Porque la responsabilidad les
va a salir muy cara. En la calentura del momento y con los
préstamos disponibles se endeudan demasiado cargando una
deuda por muchos años. Además, si tú no lo harías, ¿le permi-
tirías que él lo hiciera?

4. **No se cierren a otras opciones**

Vivir en casa de los padres —en vez de en los dormitorios podría ahorrarles una gran cantidad de dinero. Buscar una universidad que esté en el estado donde residen baja los costos.
Estudiar los primeros dos años en universidades comunitarias
(Community College) y después saltar a la universidad del estado
es otra opción. Buscar programas que permitan acelerar cuatro años de estudio en tres. Estudiar un tiempo, trabajar otro
es una forma de cortar gastos y adquirir experiencia laboral al
mismo tiempo. Y, ¿por qué no?, entrar al servicio militar.

Busca opciones, ahorra y no hipoteques tu futuro.

¿Ahorro dinero para la escuela a nombre de mi hija?

Estoy confundida con tantos comerciales que te hablan del tema y te confunden más. Voy a comenzar el plan de ahorro para la universidad de mi hija. ¿Debo ponerlo a mi nombre o a nombre de ella?

Si estuviera en tu lugar no pondría el dinero del ahorro para la escuela a nombre de tu hija. ¿Por qué? Por dos razones de peso.

Razón #1: Toman control del dinero cuando llegan a la mayoría de edad. Imagínate la situación: tu familia logró ahorrar 60 mil dólares para cubrir los gastos de la educación universitaria y apenas tu hijo o hija llega a la mayoría de edad toma el dinero y se tira un viaje a Europa con sus amigos, se compra un auto último modelo y se gasta el dinero restante en fiestas. No es una perspectiva halagüeña. La realidad es que una vez que pones el dinero a nombre de tu hijo o hija no puedes impedirle que haga con él lo que quiera, independientemente de que el dinero está en una cuenta de custodia porque, una vez que llegue a la edad legal, el custodio tiene que retornar el dinero al niño o niña.

La mejor estrategia es crear una cuenta separada para los hijos con el fin de cubrir los gastos de universidad teniendo el dinero a nombre de los padres, tutor o custodio. Si los hijos deciden no ir a la universidad, tú conservas el dinero.

Hay excepciones. He visto casos donde el supuesto padre, madre, tutor o custodio desafortunadamente fallaron a la confianza y en vez de usar el dinero para la educación lo usaron para su beneficio propio, limitando con ello a los hijos, sobrinos y nietos el beneficio de una educación superior.

Aquellos que están poniendo dinero en beneficio de un menor y tienen dudas sobre los padres o custodios es mejor que los hijos tengan el dominio del dinero. En esta situación se justificaría que el dinero estuviera en un fideicomiso en el cual el beneficiario es el niño(a), y los padres no tienen acceso a esa cuenta para resolver sus problemas financieros personales. Familiares y allegados que quieran regalar dinero por cumpleaños, fiestas o cualquier celebración y no quieren que los padres metan las manos, en este tipo de cuentas el dinero se entrega irrevocablemente en beneficio del niño(a). Un ejemplo son los UTMA y UGMA donde la cuenta establece que los activos en ella pertenecen al niño(a).

Como me dijo una mujer que pasó por una situación similar cuando su padre usó todo el dinero que el tío le había dejado para los estudios superiores: "Si hubiera tenido el dinero a mi nombre, era yo quien habría vivido con mi decisión, no con la decisión de otro."

Razón #2: Afecta la ayuda financiera. Si necesitas ayuda financiera (préstamos subvencionados), y comparando manzana con manzana, ten en cuenta que los préstamos son más altos cuando los hijos tienen menos dinero a su nombre. Esto es así porque una de las reglas de la ayuda financiera es que mayor porción de los activos que están a nombre del niño(a) deben ser gastados en educación de lo que se le exigiría a los padres. Por tanto, si el dinero está a nombre del niño(a) más cantidad de dinero tendría que poner el niño y menos ayuda financiera recibiría en comparación a si el dinero estuviera a nombre de los padres. Dicho de otra forma, poniendo el dinero a nombre de los padres y no en los hijos, incrementaría la posibilidad de ser elegible para recibir ayuda financiera.

Si tienes una cuenta individual para beneficio del niño(a) con el fin de que los padres no tengan acceso al dinero, estarías limitando el acceso a préstamos financieros subvencionados. Pero no es preocupante porque el dinero es un regalo. ¿Acaso vas a rechazar dinero regalado en beneficio del niño (a) porque afectaría la ayuda financiera?

¿Plan 529 o plan prepagado?

Tenemos dinero disponible para comenzar el ahorro para la escuela de nuestros hijos. Unos nos hablan de los planes prepagados. Otros nos hablan de los 529. ¿Cuál consideras es la mejor opción?

Teniendo las dos opciones, me inclinaría más por los planes de ahorro —popularmente conocidos como "529"— antes que los programas prepagados *(college prepaid plan)*. Ambos vienen de la misma raíz: Sección 529 del código de rentas internas de Estados Unidos. Este párrafo —número 529— establece cómo se deben crear los programas de estudios calificados *(qualified tuition plan)*. Básicamente, la sección le da permiso a los estados para establecer programas de ahorro para estudios universitarios y que le otorguen beneficios impositivos a los consumidores que participen en los planes.

	Plan prepagado 529	Plan de ahorro 529
Tratamiento impositivo a la contribución	La contribución no es deducible a nivel federal, pero algunos estados permiten deducción parcial o total; la ganancia está excluida del ingreso si se usa para cubrir gastos calificados.	
Contribución máxima	Depende del plan y la edad del estudiante, pero es mucho menor que el *529 Savings Plan*.	Establecido por el programa; varía de $235,000 a $305,000 por beneficiario.
Límite de edad para ser usado	Diez años a partir de la fecha que se supone comience la universidad.	No hay límite y lo pueden usar tanto adultos como niños.
Gastos calificados	Educación, cargos, libros, útiles y necesidades especiales; dormitorio y alimentación por un mínimo de estudiantes de medio tiempo.	
Control de la cuenta	En la mayoría de los estados el control lo tiene quien establece la cuenta.	
Quién puede contribuir	Una vez abierta la cuenta, pueden contribuir miembros de la familia y allegados.	
Beneficiario	El que establece la cuenta determina quién es el beneficiario.	
Ingreso límite para aportar	No.	
Efecto en la ayuda financiera	Los activos se consideran como parte del dueño. El impacto es bajo.	Los activos se consideran como parte del dueño de la cuenta, a menos que el dueño sea también beneficiario. El impacto es bajo por considerarse sólo una parte de los activos.
Inversiones	El administrador del plan invierte el dinero con el fin de mantener el valor del dinero al nivel de la inflación.	Activos administrados por administradores de portafolio. Dependiendo del plan puedes escoger entre dos y casi treinta tipos de fondos mutuales. El rendimiento potencial depende del tipo de inversión.

Tabla 27. Programas de pago de gastos universitarios.

(Aunque ambos vienen de la misma sección, el plan de ahorro *college savings plan* se conoce como "529". Por eso, sigamos la práctica común de llamarle "529" al plan de ahorro *529 college savings plan* y "plan prepagado" al *529 college prepaid plan*.)

Ahora, aunque el derecho de crearlos se le otorga a los estados, quien opera los programas es el sector privado. Es en este punto que entran las compañías de inversión (fondos mutuales). O sea, el gobierno del estado subcontrata a las compañías de inversión para operar y vender los programas.

¿Por qué exploraría primero el 529? Tienes más control. En el plan prepagado, la intención es asegurar los costos de la universidad en el futuro. Una de las ventajas que tiene el plan prepagado es que hay estados que dan fe de garantizar el dinero. Esto para muchos padres es comprar seguridad.

Con esto en mente, quien compra un plan prepagado adquiere un número de créditos de educación en determinadas universidades dentro del estado o de una red de miembros. Por ejemplo: si compras dos años de educación hoy, pues esos dos años de hoy cubrirán el costo de dos años en el futuro. Dependiendo del estado, éste garantiza cubrir los costos en el futuro siempre y cuando el estudiante vaya a la escuela o escuelas establecidas en el plan dentro del estado. O sea, la idea es que comprando unidades prepagadas o estableciendo un contrato, estás pagando el costo futuro de la universidad. ¿Quién determina el precio de las unidades o del contrato? El mismo estado. Son ellos los que indican cuánto se paga para tener la "garantía" de la cobertura de los costos en el futuro. Y nosotros pagamos buscando la "seguridad" de que lo que pagamos cubra los costos en el futuro porque el estado lo garantiza. El problema es que podrías encontrarte en el futuro con la sorpresa de que el estado te pida poner más dinero para poderte cubrir los costos de la educación. El estado le permite a las universidades subir los costos educativos (son universidades públicas). Al subir los costos en el camino, la aportación que hacemos puede verse afectada porque estábamos pagando por un costo menor.

A modo de ejemplo. Supongamos que compramos un plan prepagado para un niño de tres años en el Estado X con el fin de cubrir los costos de cualquier universidad pública del estado. Nos piden que pongamos 18,900 dólares ahora o hagamos un pago mensual de 128 dólares por los próximos quince años. Puede que nos pase que al momento en que el niño entre a la universidad, el estado tenga problemas de no tener fondos suficientes y nos exija pagar un precio mayor.

Por supuesto que cada estado establece las reglas de cómo se administra el fondo. Algunos dicen que pagan aunque el costo suba — aunque está demostrado que en tiempos difíciles no pueden hacerlo. Hay otros que podrían cubrir la diferencia, pero no se comprometen. Otros estados dejan claro que no cubren más de lo que hay en el fondo acumulado.

El 529 es diferente porque la responsabilidad es tuya. El monto final va a depender de lo que ahorres más el rendimiento que obtengas por la inversión. Además el rendimiento potencial de la inversión es mayor debido a que está basado en el tipo de inversiones que realices y cómo éstas se comporten. A diferencia del prepagado que está controlado para contrarrestar el efecto inflacionario (aunque si no se tiene cuidado con los costos de inversión en el 529, es posible que el rendimiento potencial mayor no sea el esperado). Los límites de contribución son mucho más altos de lo que se puede aportar en un plan prepagado.

Tampoco estás limitado a universidades públicas dentro del estado o que pertenecen a una red. El dinero que está en el 529 puede usarse en cualquier universidad acreditada del país, sea pública o privada.

Además, cualquiera que contribuya al plan 529 no necesariamente tiene que vivir en el estado del plan que elija. Podría vivir en un estado y contribuir para un plan basado en otro estado para su nieto que vive en un tercero y que termina yendo a una universidad de un cuarto estado. Incluso si estás pensando en volver a la escuela, muchos planes permitirán que saques una cuenta 529 de ahorro para ti.

Si tengo la opción de escoger entre el plan prepagado y el 529, mi primera opción será el 529. Claro que hay que vigilar los costos y tener una estrategia de inversión clara y coherente con los objetivos, pero sería mi primera opción.

Herencia

Al dirigirme a un grupo de cien empleados de una empresa mediana donde impartía un curso de finanzas personales les presenté el siguiente caso.

"Diego y Diana, jóvenes de apenas veintiocho años, estaban contentos dando la bienvenida a su primer vástago después de dos años de casados. Diana está en su periodo de maternidad y Diego se tomó unas vacaciones acumuladas de su trabajo. Ambos ingresan buen dinero. Tienen su apartamento que pagan cada mes, su deuda de auto, préstamo estudiantil que llega al 40% de su ingreso neto. Tienen solo quinientos dólares ahorrados en efectivo, varios miles en cuentas de inversión y otros tanto en cuenta de retiro. Aparte del seguro de salud comprensivo que tienen con el empleador de Diana, que es mejor que el de Diego, tienen un seguro por incapacidad con el empleador, un seguro de vida y de auto aparte. Ambos tienen la cobertura necesaria. A simple vista, ¿qué ven en este cuadro?"

Le dejé la pregunta al grupo. Algunos apuntaban al alto nivel de deuda. Otros al poco nivel de ahorro para la reserva de emergencia. Otros apuntaban al riesgo de tener el seguro de incapacidad con el empleador.

¿Y sobre la muerte? ¿Acaso Diego y Diana no deben tener un plan en caso de muerte?

Después de unos segundos de silencio, alguien acotó que eran jóvenes y que no necesitaban pensar en eso. Lo interesante es que cuando preguntaba si estaban de acuerdo con esa conclusión, la mayoría decía que sí, que era muy temprano pensar en la muerte cuando ambos apenas tenían veintiocho años.

¿No tener un plan en caso de muerte porque son muy jóvenes para eso? ¿Acaso se mueren sólo los ancianos? La realidad es que mucha gente no quiere planificar por algo que es inevitable: la muerte. Piensa en los siguiente puntos.

- ¿Qué pasaría con los activos que tienen ambos si uno de los dos muere?

- ¿Qué pasa si uno de los dos no está como beneficiario en la póliza de seguro o en las cuentas de retiro?

- ¿Cómo se estableció la cuenta de inversiones?

- ¿Tienen testamento?

- ¿Qué determina el estado sin ambos mueren y no tienen un testamento?

- ¿Quién se hace cargo de la menor si ellos fallecen? ¿Tienen algún custodio y qué hará éste con el dinero que reciba?

Se estima que cerca del 50% de las personas en Estados Unidos no tiene testamento. No sólo estamos hablando de personas de la tercera edad, también personas jóvenes como Diego y Diana que sí necesitan dejar claro cómo quieren que se distribuyan los activos cuando tengan que confrontar la realidad de la muerte.

Tú, ¿estás preparado?

¿Transfiero sin un testamento?

Tengo una casa y un dinero que quiero que mi única hija tenga cuando muera. Quiero dejar un testamento indicando eso. Me aconsejan que para evitar el testamento y la corte de sucesión, transfiera el título de la propiedad de mi nombre a nombre de las dos. ¿Transfiero los activos sin un testamento?

En planificación de herencia hay tres áreas sobre las que debemos estar constantemente en alerta: la administración de herencia, los impuestos sobre herencia y la de riesgo. Ninguna debe delegar a la otra a un segundo plano porque las tres son claves. Al pensar en transferir los activos a tu hija haciéndola parte dueña te estás enfocando en la parte administrativa de la ecuación —evitar la corte de sucesión— olvidándote del riesgo que conlleva tu decisión y carga impositiva que implicaría. Además, transferir no necesariamente es la mejor decisión para todos los casos. Vamos por parte.

Cuando uno muere, todo lo que poseemos pasa a nuestros herederos por medio de tres vías: *1)* operación de ley; *2)* vía contrato; y *3)* tribunal de sucesiones.

Operación de ley básicamente cuando la posesión legal del activo pasa automáticamente a otro al momento de la muerte. Aquí entran cuentas donde se establece al momento de crearse quién es o son los dueños. Por ejemplo, las cuentas conjuntas como **Joint Tenants with Rights of Survivorship** (JTWROS), las cuentas **Tenants by the Entireties** o en aquellos estados donde existe propiedad comunal.

Otra forma es a través de un contrato donde tú especificas el beneficiario. Aquí entran las cuentas donde se estable el o los beneficiarios como seguro de vida, cuentas de retiro, anualidades, fideicomisos revocables e irrevocables, arreglos de compra-venta en los negocios, etcétera.

Para todo lo que no se establezca en forma de "operación de ley" o vía "contrato" se usa la tercera forma, que es a través de la corte en un procedimiento que se conoce como *probate* o sucesión. En otras palabras, este es un procedimiento legal para determinar quién posee qué una vez el dueño original fallece. La corte actúa como árbitro. Si estableces un testamento, la corte tiene que revisarlo y aprobar que esté correctamente hecho. Si no hay testamento, entonces la corte aplicara lo que dice la ley del estado.

¿Por qué se argumenta —justificadamente a veces— que se debe evitar la corte de sucesión? Por tres razones.

Razón 1: Toma tiempo. En la mayoría de los estados, la corte puede tomarse como mínimo un año para llegar a una conclusión. Hay otros que toman más tiempo. Y si el caso es muy complejo, podrían pasar muchos años, como es el caso de la herencia de la actriz Marilyn Monroe.

¿Por qué tardan tanto? Claro que depende del caso, pero la razón principal es darle tiempo a los acreedores a cobrar lo que se les debe, especialmente aquellos que tienen deudas aseguradas y familiares que tengan tiempo para retar la validez del testamento. Entre más grande el testamento más peleas potenciales. El problema es que durante ese tiempo, los activos dejados en herencia están congelados por la corte hasta que haya un fallo final. Por tanto, ningún heredero puede beneficiarse hasta que la corte lo ordene.

Razón 2: Altos costos legales. La suma de los gastos de corte, abogado y administrador podría representar entre 4% y 9% por ciento del patrimonio. En algunos casos estos gastos podrían representar el 5% del valor total de la herencia. O sea que si la herencia total es 500 mil dólares, la factura llega a los 25 mil dólares. En otros casos, para una herencia de 70 mil dólares, los gastos de sucesión podrían ascender a 20 mil dólares. Lo más interesante del caso es que ellos cobran antes que los herederos reciban algo. Toma en cuenta que el costo varía por estado.

Razón 3: No hay privacidad. El proceso de sucesión en corte es público. Cualquiera puede leer tu testamento y saber el monto de la herencia. Claro que hacerlo público tiene su lado positivo si eres un de los interesados y que no fue informado. Pero tiene su lado negativo, ya que expone los detalles a todos los que se quieran enterar.

Ahora veamos tu caso. Te sugieren que transfiera el título de la propiedad de tu nombre a nombre de ambas para evitar la corte de sucesión. Con esta medida estarías evitando la corte de sucesión, pero no te escapas de otra corte: el gobierno.

Si olvidamos por un momento del impuesto a la herencia, que grava el monto de la herencia después de restar las exenciones y las deudas, si tu hija se hace dueña tendría que pagar impuesto a la ganancia si vende la casa y podría ser un costo más alto que el costo de seguir el proceso vía testamento. ¿Por qué? Porque a ella se le trataría como dueña y heredaría la casa sobre el costo original, cuando tú la compraste, y no por el valor al momento de ejecutarse el testamento. Supongamos que el valor actual de tu casa es 350 mil dólares, y que cuando la compraste valía 40 mil dólares.

Si tu hija hereda la casa bajo testamento, lo que ella recibiría serían 350 mil dólares en activos. Si tu hija vende la propiedad, el costo base sería de 350 mil dólares. Todo lo que vaya por encima de esa cantidad sería ganancia.

Si, en cambio, ella se hace dueña de la casa ahora, estaría recibiendo la casa al valor original de 40 mil dólares. Si decidiera venderla, el costo base sería esa cantidad y la diferencia se considerarían ganancia de capital. No es lo mismo vender sobre un costo de 350 mil que sobre el costo base de 40 mil dólares. No sólo se debe tomar en cuenta el factor impositivo, también el de riesgo. Hay tres preguntas que no debemos dejarnos de hacer y sus respuestas nos obligan a ser cuidadosos al decidir transferir los títulos de los activos a las siguientes generaciones.

Pregunta 1: ¿Qué pasa si tu hijo se roba la propiedad? Una vez que cambias la titularidad de las cuentas añadiendo a otro dueño, puedes estar abriendo la puerta al peligro. Digamos que tu hijo tiene la mano floja y comienza a sacar dinero de la cuenta. No puedes hacer nada. Al ser ambos dueños, él tiene el mismo derecho a hacer y deshacer del dinero.

Pregunta 2: ¿Qué pasa si tu hijo es demandado? Al ser dueño parcial, parte del dinero estaría en riesgo si hay una orden o fallo judicial. Piensa en un accidente automovilístico, demanda por incumplimiento, etcétera.

Pregunta 3: ¿Qué pasa si no se considera como herencia sino como regalo? Veamos el siguiente caso. Un padre hace dueño de todas las cuentas bancarias y de inversión a su hijo mayor. Le pide que cuando muera tome su parte y la distribuya en partes iguales con sus hermanos menores. A los ojos del gobierno esto no se consideraría herencia de parte del padre a los hijos, sino un regalo del hermano a los otros. La factura impositiva se incrementa.

Vas a tener que revisar seriamente las opciones que tienes. Transferir es una opción, pero no necesariamente la mejor.

El caso de Marilyn Monroe

El testamento de la actriz más famosa de Hollywood no ha dejado de crear controversia. No sólo en cómo fue distribuido su dinero sino que, contrario a lo que se cree, Marilyn Monroe generó millones después de muerta. En su testamento, creado un año antes de su muerte (1962), deja varias directrices. Establecer un fideicomiso de 100 mil dólares de esa época con el fin de que este generara 5 mil dólares para su madre y 2,500 dólares para la viuda de su antiguo entrenador de actuación. Asimismo dejó 10 mil dólares para su media hermana, otro tanto para su antigua secretaria y 5 mil dólares para un poeta y su esposa.

Aquí entra lo curioso. Le dejó el 25% de su fortuna a su siquiatra. Ésta a su vez lo deja al hospital. Y el 50% lo heredó a su profesor de actuación, Lee Strasburg, y esposa, que era muy amiga de ella. La esposa de Strasburg muere cinco años después de Monroe. Strasburg se casa un año después con Anna, y es ésta y sus hijos quienes heredan la fortuna de Marilyn Monroe, una vez que muere Strasburg.

Los hijos y herederos de Anna son los que están gozando de los beneficios que generan las películas, fotos, y materiales de Marylin Monroe. Y son ellos los que están peleando en corte para recibir beneficios del dinero que dejó la sicóloga al hospital.

¿Para qué quiero un testamento?

Mi esposa me dice que debemos hacer un testamento. ¿Para qué gastar dinero si mis dos hijos se quedan con todo divido por partes iguales cuando ambos fallezcamos? No le encuentro sentido al testamento.

Si no le encuentras sentido, el gobierno lo hará y tu esposa o tus hijos pagarán las consecuencias. Es lo que se conoce como "morir intestado" o no tener testamento. Esto implica que le estás dando el poder al gobierno de decidir qué hacer con los activos que tienes si falleces. Podría pasar, dependiendo de tu estado, que tu esposa reciba menos de lo que debe recibir debido a que hay un hijo de otro matrimonio que recibiría parte del dinero —no sé si sea tu caso—, o que un tío, primo, hermana o cuñado reciban dinero a pesar de que tú no hubieses querido que recibieran ni las gracias.

Quién te dice que dejar todo por partes iguales es la solución. Te doy este ejemplo. Supongamos que el activo que posees es tu casa, cuyo valor asciende a 200 mil dólares. Uno quiere vender la casa y el otro no. Uno le ofrece al otro comprar su parte, pero éste rechaza la oferta. ¿Qué pasa si uno demanda al otro para obligarlo a vender, y comienzan un pleito legal por años? ¿No hubiese sido mejor darle a uno la propiedad y al otro dinero equivalente al de la mitad de la propiedad, o vender y dividir en partes iguales el efectivo?

Sé que muchos padres piensan que sus hijos se llevarán bien y actuarán de forma racional al momento de la división de bienes. Pero muchas veces los padres ven sólo lo que quieren ver. ¿Cuántas peleas hemos presenciado entre hermanos y sus respectivas esposas porque uno considera que tiene más derecho que el otro, o por resentimientos de años o simplemente quieren beneficiar a sus respectivos hijos? ¿Es eso lo que quisieras que pasara con tus hijos por no dejar un testamento?

¿Qué pasa si tienes un hijo o hija con problemas físicos, mentales o de adicción? ¿Dejarías que el gobierno decida cómo dividir los bienes debido a que no tienes un testamento?

¿Qué pasa si tienes un hijo menor de edad? ¿Le dejarías todos los activos a él como beneficiario directo? ¿Quién se haría cargo de él en caso que ambos padres fallezcan? ¿Dejarías esa decisión a las cortes y al gobierno?

Muchos problemas se pueden solucionar con un testamento. En este documento determinas quién recibe qué. En otras palabras, estás dejando instrucciones de cómo se deben disponer de tus activos al momento de tu muerte.

Los testamentos son más viejos que el frío. Se han encontrado documentos de más de 4,500 años donde se describe la forma de transferir una propiedad a otro al momento de la muerte del dueño. Nuestros antepasados entendieron que había que dejar las cuentas claras.

Aunque es cierto que el testamento no es garantía de que desaparecerán las peleas entre beneficiarios —el caso de Jacobo y José es clásico—, al menos dejas claro cuál es tu voluntad y la de tu esposa.

Tipos de testamento

Simple: es la forma más común; en este documento estableces cómo se distribuirán los activos que posees si la herencia no es complicada.

Por fideicomiso: se forma uno o varios fideicomisos para distribuir la totalidad de los activos.

Particular: se crea uno o varios fideicomisos para distribuir parte de los activos.

Ológrafo: haces un escrito describiendo tu voluntad sin la presencia de testigos y notario. Algunos estados lo aprueban, otros no.

Oral: el dueño expresa su voluntad de forma verbal. Muy pocos estados lo aprueban y es muy debatible. Se usa para casos en que la persona está a punto de morir o pasa la posesión de cosas de poco valor monetario.

Mancomunado: cubre esposo y esposa o dos personas. No es recomendable; es preferible preparar testamento separado.

Existen diferentes tipos de testamento, y los estados los regulan de diferente manera. Es cierto que los estados tienen diferentes formalidades en cuanto a cómo debe establecerse el testamento. Pero al momento de crearlo considera como mínimo los siguientes elementos:

1. Tener mayoría de edad

2. Estar en sano juicio para entender y delegar

3. Intención de transferir los activos

4. Que sea por escrito (oral puede ser bajo ciertas circunstancias)

5. Propiamente firmado

6. Haya testigo

7. Sea propiamente ejecutado

Es importante porque un testamento mal redactado o pobremente establecido puede dejar espacio a ser cuestionado en corte. Es decir, algún familiar o persona que considere tener intereses con tus activos podría poner en duda la validez del testamento en corte. Por eso es clave hacerlo bien.

Pero no debe suponerse que porque se haga un testamento podemos distribuir los activos como queramos. Aunque esto varía por estado, hay circunstancias donde la esposa no puede ser dejada de lado, aunque el testamento indique otra cosa. La mayoría no acepta testamentos raros, ilegales o que van en contra del bien público (dejar el dinero para crear una asociación que promueva el terrorismo, por ejemplo). Cada estado determina cómo se debe hacer y las limitaciones que existen.

Y toma en cuenta, además, que la ley que se aplica es la del lugar donde está el domicilio principal. O sea el estado en donde vivías. Son las leyes en ese estado las que determina la validez de un testamento, y qué pasa con tus propiedades personales si no existe uno.

Puede existir la justificación de no hacer testamento cuando el patrimonio pasa a tu media naranja en forma de "operación de ley" o "vía contrato". Pero, con todo y eso, la no existencia de testamento puede traer problemas.

Recuerdo el caso de una pareja con un hijo menor. Ambos eran dueños de la casa, en un 50% cada uno. La forma en que habían comprado la casa era *joint in common*, en la cual cada uno es dueño de su parte pero no de la otra. El muere sin testamento.

Al no existir testamento, al "morir intestado", entra en juego la ley del estado. ¿Qué decía la ley donde residían? Que la parte de él pasaba a su hijo. Su hijo era menor. La abuela y los tíos por la parte paterna tenían una relación fría y tirante con ella. ¿Resultado? La familia paterna pidió a la corte intervenir en protección del hijo. Hoy ella vive con un problema porque es 50% dueña, la otra parte es de su hijo, ella es la custodia pero la corte controla lo que ella haga con la otra parte. Si él hubiera, como mínimo, dejado un testamento otorgando su parte a su esposa sobreviviente, ella no tendría que vivir este problema.

Por esta razón, no le restes la importancia que tiene el testamento, especialmente cuando tienes que enfrentar las leyes del estado en caso de morir intestado. Si quieren que se distribuyan los activos que tienen de la forma que ustedes quieran, tienen que dejarlo propiamente establecido. Una de esas formas es dejándolo por escrito. Establezcan los objetivos y hagan un inventario de los activos y los pasivos que tienen para estar preparados cuando vayan a crear el testamento, sabiendo la regulación que aplica para que no afecte la voluntad de ambos.

No olviden, el testamento sigue teniendo el mismo sentido que hace miles de años.

¿Testamento o fideicomiso?

Tengo mi esposa y dos hijos. Entre casa, cuenta de retiro y ahorros, los activos totales llegan a 400 mil dólares. La casa está a nombre de los dos. En el plan de retiro y la póliza de seguro está mi esposa como beneficiaria. Los ahorros están en cuentas conjuntas. Tenemos muy pocas deudas. Quiero proteger a mi esposa en caso que yo fallezca. Unos me recomiendan que haga testamento. Otros sugieren que haga un fideicomiso. ¿Qué hago: testamento o fideicomiso?

Tiene poco sentido crear un fideicomiso cuando los activos ya están destinados a tu esposa. Además sería un costo innecesario. Si fuera que la cantidad se acerca o sobrepasa el límite de impuestos federales, tienes a un familiar que no se puede valer por sí mismo o quieres controlar la conducta de aquellos que recibirán los beneficios y no eres sensible con el costo, se justificaría que exploraras el fideicomiso.

El fideicomiso es una herramienta clave en ciertas circunstancias. Incluso puede ser mejor que el testamento. Pero según lo que cuentas, existe poco beneficio en este caso. Vamos por parte.

¿Qué es un fideicomiso? El fideicomiso (en inglés se le conoce como *trust),* es una entidad que se crea con el fin de beneficiar a alguien. Un fideicomiso es como un cubo donde se depositan los activos con el fin de ser administrados para beneficio de alguien, un tercero. Cuando se dice que los activos se han puesto en un *trust,* lo que quiere decir es que los activos —desde dinero hasta propiedades— han pasado a ser parte de ese cubo.

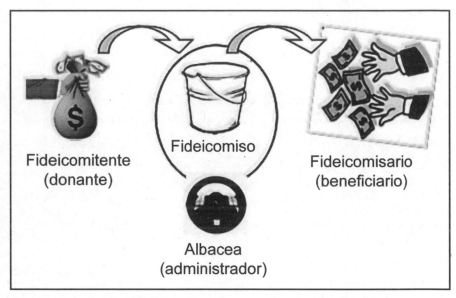

Gráfica 29. Programas de pago de gastos universitarios.

Ese cubo, llamado fideicomiso, es un acuerdo contractual donde se depositarán los activos y a cambio se administrarán en beneficio de alguien. Para crear ese cubo se necesitan por lo menos tres personas: un donante, llamado fideicomitente *(grantor),* quien pasa los derechos legales de la propiedad al cubo, el fideicomiso *(trust),* con el fin de beneficiar a otra persona; un grupo o una institución llamado fideicomisario *(beneficiary);* en el cubo hay un administrador, llamado albacea *(trustee),* quien tiene la responsabilidad de administrar el fideicomiso tal como establece el documento.

Al final todo está construido sobre la confianza —*fidei* que viene de fe; y *trust* en inglés significa confianza. El donante entrega sus activos en una entidad jurídica para beneficiar a alguien. El albacea —que puede ser uno o varios individuos, o una organización— tiene la responsabilidad de ejecutar lo que se estableció en el documento que creó el fideicomiso. O sea, el albacea no es el dueño sino un intermediario con la responsabilidad de cumplir la voluntad del donante. Por eso las directrices establecidas en el documento, la protección de los activos y el albacea son clave.

¿Por qué se crean los fideicomisos? Hay varias razones:

- Beneficio impositivo al reducir los impuestos de herencia (si se establece correctamente).

- Privacidad (contrario al testamento donde se hace público).

- Proveer dirección y control de los activos cuando uno no esté.

- No quieres que otros tengan acceso a los activos.

- Beneficiar o proteger a una persona menor (padre o madre que muere y quiere que su riqueza sea utilizada para cuidar a su hijo menor) o a una persona que no puede valerse por sí misma (persona mayor, incapacitada, etcétera).

- Es más difícil de debatir en corte.

Cuando creas ese cubo llamado *trust,* puedes hacerlo de forma tal que puede revocarle el derecho de posesión de los activos, e incluso la misma existencia del cubo, como se puede establecer de tal forma que no puede revocar esos poderes. O sea, una vez que se creó no puede echar marcha atrás. El primero se conoce como un fideicomiso revocable; el segundo, irrevocable.

Generales:

- **Revocable:** el donante puede cambiarlo o terminarlo en cualquier momento.

- **Irrevocable:** no puede ser cambiado o terminado por voluntad del donante. El tiempo e instrucciones quedan vigentes hasta la fecha que haya sido establecido en el fideicomiso.

Específicos:

- *Support:* el albacea tiene las instrucciones específicas de gastar el dinero necesario —interés y principal— para la educación, cuidado y apoyo general de los beneficiarios.

- **Discrecional:** permite al albacea distribuir los activos entre varios beneficiarios como él o ella crean conveniente.

- **Organización benéfica**: apoyar a organizaciones o proyectos de beneficencia.

- **Dinastía ("wealth trusts"):** creado por aquellos que tienen grandes fortunas y que quieren controlar la distribución de la riqueza por muchas generaciones.

- **Generation-skipping:** se crea para evitar pagar exceso de impuesto que afectaría a los herederos y futuras generaciones.

- **Seguro de vida:** es un vehículo que se usa para evitar, o al menos minimizar los impuestos federales y estatales. Se usan los activos que están en el fideicomiso para pagar la póliza de seguro y el beneficio va al fideicomiso, que a su vez va a los beneficiarios del fideicomiso.

- *Living trust:* también se conoce como "inter vivos"; es simplemente un fideicomiso que se crea mientras estas vivo, a diferencia del que creas para cuando hayas muerto. Generalmente se hace cuando se quieren pasar los activos a los beneficiarios sin tener que ir a corte de sucesión.

Tabla 28. Tipos de fideicomiso

Independientemente del fideicomiso que se use, este vehículo te ofrece más versatilidad de la que ofrece el testamento.

Veamos el siguiente ejemplo. Supongamos que Nicolás muere en 2005 y le sobreviven su esposa Diana y dos hijos adultos. Una vez pagadas las deudas, su riqueza neta suma un total de 3 millones de dólares.

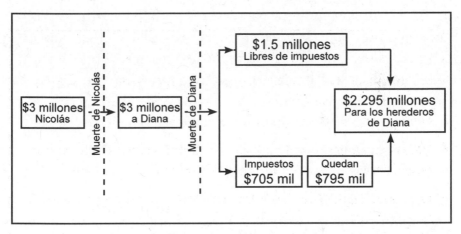

Gráfica 30. Testamento simple

Nicolás al morir deja un testamento simple indicando que toda la riqueza pasa a su esposa Diana. Como la ley permite que entre esposos no exista una cantidad de dinero límite para dejar en herencia sin pagar impuestos sobre ésta, Diana recibe los 3 millones de dólares sin problema alguno. Es lo que se conoce como deducción matrimonial.

Para hacer el ejemplo sencillo, supongamos que Diana muere poco después, porque entre más tiempo pase, el valor del patrimonio aumenta. ¿Recibirán los hijos de Diana el mismo beneficio cuando Diana fallezca? No. El dinero pasa libre de impuestos entre esposos, pero no cuando se pasa a sus hijos. Una vez que Diana muere y deja de un testamento a sus hijos como herederos, el gobierno va a cobrar su tajada después de aplicar la exención. En este caso los primeros 1.5 millones de dólares están exentos. Del resto, por 1.5 millones de dólares —el patrimonio de Diana— se pagarían 705 mil dólares en impuestos federales (no incluyo otros como estatales para no complicar el ejemplo). Al deducir esa cantidad, los herederos de Diana recibirían 2, 295 mil dólares (no los 3 millones originales).

Ahora supongamos que Nicolás crea un fideicomiso "de paso" (*bypass* en inglés). Si se hace correctamente, Nicolás y Diana podrían traspasar el dinero en su totalidad a los herederos sin pagar impuestos. Este tipo de fideicomiso, que funciona sólo en matrimonios, permitiría a Nicolás poner parte del patrimonio y sacar ventajas impositivas. Supongamos que pone la mitad del patrimonio. Las siguientes serían las especificaciones del documento:

- Enuncia las reglas del manejo y distribución del dinero (acatando las especificaciones del gobierno).

- Nombra a Diana como fiduciaria —administradora del fideicomiso— y primera fideicomisaria —beneficiaria—; los hijos quedarían como segundos beneficiarios. Mientras Diana esté viva puede recibir dinero del fideicomiso, tanto del ingreso que genere la inversión como del principal, durante el resto de su vida en razón de su mantenimiento, educación, apoyo y salud. Cualquier activo que quede, debe pasar a los beneficiarios secundarios.

En este caso, los herederos de Diana recibirían el dinero de ella más el dinero que estaría en fideicomiso sin tener que pagar impuestos. En vez de que Diana pase todo el dinero a sus herederos, pasando el límite de deducción, al crear el fideicomiso ese dinero no se considera parte del patrimonio de Diana al momento de su muerte, por tanto su patrimonio se considera más bajo. Éste es un ejemplo muy simplificado porque va a depender del tamaño del patrimonio de Diana y del límite de exención que el gobierno establece. Si el patrimonio es mayor que la exención, habría que pagar impuestos, pero menos que si no existiera el fideicomiso. Si el monto es menos a la exención, no hay que pagar impuesto por herencia.

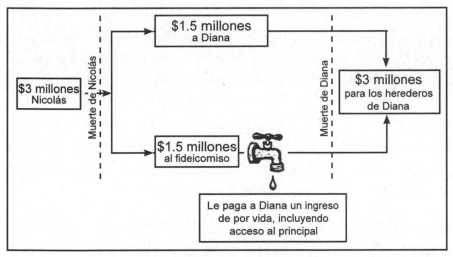

Gráfica 31. Fideicomiso "de paso"

A veces los fideicomisos se usan no sólo por razones de impuesto, sino también para proveer dinero para la educación de alguien, cuidar el bienestar de otros, mantener universidades y muchas otras necesidades. Aunque esto es mejor hablarlo con un abogado especializado, lo cierto es que el fideicomiso no siempre es la mejor opción. En algunos casos funciona mejor un testamento.

No quiero que mi esposo
reciba el dinero

Mi hermana está en la fase terminal de un cáncer. No le dan más de seis meses de vida. Está casada y tiene una niña de dos años. Ella tiene una póliza de seguro de vida de 500 mil dólares cuyo beneficiario es el esposo, y una cuenta de retiro de 100 mil dólares con su esposo. Ella no quiere dejarle la póliza de seguro a su esposo porque es un adicto al juego. Además le ha sido infiel trayendo otro hijo mientras ella estaba enferma con cáncer. Su esposo está haciendo averiguaciones para adelantar el pago de la póliza. Mi hermana está preocupada porque su hija no tenga nada en el futuro. ¿Puede ella quitar a su esposo de beneficiario para poner a su hija, y que ella tenga un beneficio en el futuro?

Es penoso que tu hermana tenga que enfrentar todas estas batallas a la vez. No es fácil tener que enfrentar el cáncer, la muerte y además bregar con el hecho de que su hija queda a merced de un padre irresponsable, su guardián legal. Es casi imposible quitarle la custodia al padre; tal cosa podría suceder sólo en casos raros (como que el padre esté encarcelado o que una corte determine su incompetencia para cumplir el rol de custodio).

Si ella pone a su hija como beneficiaria —siempre y cuando esté en capacidad de hacerlo—, va a tener que hacer ciertos arreglos legales para que el dinero sea administrado y supervisado por una tercera persona que vele por los intereses de ella. Si no lo hace, al ser la niña menor de edad, cuando tu hermana fallezca la corte determinará quién sería el guardián que se encargaría de manejar el dinero de tu sobrina. ¿Quién sería considerado como custodio natural por la corte? Naturalmente que el padre de la hija.

Veamos el caso paso por paso. Si tu hermana aprueba adelantar la póliza, el dinero desaparece. Lo que su esposo puede estar intentando es ejecutar una cláusula de adelantar el pago de beneficios *(accelerated death benefits)*. Este tipo de cláusula permite que el dueño reciba un porcentaje del monto de la póliza —hay un limite máximo de cuánto se puede recibir— si existen condiciones como enfermedad terminal, intervención médica de vida o muerte o cualquier otra condición que apruebe la ley. En el caso de tu hermana, de tener este anexo la cláusula y al aprobar dicho pedido, ella podría obtener el dinero. No sé si ella está necesitando el dinero para su cuidado. Pero si no tiene esa necesidad, el hecho de recibir el dinero estando mentalmente débil hace más fácil para su esposo hacerse con el dinero —no olvides que es el esposo, y como tal tiene derecho sobre las decisiones médicas y financieras de ella. Según el cuadro que presentas, no sería prudente que ella adelantara el pago de la póliza.

Si se elimina ese obstáculo, hay dos aspectos importantes que hay que atender: *1)* que su hija sea la única beneficiaria del seguro; *2)* que el dinero sea exclusivamente para beneficio de su hija hasta que llegue a la mayoría de edad, cuando podría hacerse cargo de él.

Vamos con el primer punto. Si la póliza es de beneficiario revocable, tu hermana tendría derecho a cambiar al beneficiario —esto se conoce como derecho de revocación—. Sólo tendría que notificar a la compañía de seguro el cambio de beneficiario, y la compañía tiene que hacerlo, siempre y cuando la póliza esté vigente. Si la póliza es de beneficiario irrevocable, la situación se complicaría: no podría sacar a su esposo sin que él lo apruebe por escrito o se muera antes que ella. Ella tendría que hablar con la compañía para ver si existe la posibilidad de revocar la designación o, al menos, añadir a su hija como beneficiaria adicional.

Supongamos que es revocable. Ahora tu hermana tendría que encontrar la forma de hacer que el dinero lo obtenga la hija y de que sea usado sólo en beneficio de ella. O sea, al fallecer tu hermana, su hija recibe el dinero como única beneficiaria, pero ¿quién será el encargado de cuidar los intereses de la niña hasta que cumpla la mayoría de edad? No olvidemos que el padre sigue siendo el guardián de ella. No sólo se debe evitar que el padre sea el custodio, sino que también hay que escoger al albacea correcto para que maneje los intereses de la hija. Hay que evitar que las cortes determinen al custodio y al administrador de ese dinero. ¿Por qué? Porque el padre, al ser el guardián de la niña, puede tener acceso al dinero (para "el cuidado de la hija"), el cual podría terminar en una mesa de casino.

Otro elemento importante que se debe tomar en cuenta a la hora de decidir cómo dejar el dinero a la niña es el asunto de posibles deudas. ¿Cómo evitar que los acreedores de tu hermana o del esposo procedan contra el dinero que se deja en beneficio de la niña? Recuerda que no sabemos si tu hermana y su esposo han adquirido deudas en forma conjunta ni si él tiene deudas de juego.

¿Cuál es la solución?

- La opción más fácil y más riesgosa: en vez de nombrar a la niña como beneficiaria de la póliza de seguro de vida, debe nombrar a un adulto en quien ella confíe para que use el dinero en beneficio de la menor. Tiene que ser una persona de la que se pueda prever una recta actuación en el futuro.

La proposición es fácil de hacer, menos costosa, pero muy riesgosa.

- Nombrar a la niña como única beneficiaria de la póliza: pides que el dinero sea puesto en una cuenta restrictiva y custodiada para el beneficio de la niña, y a la vez se designa a un custodio adulto, en quien ella confíe, bajo la leyes de transferencia para un menor (en inglés se conoce como UTMA o UGMA). Generalmente las compañías de seguros lo permiten y tienen formularios para eso. La limitante de esto es que la edad la determina las leyes del estado (dieciocho o veintiún años) sin poder poner límites cuando ella llegue a la mayoría de edad.

- Crear un fideicomiso en beneficio de la niña. En la póliza de seguro de vida pones el fideicomiso como beneficiario de la póliza. En el fideicomiso estableces las instrucciones de cómo se tiene que manejar el dinero. En este caso tienes que darle una copia del fideicomiso a la compañía de seguro. Aunque el costo es mayor —pago de abogado, etcétera—, permite una mayor flexibilidad. No olviden determinar en el fideicomiso para qué se usaría el dinero, cuándo quieren que sea distribuido y quién quieren que funja como albacea.

La pregunta del millón: ¿la cuenta custodia o el fidecomiso? La primera opción sería explorar la opción de crear un fideicomiso en el que el dinero de la póliza vaya a éste en beneficio de la niña. Así se evitaría la corte de sucesión y la determinación de quién sería el custodio de la niña en cuanto a la administración del dinero. Ella crearía un documento donde se establezcan las instrucciones indicando que la niña es la única beneficiaria, cómo se debe manejar el dinero, quién debe ser el albacea, cuál es la edad en que su hija puede hacerse cargo de ese dinero, entre otros factores claves. Incluso puede establecer en los documentos cómo quiere que se distribuya el dinero. Por ejemplo: que cierta cantidad del dinero sea para la educación superior de la niña y que esté disponible para ella a partir de los dieciocho años de edad; que otra parte esté disponible cuando ella cumpla veintidós años y otra parte cuando ella cumpla treinta años. O sea, el fideicomiso determina cómo se distribuye el dinero.

En el fideicomiso también se debe indicar cómo escoger a una persona o compañía competente para manejar la inversión de ese dinero en beneficio de la niña. Que establezca que quiere que la inversión se rija con las reglas de la prudencia y que deba establecerse un plan de inversiones. Además que nombre personas competentes y de carácter moral, ad donórem, para fiscalizar el trabajo del albacea tanto en la administración como la inversión del mismo.

El fideicomiso correcto permitiría que el padre no use el dinero para su vicio y evitaría la acción de los acreedores. Si no se crea un fideicomiso, usaría como segunda opción la cuenta custodia.

¿Cómo escogemos al guardián?

Estamos preparando el testamento y nos hemos estancado pensando quién sería la persona o personas indicadas para criar a nuestros hijos menores en caso que ambos no estemos. ¿Cómo escogemos al guardián?

Entiendo por lo que pasan. Es aquí que muchos se frustran y comienzan las excusas de no terminar con el testamento o el fideicomiso. Es importante y complicado escoger el guardián de sus hijos en caso que fallezcan antes de que ellos se puedan valer por sí mismos. Les sugiero que usen la siguiente guía en el proceso de elección:

1. **Haz una lista de los candidatos**

   No sean muy exigentes en la creación de la lista ni tampoco se maten en ponerlo en orden de importancia. Sólo escriban los nombres de aquellos que considerarían. Después que se hagan una serie de cuestionamientos, naturalmente irán descartando a aquellos que sean menos adecuados y se quedarán con los mejores candidatos.

2. **Determina la salud de cada uno de ellos**

   No me refiero a que vayas a pedir una copia del expediente médico de cada uno. Pero es fácil definir quiénes son lo suficiente mayores para cumplir con esa responsabilidad. Sólo piensa en la posibilidad de que tus hijos, además de enfrentar la muerte de sus padres, tengan que lidiar también con la de sus guardianes. Sería devastador. Pregúntate, ¿está bien psicológicamente como para afrontar esa posible realidad? Tienen la energía suficiente. ¿Tú le dejarías la custodia a un adulto que tiene un carácter explosivo? ¿O a una persona que tiene limitaciones físicas para cuidarlos?

3. **La experiencia y el tiempo para formar a un niño**

   No es que vayas a descartar a aquel que no tenga hijos. Se puede aprender a ser tutor y querer a un niño como propio. Sin embargo, la experiencia cuenta. Si tienes una pareja o persona con experiencia y que tenga tiempo, sería una ventaja, siempre y cuando cumpla con los demás requisitos.

Si la pareja en que estás pensando es joven, pregúntate qué pasaría si se divorcian. Y si uno de los dos muere, ¿estarías de acuerdo con que tus hijos se quedaran con uno de los sobrevivientes?

4. **Los valores éticos y las creencias**

¿Tienen tus candidatos principios morales, religiosos, educacionales y culturales similares a los tuyos? ¿Tú compartes las creencias y valores de esas personas?

También toma en cuenta dónde viven los potenciales candidatos. Un cambio de ambiente y la lejanía de otros seres cercanos puede ser prudente o contraproducente para la formación de los niños.

5. **La estabilidad económica y financiera**

Observa la palabra que uso: estabilidad. No me refiero a que tiene que ser un multimillonario, pero es deseable que tenga una vida económicamente ordenada para poder comprar el tiempo necesario para educar y preparar a tu hijo para la vida. Sabemos muy bien el impacto económico que conlleva la crianza. Con estabilidad económica me refiero a que tenga los recursos necesarios para cumplir con su función de guardián; con estabilidad financiera quiero decir que sea coherente en el manejo del dinero y el crédito. Lo que ustedes quieren es que ellos tengan un ambiente seguro y estable. La parte económica es fundamental para eso.

La idea de esta guía es ayudarte a definir las fortalezas y debilidades de cada posible candidato. Aquel que cumpla con estos requisitos será el mejor candidato.

Supongamos que la lista que comenzó siendo larga se ha acortado a un puñado de personas. Están contentos con la adquisición del nuevo guardián, ¿quiere decir que él o ella vayan a aceptar?

O sea, hay que hacer una oferta para persuadir al candidato. Es cierto que es un honor para cualquiera que unos padres lo elijan como candidato a guardián de sus hijos en caso que ellos falten. Pero la educación y responsabilidad de ser guardián no sólo es un honor. Hay variables legales, financieras y problemas familiares que no podemos ignorar.

Supongamos que elegiste a los posibles candidatos a guardián de tus hijos y que ellos han aceptado o se mostraron inclinados a aceptar. Por protección, te sugiero que hagas un testamento y/o fideicomiso en el que los nombras como guardianes de los niños. Asimismo te sugiero que no dividas la custodia de los niños en diferentes tutores porque sería devastador para los niños.

Los activos que queden para beneficio de los niños deben ir a una cuenta custodia o a un fideicomiso y que el albacea sea una tercera persona. Generalmente la ley exige que el guardián del dinero no sea el mismo guardián de los niños. Y así es mejor. Si el dinero debe usarse para la manutención de los niños, debe existir alguien que fiscalice.

Deja al menos 400 mil dólares a cada niño. Esto incluye propiedades, activos financieros, cuentas de retiro, dinero en efectivo, etcétera. Si la cantidad que tienes es menor, entonces cubre la diferencia con una póliza de seguro a término. Es un bajo costo para cubrir esa necesidad. El primer beneficiario debe ser uno de aquellos de ustedes que sobreviva. El segundo beneficiario deben ser las cuentas custodias o el fideicomiso que se establecieron para beneficio de los niños.

Enviar una carta fechada y firmada donde manifiestan el deseo de que ellos sean los guardianes. La carta debe ser renovada al menos cada año. ¿Por qué esto? Primero sirve como prueba para familiares, amigos y la corte al momento de tu muerte. Segundo, nadie sabe lo que puede pasar en el futuro y puedes cambiar de opinión al no querer que esa persona sea ya el guardián.

Escribe varias cartas cerradas a los custodios y a los hijos. A los primeros explicándoles las razones por las fueron elegidos e indicando los deseos de ustedes sobre la crianza de tus hijos. Esto ayudará a los guardianes a tener más fuerza moral y autoridad ante los niños. A los hijos expresándoles lo que sienten y lo que esperan de ellos. Acompaña las cartas de ambos, guardianes e hijos, dando instrucciones de cuándo deben abrirse.

Todo esto ayuda a traer más orden al proceso, envías un mensaje claro de la voluntad de ustedes, indica seriedad en el asunto y que los guardianes deben actuar con responsabilidad.

¿Somos responsables por las deudas de nuestro padre muerto?

Nuestro padre acaba de morir de cáncer. Como nuestra madre había muerto hace tiempo, él era el único dueño de la propiedad, la cuenta de retiro, seguro de vida, unas inversiones y efectivo en el banco. Mi hermano y yo somos los únicos herederos. Pero nuestro padre también tiene varias deudas en tarjetas de crédito que suman 20 mil dólares, un préstamo personal y un préstamo respaldado sobre la casa. ¿Somos responsables de la deuda de nuestro padre?

Nadie es responsable de las deudas de otro. Ninguna compañía puede obligarnos a pagar por la deuda de otro, al menos que hayamos establecido formalmente esa responsabilidad —tiene que existir prueba que somos responsable de una deuda. Por ejemplo: salimos de cofirmante en la deuda o vivimos en un estado de propiedad comunal y podemos ser responsables de las deudas de nuestra "media naranja". Pero si ninguno de los dos fue garante de las deudas de su padre, incluso aunque en la tarjeta de crédito ustedes aparezcan como autorizados a usarla, no son responsables de las deudas de su padre: la compañía no puede obligarles a pagar ni tampoco proceder contra los activos o ingresos de ustedes.

Sin embargo, de la misma forma que no puede proceder contra los activos de ustedes, sí pueden proceder contra los activos de su padre. Las cuentas de retiro, las propiedades, el seguro, las inversiones y el efectivo podrían, potencialmente, ser utilizados para pagar la deudas que dejó su padre.

Propiedad de sucesión:

- Propiedad real o personal cuyo único dueño es el que fallece.

- Interés en propiedad poseída como *joint in common*.

Propiedad exenta de sucesión:

- Propiedad en *joint tenancy*

- Propiedad comunal

- Seguro de vida con beneficiario nombrado

- Cuentas de retiro con beneficiario nombrado

- Dinero en cuentas *pay-on-death* (P.O.D.)

- Propiedades dentro de un fideicomiso

Tabla 29. Propiedades típicamente consideradas de sucesión
y exentas de sucesión.

La respuesta mas rápida y fácil va a depender de si ustedes eran beneficiarios o no al momento de la muerte de su padre. Generalmente si las propiedades están claramente distribuidas, que el padre de ustedes haya señalado a los beneficiarios, en este caso los activos que ya tienen dueño no se incluirían en el patrimonio de su padre. Por tanto, los acreedores procederían sólo contra lo que queda en el patrimonio.

Si las cuentas no tienen dueño, la corte se encargara de buscar uno y los acreedores se encargaran de intentar cobrar su parte. Dependiendo de la ley de sucesión del estado y el tipo de cuenta es que se sabe qué pasa con las propiedades.

(Aunque cuando hablamos de este tema el asunto se complica porque entramos en lo referente a la sucesión. Las leyes de sucesión varían por estado y su aplicación depende del tipo de propiedad. Por eso es recomendable que busques un abogado de herencia especializado en las leyes de sucesión del estado en donde resides y de los estados en donde tengas propiedades.)

Cuentas de retiro

Cuando uno abre una cuenta de retiro, generalmente se establece en el documento quiénes son los beneficiarios. Al fallecer el dueño, la cuenta pasa automáticamente a quienes fueron designados en el documento de apertura. En este caso los acreedores no pueden reclamar por pago alguno. (Aunque he visto casos de IRA de herencia (*Inherited IRA*), puede que no esté exento de reclamos por parte de los acreedores.)

Si uno falla en designar a los beneficiarios antes de morir, la cosa es más complicada. En algunos casos el plan o la cuenta pueden indicar que la beneficiaria sería el cónyuge sobreviviente. Pero en la mayoría de los casos, si el dueño no identificó al beneficiario, el dinero va a sucesión y se podría usar para pagar las deudas que haya dejado el fallecido. Si no hay deudas iría a los herederos según lo indique la ley de herencia en el estado (a lo mejor termina en las manos menos indicadas).

Se pagaría impuestos federales y estatales —si esto se aplica. También es posible que se pague impuesto sobre herencia —siempre y cuando quien recibe el beneficio sea la esposa o una organización caritativa. ¿Por qué? Porque el dinero se considera parte de patrimonio para efectos contributivos. Y si el total pasa la exención, hay que pagar.

Cuentas de banco y corretaje

Si las cuentas fueron establecidas como "cuenta pagadera al fallecer" (POD., *payable-on-death*) o "transferir al morir" (TOD, *transfer-on-death)* y se indica quiénes son los beneficiarios, al fallecer el dueño, la cuenta pasa automáticamente a quienes hayan sido designados en el documento de apertura. En este caso los acreedores no pueden reclamar por pago.

Si el dueño muere sin identificar al beneficiario, el dinero va a sucesión y se podría usar para pagar las deudas que dejó el fallecido. Si no hay deudas pasaría a los herederos según lo indique la ley de herencia en el estado (a lo mejor termina en las manos menos indicadas).

Seguro

Si la póliza de seguro indica claramente que ustedes son los beneficiarios, el pago iría a ustedes y no tendría que ir a sucesión. Si su padre hubiera creado un fideicomiso y la póliza tuviera como beneficiario al fideicomiso, el dinero iría al este último sin tener que pasar por sucesión. En ambos casos no se usaría el dinero para pagar las deudas de su padre.

Si no dejó beneficiarios o dirigió los beneficios al testamento, entra dentro de sucesión, y el dinero estaría disponible para pagar las deudas del fallecido.

En el caso de impuestos, suponiendo que ustedes son los beneficiarios, no pagarían impuestos por el dinero que reciben. Pero si el dueño y quien controlaba la póliza era su padre, el beneficio se cuenta como parte del patrimonio para efectos de impuesto a la herencia.

Propiedad inmueble

En este caso el asunto es bastante más complicado porque existe la casa que fue usada como colateral para respaldar un préstamo. Además hay que saber si es un solo dueño o más de uno. Las leyes de sucesión sobre propiedad inmueble son mucho más complejas. Digamos que uno de ustedes es codueño de la propiedad, pues uno de ustedes es quien tiene la responsabilidad de pagar la deuda respaldada con la propiedad. Si no paga, el acreedor tiene derecho a cobrar o a embargar. Si el único dueño era su padre, entonces la casa va a sucesión. El acreedor hace los reclamos para cobrar su parte que está respaldada por la propiedad. Es la corte, basada en las leyes del estado, la que decide cómo tratar la propiedad para satisfacer las demandas del acreedor. Si el patrimonio de su padre es menor a la cantidad que se adeuda, los acreedores pueden demandar al administrador del patrimonio de su padre para cobrar.

Cuando vengan a cobrarte

Si empiezas a recibir llamadas de los cobradores, tómalo con calma y hazte las siguientes preguntas: ¿es válida la deuda?, ¿soy responsable por la deuda?, ¿está dentro del estatuto de limitación? (El estatuto de limitación es el tiempo en que los acreedores y cobradores pueden cobrar una deuda legalmente.)

Si no eres responsable de la deuda, no te preocupes. Notifícales que el dueño de la cuenta ha muerto. Envíales una copia certificada del certificado de defunción con una nota indicando el número de tarjeta y nombre de tu padre. Mantén una copia en tus archivos como prueba en caso de ser necesario.

Si tu padre dejó que las cortes se encarguen del asunto —muchas veces es un error—entonces tendrás que esperar la decisión de la corte. No te comprometas a nada con los acreedores hasta que se sepa claramente cuáles son los activos y pasivos del patrimonio de tu padre y cuáles son los derechos de ambos.

En esto, el que da un paso sin saber las reglas de juego paga el costo más alto.

Bibliografía

Introducción:

Kindleberger, Charles P. y Aliber, Robert. (2005). *Manias, Panics, and Crashes: A History of Financial Crises (Wiley Investment Classics)*. (5a ed.). Wiley, John & Sons, Incorporated.

Santayana, George. (2010). *The Life of Reason: Introduction, and Reason in Common Sense*. Nabu Press.

Antilla, Susan. (2005, enero 13). Smith Barney Woos 'Early Retirees,' Gets Sued. *Bloomberg*. [En Internet]. http://www.bloomberg.com/apps/news?pid=newsarchive&sid=aWSSo2SAXajg&refer=columnist_antilla

Financial Industry Regulatory Authority (FINRA). Citigroup Global Markets to Pay Over $15 Million to Settle Charges Relating to Misleading Documents and Inadequate Disclosure in Retirement Seminars, Meetings for Bellsouth Employees. *Disciplinary and Other FINRA Actions Reported for August 2007*.

Vander Velde, Jessica. Homeowners find big problems in 'Solutions'. (2008, julio 13). *St. Petersburg Times*.

Vander Velde, Jessica. Tampa mortgage fraud suspects arrested in Peru. *St. Petersburg Times.*

Peruano estafó por US$ 33 millones a EE.UU. y lo capturan en Lima. (2009, octubre 8). *La República.*

Shishkin, Philip. (2009, febrero 26). When 'Rescue' Means Eviction. *The Wall Street Journal.* [En Internet]. http://online. wsj.com/article/SB123561189654377741.html

Figueroa, Cecilia. Víctimas caso 4 Solutions claman por justicia. (2008, diciembre 25). *La Prensa.*

Attorney General of Florida. (2009, junio 22). Lincoln Lending, LLC June 22, 2009 Status update concerning Lincoln Lending. *Protect yourself from Mortgage Fraud.* [En Internet]. http://myfloridalegal.com/mfraud.nsf/pages/lincoln

"State of Florida vs. Lincoln Lending Services, LLC and Rita Gomez". Circuit Court of the Eleventh Judicial Circuit. Dade County, Florida.

"SEC vs. Creative Capital Consortium, LLC, A Creative Capital Concepts, LLC and George L. Theodule". United States District Court. Southern District of Florida.

US Securities and Exchange Commission. (2010, marzo 31). Securities and Exchange Commission vs. Creative Capital Consortium, LLC, et. Al., Case No. 08-81565-CIV-Hurley/Hopkins (S.D. Fla). *Litigation Release No. 21468.*

Lobos y corderos:

Generally Accepted Accounting Principles. *Federal Accounting Standards Advisory Board.* [En Internet]. http://www.fasab.gov/accepted.html

Deudas y crédito:

Consumer Expenditure Survey. (2008). Hispanic or Latino Origin.

Retiro:

Federal Individual Income Tax Rates History Income Years 1913-2008. *Tax Foundation.* [En Internet]. http://www.taxfoundation.org/files/federalindividualratehistory-20080107.pdf

Inversiones:

Serbiá, Xavier. (2009). *La riqueza en cu4tro pisos.* Ed. Aguilar.

CFA Institute. (2008). What Every Investor Should Know.

WITHDRAWN

16.99   5/1/18